美国中学
是这样的

魏嘉琪 著

黑龙江教育出版社

图书在版编目（CIP）数据

美国中学是这样的 / 魏嘉琪著. --哈尔滨：黑龙江教育
出版社，2011.9（2013.1重印）
ISBN 978-7-5316-6036-1

Ⅰ. ①美… Ⅱ. ①魏… Ⅲ. ①中学教育-概况-美国
Ⅳ. ①G639.712.8

中国版本图书馆 CIP 数据核字（2012）第 260223 号

美国中学是这样的

MEIGUO ZHONGXUE SHI ZHEYANGDE

作　　者	魏嘉琪
选题策划	宋舒白
责任编辑	宋舒白　韩涛
封面设计	布克设计
责任校对	石英
出版发行	黑龙江教育出版社
印　　刷	北京市文林印务有限公司
开　　本	700×1000　1/16
印　　张	21
字　　数	315 千
版　　次	2011 年 9 月第 1 版　2014 年 1 月第 3 版
	2014 年 1 月第 1 次印刷
书　　号	ISBN 978-7-5316-6036-1
定　　价	30.00 元

序一　小人物，大贡献

　　美国科技的发达、经济的富庶、国力的强大，主要根源于其先进的教育制度；要赶上乃至超过美国，毫无疑问需要从教育入手。美国的大学教育系统目前是全球最先进的，然而支撑这一系统的中学教育又如何？二者之间到底有什么样的结构关系？通常认为美国中学的基础知识教育比较薄弱，真的是这样吗？假如确实如此，那么究竟是应该视为一种缺陷，还是一种特质？由于历史的原因，美中两国存在着相当大的文化差异，作为社会文化子系统的中学教育，当然也有着众多不同。这些不同具体体现在哪里？彼此可能有怎样的借鉴意义？指望从一本书中找到所有这些问题的答案是天真的，但《美国中学是这样的》确实可以帮助我们较为全面地了解这方面的情况。

　　这本书最无可替代的价值在于它的纪实性和身临其境的现场感。作者魏嘉琪女士花了整整三年的时间，出入十几所不同类别的中学、青少年健康中心、少年管教所、少年母亲学校等，接触了不同类型的中学生、学生家长、教师和教育工作者，取得了大量第一手资料，使得远在太平洋彼岸的广大中国读者，可以了解到许多他们想知道而又无法知道的美国中学教育的状况，包括美国中学生校园内外的学习和生活，美国中学的教育理念、考试方针和方法，教师、家长在中学教学和社会活动中的职责及其角色功能，美国青少年的社会地位和成长规律等诸多方面。我要特别提请读者关注其中的比较文化视角和种种细节，正是它们既揭示了所谓"美国式教育"的优势，也暴露了其弊端，而据此可以较为准确地把握住美国中学生乃至美国人的人生态度和价值观念。这本书用事实说话，没有任何长篇大论，把分析、判断、反思的空间更多地留给了读者，相信不仅是中国的中学生，他们的老师、家长和更多的人士也会深感兴趣。

美国和中国是地球上的两个主要大国，对 21 世纪人类文明的和平发展与历史进步，都起着举足轻重的作用。美中两国需要不断加强对话、沟通和交流，而对话、沟通和交流的前提是相互了解；着眼未来而反观这本书，我欣喜于它构成了这方面一个不可或缺的环节。按照通常的说法，魏嘉琪女士是个"小人物"，但《美国中学是这样的》表明，小人物也能作出大贡献。是为序。

杨菁华

2011 年 6 月于美国旧金山

（作者系美国国家教育委员会资深委员兼顾问，美国亚太教育委员会主席）

序二　揭开美国教育之谜

　　一位在美国生活多年的华人医学博士，放弃了挣 10 万美元的宝贵时间，不辞辛劳地在各类教育机构实地考察采访，终于写出了在中国出版的第一部作品《美国中学是这样的》。

　　作出如此非凡举动的就是魏嘉琪女士。

　　在北京第一次见面的时候，我曾坦率地谈了自己的意见。但是，我必须郑重地对读者朋友说：如果您想了解美国青少年的真实状况，《美国中学是这样的》非常值得一读，因为这是作者多年采访甚至是目击的实录，它基本上保持了"原汁原味"。

　　在本书中，魏女士最令人感动的品质是诚实。在《进行不下去的采访》一节中，她写了去全美犯罪率最高的城市奥克兰高中采访的经历。

　　当她走进校园，只见两个男生抱着一个女生斜躺在操场上，老师和保安人员走来走去熟视无睹。魏女士来到校长办公室，竟然霉味弥漫。门口聚集着一堆学生父母，不知什么原因要见校长。校长秘书是个 60 多岁的日本老太太，头发花白，态度生硬。魏女士话音未落，她便"砰"地关上门。魏女士刚要发作，一个醉醺醺的父亲连门都不敲就进来了，校长助理马上警觉起来，用手摸着裤兜，仿佛摸枪的样子。魏女士的神经"倏"地崩紧了。

她写道：

> 出来时我已原谅了那个日本老太太，是服务对象改变了她的作风；然而我的采访也实在无法进行下去了，因为这里太不安全了。由于紧张，我一个问题也提不出来。

魏女士的诚实之笔使她的作品有一种残缺美：在《没有进行完的采访》一节中，她记述了与四个17岁的黑人男生交谈的经过。黑孩子热情、友善、乐于介绍自己。学生C说了自己的情况：与母亲生活在一起，而不知父亲是谁；母亲从不工作，靠政府救济为生，天天喝酒，而他靠卖毒品挣钱。魏女士忍不住问了一句："你妈妈也吸毒？"

一句话击垮了学生的自尊。魏女士写道：

> 学生C哭了。我心里不由得抽动了一下：是不是我的问话风格太欠含蓄委婉了？采访一个17岁的中学生不该问得这样直接。在采访的准备期间，我的朋友、教育学博士沙莉曾经训练过我，可是一到这时候，我的性格还是坏了事。这个1.89米的大男孩说啥也不和我谈了……

对于中国读者来说，美国的中小学教育一直是个谜。许多媒体报道给人的印象，似乎美国的中小学生除了玩就是暴力，根本不学习。这是事实吗？

《人民日报》曾报道，美国前总统布什签署了名为"不让一个孩子落后"的教育改革方案。这项法律旨在提高美国公立中小学教育质量，它要求全美所有三年级到八年级的学生每年必须接受各州政府的阅读和数学统考，各学区必须对每所学校的考试成绩提出报告，进行比较。如果一所学校连续两年教学成绩低劣，学生可转学；如果连续3年教学质量未见提高，该学校必须支付学生的补习费用；如果连续6年不能提高成绩，该校的员工将进行调整。所有学校必须在 12 年内使阅读与数学达标的学生达到 100％。各校必须缩短穷人与富人、白人与少数民族学生的分数差距。各州必须保证在 4 年内使所有的老师都合格上岗。《人民日报》驻美记者刘爱成认为，这项改革作为法律在全国强制实施，实际上是对美国传统教学制度和方式的某种否定。多年来，美国的中小学教育一直以引导和开发学生的创造力为主，不太重视学生基础知识的掌握和考核，从而使学生放任有余，约束不足。加上美国的中小学没有留级制度，考试成绩好坏也不影响学生升级。以上种种做法导致美国基础教育整体水平参差不齐。多年来，美国中小学生在世界性基础知识竞赛中从没拿到过名次。近年来，美国各界要求提高基础教育水准的呼声越来越高，教育改革已势在必行。

值得注意的是，美国现任总统奥巴马正在力推重新制定美国的教育法。希望放松一些严格的衡量工具。他表示，学生们应该接受更少的标准化考试，学校表现应该以考试以外的其他方式来衡量。太多考试使得教育变得更枯燥。学校应该被以学生考试之外的其他标准来进行评估。这同布什时期的教育改革大相径庭。

孰是孰非呢？

在我看来，进入 21 世纪，中小学生的发展既需要扎实的基础知识，也需要过硬的创新能力。过去，中国太重视基础知识而忽略了能力培养，美国则太重视能力培养而忽略了打牢基础；如今，中美两国在双向互动，各补各的课，是完全正常的差异现象。如果，中国人把基础丢了，美国人把能力丢了；如果，中国人把能力搞过了头，美国人把基础搞过了头，都将是人类的倒退。因此，最明智的变革之道是相互学习，取长补短。

从这样一个角度，我们会发现《美国中学是这样的》一书的新价值，即作者始终在探索一个命题——美国的富强与科学的发达，与教育究竟是什么关系？毫无疑问，任何一个国家的基础教育水准，都与该国的综合国力密切相关。

当然，我们分析判断复杂的教育现象时，应当保持头脑的清醒与冷静。譬如什么是基础教育？难道仅仅是知识与能力两大要素吗？我想，健康、快乐、自信、审美以及由此而形成的习惯，其重要性绝不亚于知识与能力。或许，这些正是中国教育所缺乏的，值得借鉴美国基础教育成功的经验与失败的教训。

《美国中学是这样的》一书提供了许多有价值的信息与观念。如《家长会》一节介绍说，美国的家长会不是由学校召集的，而是由父母们自愿组成的民选机构。他们可以对教学计划、教材、老师素质提出质疑，可以监督、督促校方的工作，也会尽力支持学校的发展建设，成为整个教育活动中颇有影响力的一环。家长会的巨大作用还大大改善了子女与父母的关系，彼此明白需要什么样的教育，两代人共同参与学校教育改革。但是，作为新移民的中国父母出席这样的家长会，"通常只能出示面孔静坐，根本无法代表孩子发出任何声音"。因此，他们的孩子最瞧不起的人，往往是自己的父母。在学生们看来，父母不敢在家长会上讲话，却想尽办法偷税漏税，开罐头盒随手乱扔，把纸盒、报纸当垃圾，真是丢人现眼。所以，在移民美国的中国家庭中，代际冲突中包含了许多时代的因素和文明的冲突。

早在 1998 年，美国专家就已经预言，"网上一代"将在 21 世纪主宰美国。据美国技术总汇联盟主席唐·塔普斯科特介绍，人口学家和社会学家一致认为，美国目前的 2.7 亿人口可以分为四代人："二战"结束前出生的老一代，约 5000 万人；"二战"结束后至 1964 年生育高峰期出生的"婴儿潮一代"，约 8000 万人；1965 年至 1976 年生育低谷期出生的"X 一代"，约 5000 万人；1977 年至 1997 年出生的"网上一代"，约 9000 万人。据分析，"网上一代"人数最多，将逐步成为美国社会的主流派。他们大多数会使用电脑，并比父母懂得多。以往美国人获得知识、技能、信息等方面是被动的，"网上一代"突破了人类数千年来代代相传的模式，变被动为主动。他们的知识积累和更新以及思想成熟的过程，均比以往各代美国人快得多。如果说，"婴儿潮一代"和"网上一代"都有不同程度的反社会倾向和行为，"网上一代"则表现出对社会的强烈责任感。他们的视野比历代美国人都开阔，他们在网上讨论和交流过程中体现出很大的容忍空间和积极的合作意愿。

实际上，在中国也发生了类似的变化。因此，1997 年到 1998 年间，我们曾进行了一项有广泛影响的研究，即儿童社会化过程中对成人世界的影响研究，并出版了专著《向孩子学习》。我们的结论是：21世纪是两代人相互学习共同成长的世纪。可以说，《美国中学是这样的》也是一个形象的例证。

21世纪是一个知识经济的世纪，也必定是一个学习的世纪。学什么？怎么学？联合国教科文组织的国际21世纪教育委员会提出：终身学习是21世纪人的通行证。终身学习通过学会求知、学会做事、学会共处、学会做人（生存）而实现。因此，这四个"学会"是现代教育的四大支柱，也是每个人一生的知识支柱。关于"学会共处"的解释为：学会发现他人，尊重多元文化；学会关心，学会合作，学会与他人共同生活。显然，《美国中学是这样的》一书，为中国人发现美国人提供了一扇窗子，我们在这里可以呼吸新鲜的空气，可以浏览色彩斑斓的生活画卷。

凡是本书的读者，谁能不感激作者魏嘉琪女士呢？

我与魏女士仅有一面之识，而且还发生了争议。但是，她留给我最深的印象却是好心情。她精力充沛，幽默风趣，谈起话来常常语出惊人、神采飞扬。当她讲起美国幼儿园的小孩子如何彬彬有礼称她"女士"，怎样教她说"谢谢"时，她的目光格外明亮，闪动着爱的光芒。

我问她为何写这本书，她神秘地微笑着回答："这是一个秘密。"

我想，这个秘密一定藏在书中。我也写过一些书，深知人直文曲之妙。那么，就让我们带着秘密上路吧。

孙云晓

2011年6月于北京世纪城

（作者系中国青少年研究中心副主任兼《少年儿童研究》杂志总编辑、研究员）

目录

第一部分　课堂外

☆☆ 校长用一分钟接见我

按着约好的时间，我在校长秘书办公室里等候校长接见我。这是柏克莱高中（Berkley High School）的规矩：任何外来采访的记者、要求听课的家长及有关的来访者必须亲自和校长会晤，说明来意，得到她的允许，发给一个挂在胸前的牌子，这才可以自由出入每个教室，也可以随意和任何老师及同学长聊、短问、自由采访。

来校前，我带齐了证明我身份的证件及采访计划，也准备好了应该对她说的客套话。

下午两点，一分不差，校长接见了我。校长办公室在秘书办公室里面，必须通过秘书办公室才能进出校长办公室。校长喊我的名字，问哪一位是？很像我在国内医院就诊，排号轮到我了。

这位校长是一位女性，黑人，身材高大，肩膀宽阔，大手大脚，走路步伐像检阅，声音相当洪亮。这些都像中国那类女强人，我见过太多太多的那一类；但是极不同的是，她那大块头的男人般的身材，大手、大脚、大步、大嗓门，一点也阻挡不了她的妖娆。她的眼睛闪烁着迷人的光彩，那种光彩可不是一般人能有的；那是经受过人生历练，有着深厚文化底蕴，有着坚实的哲学信念，难行能行，难舍能舍，难为能为，随方就圆，无处不在的人才能有的光彩。她满脸挂着微笑，是西方女人见到生人熟人都常有的那种微笑。她的头发特短，几乎像平头，但烫过，卷曲着，像刚从理发店出来。一套深蓝色套装，质地非常轻柔，肩上披着一条花纱巾，阳刚与柔美集于一身。

我告诉她，我正准备写一本关于美国中学生生活的书，她大幅度地点着头说："good！"（很好！）我又谦恭地说，希望能得到她的帮助，她爽快地说："我一定尽力。"然后她拿起电话，和学区教育主管简单地沟通了一下，就在她的校务日志上写下了允许我在该校自由出入的时间。至于我要采访哪些方面，她连问也没问。其实我很想和她就学校财务问题多谈一会，她对我说，她今天接见我的议题就是是否允许我采访，至于其他问题，我们要另约时间，而后她的表情就是逐客。

一个外国记者到一所中学采访，一分钟就达成协议，即便对于我这个见过世面的中国记者来说也是太快了、太轻易了、太痛快了、太不可思议了！记得我在中学读书时，我的老师上数学观摩课，头一个月就天天训练我们，生怕人家外校来人看露了什么；外校老师来观摩那天，所有的学生都大气不敢喘，生怕给学校惹出祸来。即便到了 2000 年，千禧年之夜，我从美国回中国，很想在哈工大和大学生座谈一次，说来还是省报的一位记者帮我联络的，但一直没获准。我生在中国，长在中国，回自己的祖国采访却那么难。

当我胸前挂着许可证从校长办公室出来时，却不知怎么走。若在国内采访肯定会有人陪同。校长秘书给了我一张课程表，这个课程表太大了，8 厘米×11 厘米，四页。因为选修课太多，她告诉我愿意听什么课就听什么课，随便。"那么我是否要事先征得任课教师的同意？""They are very friendly."（他们非常友好。）我像《红楼梦》中的那个焦大，站惯了不会坐着，仍然不敢，也不会使用这份自由：就这么轻松自如地愿意上哪个教室就去哪个教室吗？

我第一节课选听的是领导能力训练，因为国内中学不开设这类课，所以我很想开一下眼界。我对这门课的老师说明来意，那位女老师兴冲冲地对我说，"Have a fun."（希望你觉得有趣。）我等待她给我安排一个座位，她却急匆匆地对学生解答什么去了。我猜得出，她的意思是在这个教室，你愿意坐哪就坐哪，只要你觉得方便。

作为校方，校长、老师都这么清澈见底，我还用得着矫揉造作吗？

教学笔记、数学参考书，我想看什么就直说……

这门课期末时有多少同学满分？有多少同学不及格？我想问什么就问什么！

我的采访就这样开始了：想问什么就问什么，想看什么就看什么。

☆☆ 访问柏克莱高中健康中心

柏克莱高中有 1587 名学生，学校健康中心平均每年有将近 3 000 人次来访。

这所中学的健康中心，有十几间干净明亮的房间，坐落在校园里。健康中心主要为该校学生服务，但是学校只提供场所和免费水电、电话，日常运营的经费则要由各级政府和社会福利组织承担，社会各社团组织和家长的捐赠也是资金来源的一部分。所有开销中大约有 1/5 来自州政府拨款，1/5 来自县政府（美国州以下最大的行政区，比市大）捐款，1/5 是各种基金会常年资助。这所学校是公立高中，学生大都是经济条件不好的学生，其中有 25%—30% 来自低收入家庭。低收入家庭学生都享受各种补贴，如免费午餐、免学费、免书费、免费校车，家中水电费、电话费都在政府的关怀下减免收费。所以这些家长的捐款常是 25 美元、100 美元，和那些私立学校的富裕家庭动辄就捐赠上万元无法相比。

这所健康中心有 30 个工作人员，其中 3 名有博士学位，13 个工作人员有薪水，其他人都是义工。在美国很多人都做 Part time 工作（按小时付薪水），所以他们有时间选择自己的第二职业。

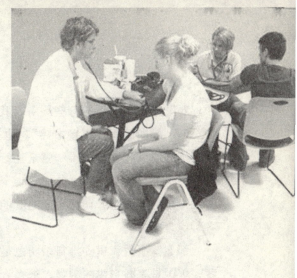

学生在这里求医、就诊大部分免费。

接待我的是该中心主任 Anthonyc 博士，十分和蔼又有魄力。奇怪的是他在办公室里穿着短裤，后来我知道，这是学生放假期间。他们给我半小时时间，我拿着事先准备好的提纲和他攀谈起来。

由于中美两国文化差异太大，系统和框架无法类比，我有些问题提得让他一惊一乍，而他提供给我的统计数据也让我一惊一乍，比如美国女中学生怀孕率竟高达 10％。

中国人没病不会去医院，去了医院医生绝对不会不给你开点药，甚至一大包药，绝少让你空手而归。而美国则大不同。1997—1998 年度，在柏克莱中学健康中心，前来就诊的人中有 36％是咨询有关健康的问题，34％是艾滋病、性病、避孕知识的辅导和演讲，只有 30％是初级保健及临床医疗方面的处理。

学校健康中心负责提供下列服务：

(1) 急诊就医和急救；

(2) 初级保健；

(3) 健康教育，同学之间横向健康教育接力棒；

(4) 心理咨询辅导，自杀预防；

(5) 戒毒、戒酒的心理辅导；

(6) 营养顾问；

(7) 风险人群（有暴力倾向）案例追踪管理；

(8) 同学支持组织；

(9) 性病的防治，避孕知识指导；

(10) 暴力防范；

(11) 青少年权力监护；

(12) 艾滋病的试验确诊和研究。

对健康中心提供的有些服务，我请求 Anthonyc 博士为我解释，比如什么叫"横向健康教育接力棒"。他找来很多资料让我看，让我明白，所谓"横向健康教育接力棒"就是先给一部分学生上课，然后这一部分学生再给另一部分学生上课，分成若干个组，锻炼学生传授知识的能力，同时激励学生的责任感，调动学生的潜能。这样先当学生然后再当先生，培养各种综合能力。

那么健康教育里安排自杀防范是不是因为中学生自杀的很多？他告诉我，美国是宗教自由的国家，很多人，或者说绝大多数人有宗教信仰，相信转世和轮回，不把自己的生命结束看得那么重。试图自杀在中学生中占相当大的比例，但自杀成功的却很少，去年柏克莱高中仅有一名学生自杀。不过，在健康教育里安排这样一门课仍然是十分必要的。

营养顾问常是健康中心面对面地辅导，在计算机上输入自己的身高、体重、年龄，根据食物所含营养成分，计算自己每天应该摄取什么样的食物。

风险人群（有暴力倾向）案例追踪管理是相对有犯罪倾向的青年，追踪其个人、家庭史，记录他们的成长过程。

同学支持组织是指同学之间互相帮助。比如某同学的母亲去世了，其他没有母亲的同学就自动组织在一起，互相舔伤口，互相抚慰。以此类推，没有父亲的同学自动组织起来，怀孕做了流产的女生也自动组织起来，健康中心的老师会协助辅导她们。同学支持会有很多名目，大多临时，也有长期的，主要是有同类问题的人在一起，如有厌食症的在一起，单亲家庭的在一起，有自闭、孤独症的在一起。这种小型的互相抚慰组织，校方绝对为他们保守秘密，尊重其成员的隐私权，以便孩子们主动互相联络。圈外人，包括家长和班主任老师也不会刻意打探。

青少年权益监护是一个按中国国情很难理解的服务项目，特指学生受到家长虐待时的保护服务。该项服务可以和有关部门联络，把学生送到监护场所监护起来。家长打孩子在美国是绝对不允许的，会受到起诉，甚至由于家长不小心，令孩子摔伤、烫伤，也会受到起诉。孩子将在规定的时日内与家长隔离，待法律制裁家长后，才将孩子归还父母。

美国中学是这样的

☆ ☆ 在校园里和 Tamika 对话

在校园里我遇见了一个十一年级叫 Tamika 的女孩，她背着重重的书包，穿一件厚厚的棉上衣，满脸的忧郁，和我同一个方向走出校园。她告诉我她今年 16 岁了，下课后，立刻就去打工。她每天工作 3 小时，每小时挣 7 美元。我看她很愿意和我聊，就告诉她，我是中国记者，正在写一本有关美国中学生生活的书，她是否愿意接受我的采访？她很痛快地答应了，但我不敢把她带到咖啡厅，因为美国有法律条文规定，不成年的孩子，被带到别处会受到家长的起诉，尤其给他们吃东西，会有说不清的麻烦。

我俩就坐在路边的草坪上，我问她答。

记者：你每天放学后需要几个小时完成作业？

Tamika：通常要一个半小时左右。

记者：这个学期你都选了什么课？

Tamika：我选了数学、英语、化学和西班牙语。

记者：听说你们是选课制，不如期毕业也没关系？

Tamika：我们学校每年有 2/3 的学生不能如期毕业，但是我们在学校最多可以待到 19 岁。超过 19 岁还不能拿到文凭就必须离开，去其他成人学校学习。

记者：你们每门功课考试是不是有很大压力？

Tamika：我们并不是每门课都有考试，有的课是拿学分，只要交一个调查报告就可以。老师也从来不在课堂上讲，只发一个该调查报告的要求和评分标准，然后你就自己收集材料，搞社会调查，去图书馆、电脑网络上查资料。这份调查报告至少要写 10 页。这个学期我们有一门功课叫 American Goverment（美国政府），就是要我们交一篇报告，项目是 Death Penalty Information（死亡惩罚报告），给一个学期的时限。

记者：你能让我看一下你的教科书吗？

Tamika：我现在书包里只有数学书，其他书我不每天带回家，因为很重。

我打开她的数学书。她是高二学生，也就是明年高中毕业，教科书上却刚讲到一元一次方程。她告诉我，这是 step two（数学二级），因为是选课制，她的数学刚选到二级。就算是二级，和中国高中数学相比也太低了。中国初中第一学期开学就讲一元一次方程。

美国中学是这样的

记者：你每天晚饭后通常干什么？

Tamika：看电视。

记者：你喜欢看什么节目？

Tamika：喜剧。

记者：周末通常干什么？

Tamika：打工啊。我每天打工3小时，挣来的钱付我个人的电话费，还有买衣服和中午饭。

记者：公立学校不是提供免费午餐吗？

Tamika：吃救济的家庭的子女才免费。我的妈妈每月有5 000多美元的收入，我们不能享受免费午餐。

记者：你每天带饭？

Tamika：不，我从不带饭，有时在校园里，有时在校园外买着吃。通常5美元左右就够了。

记者：你除了吃午饭，还有一些其他日常花销吧？

Tamika：我每天都要花10—15美元，因为我常去玩计算机游戏，还有打电话聊天。我妈妈不付电话费账单，得我自己付；而且我自己的衣服又不是必需的，得我自己花钱买。

记者：你才15岁就打工，这在美国是合法的吗？你是否也报税？

Tamika：我从11岁就开始打工。这是美国政府为青少年设计的一个特殊项目，是学校老师给我们找的工作。

记者：11岁你开始打工干什么活儿？

Tamika：捡路边的垃圾。

记者：你是生活在单亲家庭吗？

Tamika：我妈今年32岁，她15岁生了我姐姐。我姐姐今年17岁，我16岁。她从来没有和我爸结婚。我爸不在加州，他在达拉斯，他也从来没和我们在一起生活过。但每年暑假，我和姐姐都去看他。

记者：你爸爸是否给你妈妈抚养费？

Tamika：他从来不工作，没有收入；我妈妈也从来没打扰过他。

记者：他常常给你们来电话？

Tamika：不。他的姐姐常来电话问候我们。

记者：你爸爸有什么精神障碍或残疾吗？

Tamika：他很健康，就是不想工作。

记者：你妈妈做什么工作？

Tamika：她有两份工作，一份在邮局，一个月有 2 000 美元收入；另一份是美发，每月 3 000 多美元收入。

记者：你们姐俩每年夏天看你父亲时，他是否给你们礼物？

Tamika：他不给什么礼物，但他和他的妈妈住一起，他的妈妈给我们礼物。我们临去时，我妈妈会给我们带上足够的钱。

记者：你很爱你的妈妈吗？

Tamika：当然，她是一个非常无私的女人。

记者：你常帮你妈妈做家务吗？

Tamika：我妈妈每天早晨 5 点就起床。我们有 5 个房间，我负责打扫我妈妈的卧房、洗澡间；我姐姐打扫我俩的卧房、客厅，然后我俩共同打扫厨房。我还负责洗衣服、熨衣服。

记者：你有男朋友吗？

Tamika：（犹豫了一下，不肯定地说）没有。

记者：你有时去外边睡觉不回家吗？（我这样提问是一位中学老师教我的，意思就是你有没有 Sex，即性生活）

Tamika：有时。

记者：你能和你妈妈提起我，告诉她有一位中国记者很想去你们家采访吗？

Tamika：她是一个很和善的人，她肯定会同意。她叫 Jena。

记者：我和她约会一下，看她的方便。

Tamika：我先告诉你我家地址。我写给你，电话里说不清。

记者：你介意我把你的真名和照片在我的书里刊登，与中国中学生见面吗？

Tamika：没关系。

☆☆ 又访柏克莱高中

从中国返回美国，时差还没有调整过来，我就又跑到柏克莱高中去采访。其实我已经在这所学校进进出出有半年之久了。这所公立高中占地很大，有两个室内游泳馆，一个室内体育馆，市级篮球赛常在这里举行，室外体育场很像中国市级城市比赛场地。半年来我努力熟悉这里的环境，和学生私下聊天、搭话，了解美国中学生的思维方式，这样在我正式披露我的身份时，提出的问题才不至于发傻，因为中美两国教育方针、手段等有太大的差别。

今天，我像往日一样大模大样地走进校园，因为美国高中没有围墙，进进出出的人很多。一进校门，就看见许多学生蜂拥在一间房子门口。我也挤凑进去，那是一个贴满广告的房间，每一张桌子上都陈列着印刷精美的各大学招生简章，包括本校的概况介绍，以及如何申请奖学金和财政资助等。负责这个项目的老师亲切地走近我，像我曾无数次遇到过的那样问我："Can I help you?"（我可以帮助你吗?）我不假思索地回答："我是中国记者，对这所高中所有的方面都感兴趣。我很想知道这个 College Adviser（申报大学参谋）部门是每年临近毕业临时设立的，还是常年开设?"他回答说："常年开设，因为每一所大学要求的学分不一样，只有事先有

目标，才能朝着这个方向努力。"接着他善意地告诉我："在学校里采访应该得到校长的允许。"并给了我校长办公室的电话。

在校园里，我这张中国脸和黑发，引起一个又一个教师的注意。他们大多主动、热情、亲切地和我打招呼，有的还问是否需要帮助。最后一位黑人教师干脆把我送到校长办公室门口。她告诉我，她是这个学校的保安人员。

校长秘书给了我一个建议，说我应该去教育局找公共关系部主管，她会给我许多资料，那样我会节省很多时间，而且覆盖面也广。他们对一个外国人的来访是那样热情、周到，没有半点戒心，而且提供各种方便，我自己都难以相信，不由感动之极。

过了马路就是教育局。美国很多机关大楼建筑非常威严雄伟，门庭的举架是整个楼的高度，十分宽阔。一踏入门里，就有一种感觉：在这种地方工作，只能正正派派，不能有半点歪门邪道。这里正在召开一个重要会议。美国各级机关举行会议除了发通知，通知相关的人必须参加外，还会在该机关宣传板上张贴告示，说明会议时间、地点、内容、议题、目的等，凡是愿意参加的人都可以参加。会议厅的墙全是玻璃的，当然保安人员的保卫也是很周密，以防有人无理取闹。我在窗外看见会议厅的布置，没有很多人坐成一排或几排的主席台，而是该谁讲谁上去。台前的屏布是各种报刊的新闻图像剪贴在一起的，可能是当年重要新闻人物及新闻事件；后面的墙壁上是挂着两条长方形的毯子，颜色非常艳丽。如果中国某个政府的会议厅里，挂着两条毯子，我想谁都不会接受，然而在这里却谁都觉得好看，不知道为什么我也觉得好看，而且真是挺好看的。

公共关系部主管雪莉的秘书是一个黑人。她端坐那里，穿一件玫红色的衣服，足有半寸厚的嘴唇涂着玫红色口红，指甲也是玫红色的。她让我坐到会客室等候。我直直地坐着，不敢太靠前也不敢太靠后，那种肃穆的气氛，让一个不太懂文明的人也自觉不觉地文明起来了。

会议结束后雪莉穿着紫红色毛衣，黑长裤，肩上披着一条绚丽的纱巾朝我走来。得知我的来意后，立刻在电脑上调出她认为对我有用的资料共计 72 页，并把网址给了我；又答应明天上午会安排我去采访各科教师，让我等她的电话。

走出教育厅，门外是一片宽广、厚实、嫩绿的大草坪。我在想她为什么没让我出示证件？她为什么没有逐级请示她的上级是否允许中国记者采访？

她们怎么生活得这么简单，这么友爱，这么透明，这么没有戒心？

☆ ☆ 没有进行完的采访

　　我从校长 Theresa Saunders 的办公室出来，掩饰不住的高兴和喜悦，因为她在百忙中安排我从 2 月 22—25 日，可以跟班听课，这是我经过反复努力争取到的。Theresa Saunders 是个黑人，高高的个头，留着平头，宽松的蓝上衣，胸前别着色彩夺目的胸针，十分洒脱。她用 5 分钟的时间安排了我的采访程序，然后下逐客令式地告诉我，所有的问题都得那些天问完。我仍然十分高兴，这是一种特许。

　　刚出校长办公室，迎面碰见 4 个男学生，全是黑人。他们看见黄皮肤、黑头发、黑眼睛的我，就非常善意而俏皮地和我挤眉弄眼，攀谈起来。我告诉他们我到这所高中采访，想写一部美国中学生生活的报告；他们一齐发出怪声，是美国人高兴、欣喜或惊讶时，都会发出的那种声音。我问他们愿不愿意接受我的采访，他们几个一块说："太愿意了。"

　　记者：你们几岁了？

　　学生 A：我们都是 17 岁。

　　记者：你们在一个班级上课？

　　学生 B：不，我们都住在 West Oakland（这是一提都知道的穷人区）。

记者（向学生C）：你家里有几口人？

学生C：我家只有我和母亲两人。

记者：你爸爸和你妈妈离婚了？

学生C：我妈妈从来没和我爸结过婚。

记者：那你知道谁是你父亲吗？

学生C：从来不知道。

记者：你妈妈今年多大年纪？

学生C：32岁。

记者：她在哪工作？

学生C：她从来不工作。

记者：那你靠什么维持生活？

学生C：政府每月给我们母子俩500美元食品券，我们用来买吃的，足够；另外我们住在政府救济的房子里，那里每月只收20美元房费。

记者：那如果你要看电影或去其他地方娱乐，哪来的钱呢？

学生C：我从来不去看电影，也从来不去饭店吃饭。有时我们把食品券廉价换钱花。

记者：你长这么大，没看过电影？

学生C：我看过电影，是用我自己的钱。

记者：你每天打工？

学生C：我不打工，我卖毒品。

记者：卖毒品犯法，你不怕被抓起来，送监狱吗？

学生C：我不去街上卖。我从别人那里取来，卖给同学，同学再往下卖。

记者：你妈妈知道吗？

学生C：我妈妈每天喝酒，糊里糊涂，她啥也不管。

记者：你妈妈也吸毒？

当我们说到这里时，学生C哭了。我心里不由得抽动了一下：是不是我的问话风格太欠含蓄委婉了？采访一个17岁的中学生不该问得这样直接。在采访的准备期间，我的朋友、教育学博士沙莉曾经训练过我，可是一到这时候，我的性格还是坏了事。这个1.89米的大男孩说啥也不和我谈了。当他站起来时，我发现他的裤裆正好齐膝。我以为他没系好裤带，就提醒他；他转过身让我看，然后他身边的其他几个男学生全站成一排，所有人的裤子都是裤裆齐膝。我感到非常滑稽，很像裤子掉下来的样子。正在这时，有一个班级下课，一帮学生蜂拥而来，他们指给我看，很多男同学都穿这种裤裆齐膝的裤子。他们对我解释，男生不能穿过紧的牛仔裤，因为男生的生理条件要求裤子必须大裤裆，不然不透空气，容易感染细菌。那个学生C擦干了眼泪，也和我讨论起大裤裆裤子的好处，并问我中国中学生穿不穿大裤裆裤子。看见他不再伤心，我心里好受了许多。虽然采访没能进行下去，我还是努力和这帮学生东扯西拉，直逗他们笑，让学生C也快活起来。

在中国，记者和警察一样都有某种职业特权，想问什么就问什么；而在美国，每个人都把自己的尊严和隐私权看得很重。当你的问题触痛别人的自尊，或者让人觉得不舒服，管你是谁，人家站起来就告辞，拒绝回答，不再合作。一个出身于贫困黑人家庭的孩子，面对一个外国女记者说训你就训你。如果把他换成中国农村一个贫困家庭的中学生，别说外国记者采访他，就是本屯妇女队长问他什么，他会因为自己的尊严被触痛，而拒绝回答吗？这是我在吃午饭时，边吃边想的问题。

☆ ☆ 富于弹性的学籍管理

　　柏克莱高中实行选课制，学生没有班级，每一门课都是学生自己选择老师，在入学一周内可以随便换课，当然要经过系主任签字，并申明理由。学生必须修满规定的学分，才能毕业。在高中的 9—12 年级期间，学习成绩优秀，有剩余精力的学生可以在社区大学提前选修大学课程，以便今后在大学可以少修学分，缩短毕业时间。

　　在校期间，每学期选修的课程，家长要和学生顾问商谈，先修哪门后修哪门。有些课是必修课，只有完成这些学分才能毕业；还有一些不算学分的课，可以陶冶情操，扩展生活情趣。

　　柏克莱高中要求学生在校 4 年期间，必须修满 220 个学分。

　　A. 英语必须修满 40 个学分，8 个学期的课程。

　　B. 历史必须修满 30 个学分，7 个学期。其中一年世界历史和美国历史，还要修一个学期的美国政府、美国经济和美国选举。

　　C. 科学课修满 20 个学分，4 个学期。一年物理学，一年生物学。

　　D. 社会学：5 个学分，1 个学期。

　　E. 数学：20 个学分，4 个学期。

F. 体育：20个学分，4个学期。

G. 外语：10个学分，2个学期；或艺术（绘画、表演）：10个学分，2个学期。该项两门中选1门就可以。

H. 民族学：5个学分，1个学期。

学校每天从早晨8：00—下午3：00有课，每节课45分钟，按要求学生每天要在学校学习6节课。当然有的学生学7节课，那是他选了一些不算学分的课，扩展自己的兴趣。这些课程设计和教师均不归学校管，大多是各种社会组织或政府机构的项目计划，他们为青少年提供这种学习和训练的机会。比如烹调课，教学生做各种点心、主食、三明治快餐。这门课一边教，做好的食品给教师餐厅，一边帮学生找工作，让他们有机会在餐馆打工。还有教女同学如何给人家看小孩。美国女中学生大部分都在课余时间打这方面的工，赚零钱给自己花。这些课程设计训练学生参与社会的能力。还有一门课，叫"领导能力"，就是训练学生做义工，不但无私奉献时间、精力、心血，还要训练组织能力，包括去募捐、帮助竞选、保护自然等。这是一门把学生带出课堂的课，培养学生对环境变化的判断能力，在多种可能性面前的选择能力，敢于迎接挑战的

勇气和积极适应环境变化的调整能力，主动改造环境和不断超越自身局限性的意识与决策能力。

我曾跟听过一节"领导能力"课。老师一开学就把一个学期的教学计划发给学生、一个学期有5个项目，要求学生分组，每个组选取一个项目，制订计划，做调查撰写论文，自己设计自己为领袖，去涉足某一个领域。如：本地艾滋病的预防；艾滋病人的管理；心理咨询；报纸的回收、处理；如何解决运输问题；储存场地的人工、卫生、保存等。看得出，十几岁的中学生们对那些大人们，甚至政府官员都未必能解决好的社会问题

怀有十足的兴趣和热情。他们的调查十分缜密，他们使用图书馆的能力是从小学就开始培养的，在搜索、获取、处理信息和资料方面训练有素，我看了很感动。在学习方式上，教师不占有时空的主动权，学生就有充分的自由发展的绿地，故而对这类课程设计决不厌学。

这一类课程学校有好多种，如新闻记者、摇滚乐、交响乐、戏剧、大合唱、编舞等，这些非必修课程所需费用，全部是社会集团投入，学校不用花一分钱，然而学生们的积极性很高，如果赚了钱，就再反馈社会。包括他们自办的报纸，自办的乐队，也都以这种方式运作。

根据加州教育部规定，每一门课相当 5 个学分，每个学生每学期要修30—35 个学分，至于修什么课可以自己选择，老师也可以自己选择。

每年 5 月，学生们可以在学生顾问那里领取暑期学校的课程表。暑假里学校也开一些课，目的一是为一些学习不及格的学生补课，给他们补考的机会；再就是一些学生想利用暑假修学分提前毕业。每年 6 月学校举行毕业典礼，凡是修满学分的学生，到时可以申请毕业；没修满学分的学生，可以继续去修学分。

学生可以换课、退课。在开学两周之内，如果学生不喜欢主课老师，或者跟不上，可以退课，但必须老师、家长、系主任学生顾问签字，这样成绩单上没有任何记录。开学后两个月内，如果学生学习成绩明显不好，考试中出现了不及格现象，或期末有可能通不过考试，导致把各科总平均成绩拉下来，学生可以提出退课，但这时退课成绩单上有个 W（Withdrawal 的缩写），即标明选过这门课，但退掉了，不过不影响总平均成绩。如果过了两个月，学生就不可退课，成绩不及格就是不及格。美国式教育，处处训练学生接受挑战的能力，包括在自己不行的时候，敢于说自己不行。放弃的能力也是一种能力，而且是另一种坚强。

在学生高中入学手册里，有一半篇幅用来介绍大学入学课程要求。由于美国高中升大学没有统考，各所大学、各科系对高中修过哪些课程有不同要求，所以有一个专门的办公室，展示各大学入学申请表，介绍各大学的师资、教学设备、校园概况，给学生提供这方面详尽的信息，让学生一入学就根据不同大学的需要来选学自己的高中课程。

☆ ☆　人人都是优秀学生

　　一个从中国内地移民来美国的学生家长，在家长会上掩面哭泣。她很感动：她儿子高中一年级得了一个杰出学生奖。最初听说是杰出学生，她简直不敢相信：写没写错名？会不会有重名的？她儿子移民美国刚一个学期，他在中国连职高都没考上。由于她与丈夫离婚，孩子留给丈夫，从小这个孩子就学习不好。初中时，每回家长会上，老师都要点名批评他，上课时则常常被老师拽出课堂；而来美国才半年，英语还跟不上，怎么就奇迹般地得了杰出学生奖？校长还有亲笔信祝贺她有这样的好儿子，信中说学校希望家长和学校保持联络，将这个极有前途的孩子造就成一个有用的人才。校长的信还说，这个孩子将在这所学校学习4年，毕业之际，他们相信他们和孩子的家长将会看到一个身体健壮、心智健全，热爱艺术，既会创造，又会欣赏，有着强烈的公民意识，关心并乐于参与竞选和法律判决，对社区有忘我的奉献精神的优秀人才，他将懂得尊重不同年龄、性别、阶层的人，并知道怎样与他们沟通、交流。校长说他对此深信不疑。

　　这位中国女人拿着儿子的奖状和校长给她的亲笔签名信到处奔走相告，喜悦之情感染着周围的每一个人；她的儿子扬眉吐气，腰杆也挺直了。

鼓励的力量是提携和推动的力量。本来她在心里对儿子早已不存分外之想，她把他办来美国，只不过是为了了却自己的心事。好在美国高中随便上，能不能毕业则是另一回事。作为母亲她只希望儿子能拿个高中文凭就算了，想不到他成了美国高中的杰出学生，而且校长还对他寄予那样的厚望。

其实这位中国女人不了解美国中学教育系统的体制和教育理念的运作。美国中学所有学生毕业全都获奖，只不过奖项、名目不同罢了，因为每个人都有自己的长处，学校设奖时已充分考虑了这一点。发奖是校长、老师激励学生、调动他们潜能的正面手段。实践证明，表扬、赞美，就是比批评、指责更有积极的推动力。

校长给她的那封有签名的信，也发给了每个学生家长（当然不可能完全一样）；他在信中说的那些，不是单独对这一个孩子的前途而言，而是这所学校经过 4 年的教育目标。但是校长把教育目标非常亲切地、个人地、委婉地具体说到她孩子身上，让她感动，让她开心，让她高兴，动了她的情，动了她的心。这种交流和沟通的方法，是艺术的再创造。

这里插几句关于交流、沟通的话。美国的各种职业人表达自己的意见都经过了训练，懂得用最能奏效的话语，表达自己，打动对方，达到目的，销售商如此，医生和病人也是如此。

写到这里，我想起国内许多刊物经常报道某某中学生获什么大奖之类的消息。其实在美国获奖，大多数情况下只代表你曾参与了某项活动，未必是中国人认为的那种百里挑一的优秀，不值得过分自豪。

我 1989 年刚来美国时在我的一个朋友家，看见她女儿的获奖证书挂在墙上，校长给她的信镶在镜框里。对中国家长来说，能收到校长给孩子的信太值得珍视了，那一定真的是因为自己的孩子是神童，是几千年才有的那么一个惊世之作。我每回为家里人写信也惊叹、赞美不已，现在想来，那不过是每个学生都有的奖状，也是每个家长都能收到的一封信。

但中国校长仍可试试，看这样做是不是比点名批评要好！

☆ ☆ 地板文化

美国中学生的坐相、站相，照咱中国人的话说，那叫"没规矩"。在课堂上很少看见他们坐得整整齐齐挺直腰杆听讲。更让我感到新奇的是，席地而坐是他们的习惯，这可能和他们房间大都铺地毯有关。松软、干净、毛茸茸的地毯，让身体的每一寸都可以随意贴上，舒适而又惬意，真的有一种轻松的感觉。无论在教室还是在自己的客厅、卧室，到处可以看到美国孩子躺在地上，包括在走廊，在操场的草坪上，在广场的看台上，背阴处，向阳处，无所不见。他们对坐在地上，或躺在地上，非常自然。

有时和他们聊天，他要取一个什么东西，就爬过去拿来给我看，而后就跪着讲。这种姿态就是当时方便，顺其自然的四肢就位，没有我们中国人认为跪着是屈尊的意思。大人小孩都这样。躺在地上看电视也十分常见。有时很有地位的人到别人家做客，席间聊够了，就躺在地上，主客一起躺着面对面地接着再聊。

我去一个物理老师家采访，她的衣物都放在地上，书也放在地上。她仅有一个高出地面半尺的床垫，没有床架。我问她为什么不放床架，她说床垫铺在地上睡觉，觉得没有疆界，可以从这头滚到那头，这才叫休息呢！

她吃饭也这样，捧着碗，坐在地上吃。

美国人太注意舒服了，太讲实惠了。他们与人相处，决不在意你是什么体态。人与人之间互相就看重自己的权益是否受到侵犯，如果自己权益没有受到侵犯，对方什么姿态都无所谓。

学生下课了，下一节课的老师就坐在教室门口的地板上等，两条长腿伸得直直的，翻着自己的教案。那图案呈菱形的地板，擦洗得一点灰尘也没有，坐在地上起来，身上不会有任何污迹。

美国大人如此，小孩更是如此。小学、幼儿园上课就坐在地毯上，许多大垫子堆着，学生们围个圈，老师在中间盘腿坐着。

美国人的宠物也是在地上滚，无论是猫和狗，都和人一样在旁边互相依偎。美国人养狗不是为了看家，因为他们家里都有报警器，只要有外人侵入，警铃立刻响作一团，而且这个警铃和警察局连线。他们养狗养猫都是为了做伴。所以去美国人家访问，最先要懂得、适应的是地板文化，当主人和狗、猫一起席地而坐，或者侧身躺在地毯上和你说话时，你不必介意。

如果你也有很宽敞的房间，铺上一条厚厚的、毛茸茸的地毯，随便躺，随便坐，也会很舒服。不妨试一试。

☆☆ 迈迪逊中学采访手记

　　这是我万万没有想到的！如果不是亲眼看见，亲身经历，我真的无法确信。

　　我如约去多拉所在的奥克兰市迈迪逊中学（Oakland Madisson School）采访。那所中学距离市中心仅 20 分钟车程，却是另一个世界。肮脏、混乱、暴力。听说在那里停车，黑人会给轮胎放气，或把车的某个部件偷走，所以我是乘公共汽车去的。刚下车，就见马路两旁有几个黑人在散漫地、无所事事地东张西望；我迈大步快走，不敢左右随便瞟一眼，走雷区通道一样地小心。一进校门，就听见一阵阵哄堂大笑从礼堂里传出来。今天是学校欢送毕业生的典礼，守候在门口的黑人女教师看上去体重有二百多斤，穿着礼服，亮片闪着光，胸前戴着花；她那臃肿得动一步都困难的体态，让我对她油然产生极大的不恭。在美国，无论是男人还是女人，管理好自己的体重是其素质的重要方面，许多工作都不雇用体重超重的人。美国是一个生活品质至上的国家，把体重看成健康的重要组成部分。因为过多的脂肪会引起心脏病、关节炎，还比常人多一重患癌症的风险。然而，在这所学校的走廊里走来走去的女教师，大多是这类体型的肥婆。

这所学校有一千多名学生，大部分是黑孩子或墨西哥新移民，教职工也大部分是黑人。有一半学生的父母不是吸毒、无业就是正在蹲监狱。这些学生或和祖父母在一起，或被政府安排在监护家庭里照顾和监护；他们中也不乏流浪的学生，有的晚间就在学校里东藏西躲，睡在体育馆或教室、走廊里。和通常坏区的学校一样，这所学校除了校园宽广以外，其他环境设施包括绿化，都无法与中等生活区的公立学校相比，更无法和私立学校相比。

迎面走过来的学生，目光不是困惑、呆滞，就是贼溜溜的，好像随时都会拦截行凶。

这是课堂？

我路过一间教室门口，看到老师两个胳膊交叉抱着，一副无可奈何的表情。这是一节数学课。都中学了，学的却是我们中国小学生的九九乘法表。有 4 个学生坐在教室后面的桌子上，老师也不去管他们（其实就是管学生也不听）；有 6 个学生正在用教室里的计算机玩游戏，其他学生仰着头看前面的电视，不时有人蹿来蹿去。这是上课还是自由活动？真让人弄不懂，说不清。老师告诉我是数学课，然而既见不到老师在讲解，也见不到学生在做习题。后来有人告诉我，这所学校的主要工作是看学生，教学计划很难施行，因为学生不学习，而大多却一年又一年跟着升级。美国升中学没有统考，学校领政府财政拨款按人头给。如果开除一个学生，学校就少拿一份财政拨款，所以这里的教师只好这样"看堆儿"。上课讲什么、学生学什么，全没有计划，校长、教育主管部门也都无可奈何。有三个保安人员在校园里巡逻，每个教室都有专线电话，一旦学生打仗或发生暴力，老师立刻挂电话叫保安人员来。美国学生打仗不仅仅是拳打脚踢，有时还会动枪，校园血案不算什么新闻。这样的课堂我看一眼就算了，坐在那里也心惊肉跳。

午休时间，学生们排着长队领不要钱的午餐。由于学生家长大都不是正派工作的人，所以他们家中经常吃了上顿没下顿。有相当多的学生不吃早饭来上学，课间饿了就闹学。有的老师为了使自己的教学能顺利进行，就从自己家中带来香蕉和早点分给学生吃。使我感动的是美国教师对学生非常有耐心，对那些并不可爱的学生，他们仍会俯下身子像对一个小婴孩一样地细声细语地和他们说话。发放午餐的食堂工作人员也一样，和颜悦色地问学生要哪一种，就像高级宾馆里的 boy 对待身价尊贵的顾客一样。午餐是份饭，每一个托盘均有三种以上的食物。有 A 牌的是一盒鲜牛奶、沙拉和意大利馅饼，还有一瓶鲜橘汁，B 牌是三明治、牛奶、苹果汁；C 牌是牛奶、草莓和肉丸面条。每个托盘里都放着一次性筷子、叉子和餐巾纸。学生们吃饭时倒是挺安静，没有一点声音。饭厅有一大桶矿泉水，是免费随便喝的。这样的午餐足够讲究，富人的孩子也不过如此。

这是位身材高大的体育教师，热情、喜欢交流。一问他姓名，他就一大段一大片地回答；如果不帮他打住，他就会没完没了地说个不休。采访碰上这样的主儿，也好也不好。好，是他愿意回答问题，我可以毫无顾忌地问；不好，是我太容易随着他的意识流走，这样会有很多没用的东西。不过他确实为我的采访提供了太多有用的资料。他在这所学校工作了 20 年，对黑人区的学生状况非常了解。他引荐我认识一个又一个愿意接受采访的学生和教师，我真的庆幸有他的热情帮助。可是有一点让我很不舒服：我在体育馆门前站着和他聊，每当一个女学生过来，他都伸开臂膀拥抱，有时甚至用嘴唇贴人家的面庞。有些十四五岁的女学生身体发育都很好，有的身高已达一米六、七，很青春，很俏丽，很性感的。她们穿的 T 恤衫常常露着肚脐，一副模特相儿。我对他这样在光天化日之下，当着一个外国女记者的面亲吻女学生实在不敢恭维，就很率直地问他：男老师亲吻女学生算不算性骚扰？在美国性骚扰可算一罪。他对我这样解释：这些女孩大部分父母不知去向，我就像她们的父亲，爱抚拥抱她们是常情，如果碰了她"私人"的地方就另当别论。那些女孩确实愿意让他抱吻。她们搂他的脖子，摩挲他的头发，嬉笑着说"bye-bye"，然后走开。

我坐在教室里，采访一位白人女教师。她是我在这所学校见到的女教师中仪态最典雅大方的一位。她刚毕业，由于工作不好找，就主动在这所学校教人类学和英文。美国中学是学分制、选课制，她教的学生从 12 岁到 17 岁的都有，有的刚进中学，有的已经在中学混了好几年了。她一面抱怨学生的素质，一面同情他们没有起码的家庭教育。她拿给我一本又一本教学计划、参考书、课堂练习，其实她的教学可以遵循的东西很多，只是落实困难，因为这些学生不听那一套。她正和我说话的时候，一个黑孩子从外边进来。那个黑孩子像炭一样黑，牙齿显得格外洁白，满头大汗地对着她掀起背心儿挺起肚，露个肚脐眼朝着她。有客人在场，而且不是一般的客人，是外国记者采访，这是不是太没礼貌了？我的脑子都"轰"的一下，可这位白人女教师却伸出她那白嫩嫩的手，在黑孩子的肚皮上摩挲了一圈，轻轻地说，"我很忙，你要安静。"这男孩刚走，又进来几个黑孩子，全都这样玩得满头大汗，全都这样掀起背心，挺起肚皮露出肚脐眼，她也全都这样，用手轻轻地在他们的肚脐眼上摸圈儿，那些男孩就蹦着跳着走了。我出了口长气，问她，"你喜欢他们？"她使劲地点头说："当然！"那表情好像在说：我的学生我能不喜欢吗？

作为一个中国人，我真不能想象如果在我们的中学里，有一位老师接待外国记者采访，有一位学生以这样的方式出现，这位老师会这样对待他，用一个小动作就化解了孩子的躁动。美国中学老师大多修过心理学课程，在处理师生关系方面比较在意行为后面的心理动机。这些没有父母或父母不知去向的孩子们，他们渴望关怀、爱抚、被重视，越是有陌生人，尤其他们知道是重要的人物在场，他们越"爱"在他们的老师和客人面前表现；我对于老师比你重要，你看，老师这么爱我！上边这段话是这位白人女老师对我认为他们行为太没礼貌的一段由衷解释。

这位女老师应我的要求，把学生们的数学作业和考试试卷给我看。中学二年级的数学相当于中国小学四年级，显然大大不如；但他们的物理和生物课却超过中国中学同年级水平。美国中学语文课设计尤其值得国内借鉴学习：细致、规范、目的性极强。我们的谈话被一个又一个学生打断，每一个学生过来，这位女教师都像一位溺爱孩子的母亲一样，轻声细语地把他们哄走。那些黑孩子的表情就是我们常在街上看见暴力强抢的那一类野孩子的表情。他们每进来一个，我心里都会惊恐一次；可这位老师却温柔地爱着他们。看得出来，那份爱不是装出来的，而且她也不是为了谋生赚钱不得不在这工作，忍着、挨着。她很开心，而且也很轻松。

　　我的朋友多拉是这个班的任课老师，她让我在教室里等她。下午学校开会，我可以在这里整理一下思绪，然后我俩一块回家。她临走时说她要把教室门从外边锁上，因为这里学生什么坏事都敢干，你是亚洲人，一旦有学生开枪就糟了。我实在是不能相信：我不招惹他们，安静地坐在教室里，能有学生对我开枪？多拉又叮问我一句：你真的不需要我把门锁上？我不信服地说：你在外边把我锁在里面，如果他们从窗户开枪怎么办呢？然而事情就坏在门没锁上。

　　多拉刚走，就有6个男孩闪进门来。十四五岁的美国男孩都和成人一样高大。尽管他们家境不好，但美国太富了，靠救济和慈善机构的补助，他们仍然吃得不差，身体发育都很好。最前边的一个胖胖的，是黑人，但不是黑炭那么黑，而是微微泛着黄。他色迷迷地贴近我，劈头就问："你结婚了吗？"这时我知道事情不好；如果我跑出去，而他们手里有枪，那就更糟。容不得我想怎么对付，几个男孩已经围成一圈，把我圈在中间，其中的一个说，"我想和你结婚！"完了，一切都完了！如果我喊叫，不一定有人听见，因为校园占地面积很大，多拉在校长室开会，是另一栋房子，她无论如何也听不到我的声音；若跑过去打电话叫警察，他们 6 个完全有能力把我制住。看来，可怕的劫难很难避免了！就在那一瞬间，聪明的、智慧的、什么困难都难不倒的我（多少熟悉我的人都这么赞美我）平静地岔开话题："我是你们老师多拉的朋友，她去厕所，马上回来，我在这等她。我丈夫在联邦法院工作，他马上来接我们去参加他同事结婚 50 周年的纪念日。"这几个孩子听了立刻像泄了气的皮球。也许是我提到了多拉的名字，她毕竟是他们的老师，兔子不吃窝边草，美国人、中国人都一样；也许是我提到了我丈夫在法院工作，他马上要来接我，总之，他们的那股邪火灭了。这时，走廊里传来保安人员巡逻的脚步声。美国学校的保安人员都是经过培训的，懂得抓逮擒拿，腰里别着警棍，大皮鞋，大盖帽，十分威风；但是学校治安照样如此混乱，他们也无能为力。

那场惊吓给我的刺激太大，沮丧的情绪持续了相当长一段时间。那一期间无论见到谁，我都要提起这次遭遇："吓死我了！要不是我亲身经历，我真的不敢相信。"

多拉知道我会把这次经历如实地写出来。她反复地告诉我，并不是黑人都这样，要特别表明这一点。

☆☆ 在 家 上 学

全美国有百万名孩子在家上学。他们选择 homeschool 不是因为住地偏远，交通不方便，更不是因为家庭贫困，相反这类孩子的家庭大多比较富裕，父母受教育的程度也比一般家长高。那么这是怎么回事呢？

在 19 世纪，由于贫困，孩子去学校读书为许多美国家长力所不及，于是只好在家读书；后来国家富起来，普及教育，上学是人人可以享受的权利及义务；可是近些年，传统价值观念被彻底颠覆，人们失去道德规范，校园血案屡屡发生，学校教育职能强调启发创造性，培养自信心，忽略基础知识、基本技能的培养，这些都造成了一系列新问题。有一位家长抱怨美国中小学老师整天和学生在一起做游戏，学生错了也不批评，更不惩罚，却美其名曰培养自信心。学生说 2＋2＝5，老师不直接说答案不对，却说差不多；上生物课拿一张青蛙的挂图，然后发给孩子每人一张纸，一瓶防晒油，一个墨镜，一顶草帽，先去野外观察，回到课堂七嘴八舌一番描述，写下来，就算交了作业，通常全得 A（相当于优）。对美国中学教育不满的家长与日俱增，尤其是中国留学生。他们大多费九牛二虎之力把孩子接来美国，又费神送回中国，理由是美国中小学教育太不注重

基础知识、基本概念、基本技能的训练，还有就是假期太多，一年法定假日就有 32 个，加上每周休息两天，再加上暑假、寒假，有的学校一学年分 3 个学期，另多出一个春假，有的学校暑假长达两个半月到三个月，实际授课日就少得可怜。选择让自己的孩子在家上学的家长，常常把美国之所以有那么多心理不正常的人，那么多精神病人，归因于学校教育的失败，认为学校未能发挥基本功能，忽略孩子们的心灵需求，不负责任地把一批又一批青年抛给冷酷的社会，让他们自己去作野蛮的拼搏。因此，这些父母决定自己当教师，用自己的方法教育小孩。

近 10 年来，对学校教育感到失望，从而把孩子留在家里由自己来教育的家长增长了 3 倍。美国已有 100 万学生在家上课是根据美国教育部的统计，全国家庭教育研究会（National Home Education Research Institute）则认为，按每年增长 7%—15% 来估计，可能多达 170 万人。以马里兰州为例：1990 年只有 2296 人，1999 年已增至 15615 人；维州 6 年前有

7011 人，去年增加到 12810 人。

1999 年，马里兰州对在家上学的 11930 个家庭及 20760 名学生做了一次问卷调查和学历测验，结论是在家上学的学生家长在教育程度和工作收入上都超过一般家庭，在家上学的学生测验成绩比公立、私立学校的学生均明显高出许多，其中有 25％的学生成绩甚至比普通学生高出一个年级。

这类学生的家长大多有虔诚的宗教信仰和大学以上的学历，对子女有着强烈的责任感。他们想尽自己的一切能力、财力，为孩子创造一个比去学校读书更好的环境。在家上学没有同学，没有铃声提醒上课时间，家长严格的要求就显得十分重要。

教育工作者对在家上学提出质疑，认为这样做会导致孩子们脱离集体。没有集体的课外活动，就会缺乏与人合作、相处的能力；缺少沟通就不会培养起互动的能力；缺少同学之间学习成绩优劣的竞争，又培养不出竞争能力。

高科技革命的冲击使许多家长教师面临着新学科的挑战，但随着电脑的普及，网上教学又提供了在家上学的方便。现在网上学校开设一年级至八年级课程，每天上网 4 小时，每个月收费 69 美元。科技新时代的到来不但可以使孩子在家上学，家长也可以在家上班。现在许多在家上学的孩子都在转向了网上学校，仅加州 5—12 年级的学生就有 2000 多人。学生还可在网上办校刊、写诗、征友。

有的教育工作者正尝试让孩子们在家完成一部分学业，另一部分到学校城来上。

维州办了一所 Patrick Itenry College，主要面向在家上学的孩子，主修科目只有一门政府学，主要培养新生代政治领袖。有 60 名在家上学的孩子走出家门选了这门课。

☆ ☆ 特许学校

　　在美国，公立学校由各州纳税人的税款经营，纳税人子女上学不用付学费。据 1994 年的统计资料显示，联邦政府教育经费拨款占总额的 7.0%；50 个州政府拨款占 45.2%，全美地方政府拨款占 47.8%。

　　美国也是一国两制，凡是政府管理的都是公立，公有制，如邮局、交通和一些政府医院、州立大学、社区大学和公立中、小学。一个容不得半点矫饰和遮掩的事实是：凡公立的机构大都经营不好，效益低下，服务懒散怠慢，难怪美国大学里经济学课对公有制的概念是：一种少数人可以任意挥霍大多数纳税人利益的制度。美国公立学校就是典型的例子。这类学校无论是教学设备、教师工资还是教育经费都不比私立学校差，但教学质量却差许多。

　　康涅狄格州布里港市的哈丁高中校区庞大，人数众多，但教育委员会制定的规章制度根本不适合具体情况，每年只有一半学生能如期毕业。美国中小学教师工会是全美实力最强大的工会之一，每届美国总统都要向工会讨好，拉选票。那些热爱教育事业并有献身精神的教师团结奋斗，在康州通过了一项《特许学校法案》，根据这个法案成立的特许学校享受私立

学校待遇。只要得到州政府许可，任何人，任何团体，无论是商人、投资者、家长还是教师，都可以申请到公众教育经费，成立这类特许学校。州政府每年为每个特许学校的学生提供 6500 美元的教育经费。

特许学校可以不接受教育主管部门的管理和约束。学校设有自己的董事会，所有有关事宜，包括教学计划、进度、课文选择、教师录用均由董事会全权决定。董事会完全废弃传统的教师录用考核方法，自己制定标准，选择他们认为最称职的教师。特许学校的教师每年工作 210 天（比其他公立学校多 27 天），每天的工作时间由早上 7：00 到下午 3：45。

特许学校侧重职业教育，以经济与科学为先，也有的倾向于艺术。艺术类特许学校提供大量通向大学艺术专业的预备课，并为学生提供与艺术家同台演出、同办艺术展的机会。

大部分特许学校都管理得比公立学校好。上课时间比其他公立学校的时间长，教学计划和大学课程的衔接也较紧密。在美国，公立中学不时遭到社会各界的抱怨：纪律不严明、学生出勤率不高、不能如期拿到高中毕业证，等等；如今特许学校却得到社会的一致赞扬，向传统的公立学校发起竞争和挑战，推动公立学校提高教学质量。

自 1992 年美国第一所特许学校成立以来，这种形式如雨后春笋般地涌现。在 26 个州和哥伦比亚特区，现共有 1 100 所特许学校，同时还在以每年上百所的速度递增。特许学校也有不如意的地方。对特许学校的法律规定各州有很大不同，但有一点共同的就是：所设科目必须符合州教育部的要求，必须合理使用资金并定期接受财管部门审核。如果违背了州政府的要求，州政府可以随时取消其经营权，如华盛顿特区就曾取消马克思·加伟公立特许学校的经营许可权。

参议员琼·莱伯门曾发起制订了一个"特许学校助学金计划"，提供750 万美元帮助新成立的特许学校。总统签署了一项由他与另一名参议员辛丹冠茨共同提出的《特许学校扩充法案》，把助学金增加到了 1000 万美元。

美国崇尚多元文化、多元价值观念，教育也是多元化设计、多元化管理。特许学校这种办学形式，兼有公立学校与私立学校的优点，却独树一帜，既挑战公立学校，也挑战私立学校。

☆☆ 进行不下去的采访

    奥克兰市是全美犯罪率最高的城市，奥克兰高中（Oakland High School）自然也是少年犯罪多发的学校。说实在的，去这类学校采访心里总有点惴惴不安。这里校园血案屡见不鲜，受害的不乏过路人、来访者，报纸三天两头就来这么一条报道，你说谁能不毛骨悚然？但是，要想全面报道美国中学生生活，这类学校一定得去，不然就会漏掉一个不可或缺的方面。

    车开到离校园不远的地方，但见浓烟滚滚，我心里忽悠了一下；很想掉头，但还是慢慢开过去了。近前一看，其实着火的是校园外干燥的草地。我走进校园，正见到两个男生抱着一个女生斜躺在操场上，老师、保安人员走来走去熟视无睹。走廊两边各站着一个保安人员，这种气氛立刻让人不舒服，好像这里随时会发生暴乱或枪击。走廊里到处是可口可乐的易拉罐和包装精美食品的锡纸袋。这里的孩子大都是无家可归的贫困线以下收入的子女，但他们似乎吃得不错。正是上课时间，走廊里没有学生。我从这头走到那头，每个教室门口都有约 2 尺×1 尺的窗口，有保安人员来回巡逻，如果从窗口看见里边有学生打架闹事，他们会立刻进去干涉。

不到 10 分钟后有 3 个学生出了教室，在走廊里绕着圈走。按规定只要不妨碍他人，保安就可以不管；这三个学生出来乱溜达不算妨碍他人，所以保安只是远远地盯着，并不过去。

下课铃一响，学生们如同闹地震般地纷纷从教室里涌出来，而保安人员也增至 6 个，一副严阵以待的架势。我站在走廊里很不舒服，不晓得会发生什么事。这所学校几乎全都是黑孩子。

这个国家太富了，不服不行。即使是这个穷人区的中学，宽敞的前厅举架也有三层楼高，加上红蓝相间拼成美丽图案的地板，显得堂皇而华丽。走廊里每个学生都有自己的衣橱；校园里有 8 副篮球架，两个体育场，一个露天游泳池；每个教室都有投影仪，不下十几台电脑。

校园里、走廊里，擦肩而过的老师大都不带笑容。通常美国人无论是生人、熟人，擦肩而过时都会说一声"Hi"，并微笑点头，可这里就不一样。是不是他们每天和这类学生打交道，心里发紧，笑容也就收敛了呢？

有一伙外来人，看得出或是大学生，或是非营利的民间组织成员，在校园里专为那些父母没上过大学的子女补课，帮助他们实现受高等教育的梦想。美国各行各业都注重专业化，越专越偏，才越有特色，给那些孩子补课也是有一套特殊设计的。美国有那么多好人在挖空心思地帮助穷人，提携穷人，可这些孩子往往并不那么争气。

校长办公室里霉味弥漫，门口聚集着一堆家长，不知什么原因要见校长。校长秘书是个日本老太太，60 多岁，花白的头发。她头也不抬，只顾挥着手说："We are closed! We are closed!"（我们不办公了！）一副闭门谢客的样子。当时才下午 2 点左右，当然不是下班时间。我对她说我是中国记者，来学校采访的，请帮我预约一下见校长的时间。"你明天来。"她仍然头也不抬地说。这是哪一家的待客之道？我非常生气地对她说："请告诉我校长的电话！"她不得已地写下来，递给我，然后问："Anything else?"（还有什么事吗？）话音未落，就已"砰"地关上了门。我真气极了，旁边一位教师看我情绪要失控，赶紧表示可以带我见校长助理。助理办公室在里头一个非常窄的小屋，本人看上去是中国人，或者是菲律宾人，也是一副冰冷的面孔，说话像提审，这是我这么多年来在美国生活从未经历过的。他答应我会把有关情况转告校长，并说会让日本老太太给我道歉；我说没有工夫听她道歉，她给我道歉我能得到什么？但这时一个醉醺醺的家长连门也不敲就进来了，校长助理警觉地皱起双眉，用手摸了一下裤兜。他兜里是不是有枪？他会不会受到袭击？我的神经"倏"地绷紧了。面对这样的来客，谁会说你好、请坐、请喝茶，还不是快点把他打发走了事。

　　出来时我已原谅了那个日本老太太，是服务对象改变了她的作风；然而我的采访也实在无法进行下去了，因为这里太不安全。由于紧张，我一个问题也提不出来。

☆ ☆ 多种途径获得高中毕业证书

美国没有初中毕业后就读的中等专业学校，但有社区大学，有高中毕业文凭的学生可以来这里选课。家庭收入低的学生，在这里选修一些课程后，就可以拿到专科结业证书。可供选修的科目有木工、电工、水道工、家庭护士、幼教工作、试验室助理等。结业时间长短不等，有的八九个月，有的一年，有的一年半。有了专科结业证就可以去找相关的工作，工作一段时间再去州政府申请执照，有了执照就可以拿到更高的工资。攻专科证书时的基础课学分还可以累计在档案里，如果想再申请读大学，可以转过去。

高中毕业证书对所有的人都非常重要，因为美国各行各业都要求起码具备高中毕业的文化水平。那么学生中途辍学，没有高中毕业证书怎么办？没关系，美国教育体制会给他们机会，重新补上。这种机会不是一次、两次，而是一生中的任何时间。只要你振作起来，踏踏实实地补学分，就能拿到高中毕业证，以至再去读学士、硕士、博士。

补高中毕业证书的主要途径是去 Adult School（成人学校）。成人学校提供各类课程培训，时间有晚上的，有白天的，还有周末的，总之你想什么时候上课就可以什么时候上课。

自修高中文凭也可以。不愿意去学校上课的人，可以按着教学大纲的要求，在家一门课一门课地依次自学，然后在自认有把握的时候申请参加有关考试，获取证书。

如果你既不想振作起来去成人学校补文凭，又没有毅力自修高中课程，那么你仍然有选择的机会。成人学校大都提供 GED 课程，这是一个用考试来取得相等于高中学历证书的机会。GED 是一般教育发展的缩写，GED 证书相当于高中毕业证书；雇主、军队、大学，可以认可也可以不认可。图书馆和书店都有 GED 的各类资料，帮助你准备应试。这里要提一句，美国任何一种考试都事先备有相关资料，考试时范围不会超出资料中给出的试题，其实就是要求你必须明白这些。GED 就是为那些最没有心气或最无奈的学生提供的，只要你看懂这些考试题，就能获得相当于高中毕业的文凭。

学习能力强的学生则可提前获得高中毕业的证明，如 CHSPE（加州高中熟练测验）。这个证明可以代替高中毕业证，大学就可以允许你提前申请入学。很多勤奋的中学生高三时已开始选修大学课程，也有的学生愿意快快读完高中全部课程，早点离开学校，这两种情况都可以提前申请 CHSPE。总之，教育工作者想方设法，为孩子们提供开发自己全部潜能的机会。CHSPE 测验学生的五个方面：阅读、计算（不包括代数和几何）、写作、解决问题的能力和生活常识。这类测验每年两次，通常在 11 月和 4 月，由教育测验服务部主办，费用为 44 美元。测验合格并不等于你可以马上离开高中，必须年满 16 岁，有家长签名才行。

优秀的超常少年不用随大溜，可以提前毕业上大学；那些错过了机会的青少年也有机会随时补上。这种办法我国的青少年及成人教育完全可以借鉴。

☆☆ 美国中学的资优教育

　　和中国一样，美国也有一些超常少年。这些孩子到了高中阶段往往一边学高中课程，一边选修某些自己感兴趣，又有能力跟上的大学课程。选得最多的是英文阅读写作和数学。学习的方式有两种。一是向那些开设了 The Early Entrance Program（提前入学项目）的大学提出申请，一旦被录取，你所选学的课程考试及格，就可以把这些学分积攒起来，正式入学后就不用再修这些学分了。二是学校向这类学生提供专门场所，配置专职老师，组织他们集体观看大学教师讲课的录像带，然后或者集中学习，或者自学，作业辅导和学籍管理均由所在高中负责。

　　还有一部分学生可以自己到社区大学申请，提前选修大学课程。近几年移民来美国的中国孩子，数学成绩大多高出美国同学一筹，他们一致认为，美国学校数学课太简单。好多中国女孩结伴去大学选修数学课，又神气又骄傲。中国新移民的孩子来美国上学，往往一报到，美国孩子就请教他们如何学习数学。中国孩子们的心算能力常常让美国同学，包括老师佩服得五体投地，以至有些超市收款处招工，一听说是中国人，不用多问就录用了。

　　资优教育是美国教育系统中一个备受重视的子系统，就像残疾学生教育一样，是相当完善细致的。学校里大多都设有 IEP（Individual Educational Plan，即个别教育计划）。对天才学生的支持，各校各学区都有相当密切的合作。美国有 11 所大学开设了 Early Entrancel Program，招收 11—15 岁的学生以全修和部分选修的方式就读大学。

　　资优教育专家指出，跳级对资优学生在学习上没有不良后遗症，相反可以增加他们的学习兴趣，因为这些孩子学习能力很强，不喜欢做重复的事情。许多大学基础课与高中课程彼此重合，所以他们提前去大学读书不会有知识断层的问题。资优少年喜欢和年龄大的人交朋友，他们到大学里和大同学一起上课，会激发他们学习的主动性。

　　资优少年提前入大学后，大多仍然是班里的优秀学生，和同学比起来，成绩不但不落后而且学起来轻松。资优教育顾问大都跟踪调查资优学生，一旦列入档案常追踪 10—30 年。

☆☆ 青少年赚钱之道

15—18岁的美国青少年，如果出身低收入家庭，或者是无家可归的孤儿，可以通过YEOP（青少年职业培训中心）来帮助他们找一份工作，以养活自己或完成中学学业。这个中心不但帮助找工作赚钱，还提供短期职业培训，以确保能通过雇主面试。

在美国，无论到哪打工都得经过专门培训，不能只凭着灵气去看，去学。另一方面，无论多粗的活，多简单的操作，都必须持有上岗证书。中学生打工也是如此，当然也要报税。

职业培训中心会提供很多不同的打工赚钱机会，但比较热门的活儿是洗汽车。在停车场，孩子们大都戴着紫色的帽子，手里拿着紫色抹布，蓝裤子，蓝色T恤衫，几个人同时动手刷洗一辆车，然后打蜡。他们动作快捷，很少说话，分工合作，就像一场篮球赛井然有序。我看他们洗车，很像欣赏一场表演：擦后门的擦后门，擦车窗的擦车窗，吸尘的吸尘，上一趟洗手间的工夫，车就洗得干干净净，车厢里还喷上香雾。车身打蜡也经过了严格训练：一盒蜡可以给几辆车上光，浪费一点，别的车就不够用；少一点，车就不够闪亮光洁。这些孩子都又认真又努力。不认真不努力不行，老板会立刻让你走人。这是一个生存竞争淘汰十分激烈的社会，老板也有压力，他不这样狠心，他的顾客就会流失，他自己的生意就会垮掉。

在停车场帮人停车也是学生们打工的好去处。因为美国停车场很大，无论是看体育表演还是到超级市场购物，都要绕来绕去找位置停车，有时半个小时也找不到空，即使找到也要步行很远，才能到自己要去的地方，所以顾客宁可花钱找人帮助停车。所谓时间就是金钱，一个小时赚 30 美元的工程师花两美元雇人停车，算起来非常值得。帮人停车这一行道几乎全是学生。每到节假日、周末，体育场看表演的人如潮如海，停车场的学生就有活干，有钱赚了。帮人停车也要经过职业训练，也是公司雇用的。首先要仪态大方，服装整齐，和顾客打招呼要面带微笑，不能少说，也不能多说。顾客把车钥匙交给你时不能东张西望，要恭恭敬敬地收下，轻轻地打开车门，表示自己十分小心谨慎，然后轻轻地用手向上提着关上车门，绝对不可"砰"的一声，否则顾客会认为你毛手毛脚没法放心。车停好后，必须跑步

回到原地，姿势必须是两手握成拳，速度必须不快也不慢。总而言之，每一个环节都经过指点训练，没有半点散漫。

在公园、娱乐场所扮演小丑也是中学生热衷的职业。还有的学生专门在节日里给气球打气，并系上一个美丽的飘带。有的中学生则专门给小狗洗澡，这个活儿赚钱可比洗汽车、帮人停车多；有的学生甚至自己注册一个宠物洗澡店，在计算机网络上设立专门的网址，详尽介绍自己的业务。

通常给狗洗澡都是在户外，最好是阳光明媚的午后，把澡盆安置在院子里，里面放上温水，并要带上宠物洗涤剂。这种洗涤剂必须在宠物用品专卖店购买，不可以随便拿任何一种牌子的洗发剂来用，因为美国非常注

重专用，狗必须用狗的"专业用品"。职业培训中心的辅导员老师通常会教给学生怎样带好工具，不能到狗的主人家再要这要那。要准备好两个澡盆，一个用来洗第一遍，另一个用来漂洗，另外还要带两条不同颜色的毛巾和吹风机、毛梳子。对狗一定要体贴、温柔、细心。有一个宠物洗澡店的中学生店主叫吉米，给自己印了一张名片，头衔是总裁，凡他经手洗过澡的小狗全都和他合过影。他自备了一辆车，箱子里装着全套工具；还雇了几个同学，有活儿就打电话让他们去。他的生意不错，左右邻居全是他的顾客；他也颇踌躇满志，很像个小老板。职业培训中心的辅导员老师常叮嘱他，一定要辨别宠物狗与其他狗的不同，不是宠物狗不可以给洗澡，安全第一，并且督促他要尽心尽意保证狗的安全。这个责任是很大的，一旦搞丢了会惹上麻烦。如果不小心洗澡时肥皂液浸进了狗眼睛，小狗会乱喊乱跑。中学生在外打工受到职业培训中心的策划、监护和帮助，这种体制十分有效。

女生去别人家做 Baby Sitter 也是一种赚钱之道。干这份活儿一定要考 CPR（急救呼吸执照），就是小孩万一吃什么噎了，要能及时施行紧急抢救，大约要学 20 个小时。没有这种执照的人，一般家长是不会雇用的。许多在家办公的妇女喜欢雇中学生看孩子，因为中学生的工资比成人便宜一半；有的家长就是为了给自己的孩子找个小伙伴，陪着一起玩；也有的家长喜欢雇男中学生来看自己的男孩，目的在于让孩子从小就养成男性的性格。

和父母要一份工作是中产阶级家庭孩子们最主要的赚钱之道。美国家长让孩子干活都给钱，而且一清二楚。扫院子、打扫室内卫生、倒垃圾，到点就必须干好，互相都不含糊。

快餐店是中学生们打工最集中的地方。像麦当劳这样的连锁店，几乎全是中学生在收款、上灶、洗碗。

中学生打工是受法律保护的。劳工法里专门有一章说到 14 岁少年打工的最低工资标准以及相关的福利，凡有雇员的单位必须公开这类文件。

☆☆ 借 钱 文 化

中国人常教育孩子怎么攒钱，美国人则教育孩子怎么借钱。

在美国，不论是有钱人还是穷人都会有借钱的记录，而且他们无论注册一个什么样规模的经济实体，都会向银行贷款，能从银行借出越多钱的人社会越信任他。超前消费是美国人主要的经济生活方式。先交 20％的房款，以后每月分期按揭，就会立刻住进一幢宽敞明亮的大屋子；只交几百美元，就可以买一台漂亮的汽车，三五年付齐。无论多有地位的人，上饭店吃饭都用信用卡，到了月底才和银行结账。通常中国人对这种方式很看不惯：兜里连个钱也不带，用信用卡真丢脸；但美国人认为，提前花钱，能刺激自己更积极地工作。美国社会之所以那么富有，正是靠这类经济原则刺激出来的。

中学生在校时老师就教给他们怎么借钱，低收入家庭的孩子更要认真学习怎么从州政府借钱解决自己的学费，怎么估算利息（事实上美国教育贷款是无息贷款），怎么从联邦政府和各种基金会贷款。总之，只要有学习能力，肯定能从有关的机构获得贷款。不但学费，各种书籍以及和教育有关的其他费用都可以获得贷款。

　　学校时常有这方面的专题讲座。中学升大学时，学校里会有专职教师帮助学生填写这方面的表格，指导他们如何完成贷款程序并最终顺利获得贷款。

　　会借钱，会投资，是美国人理财的主要观念。无论家长还是教师都不会教育孩子省钱、攒钱、存钱。他们有一点点钱就立刻投资，银行里不放太多的现金。美国中产阶级家庭银行里有几万美元存款的并不多。银行提供的主要服务是借钱或贷款。成年人有可靠的工作，并有偿还本息的能力，当然可以贷款，有时他们还要展示一下他们拥有的财产——房子、车和自己的经济实体。这些财产在贷款人不能偿还时会被银行收去，这叫做抵押。

　　有些人没有很好的信用记录，又没有一个稳定的工作，他们需要钱就不得不向金融公司贷款。这里的利息会高出银行许多。

　　信用记录很重要。能不能借给你钱，主要看每年你挣多少钱，其次是工作经历，能保住一个工作多长时间。美国一个企业能经营5年，就是一个成功的企业，因为竞争太激烈。通常每个美国人都有这样的经历：公司倒闭，或是大裁员。在这种情况下能很快找到工作或保住工作的，信用指数就高。再就是信誉，借钱是否按时还。如果经常拖延欠款，或者一直欠款，就会有坏记录。这种记录在电脑里三分钟就能显示出来，贷款就会很麻烦。

银行不但为成人申请信用卡提供方便，还为学生提供 300 美元以下的信用卡。有的家庭自己存上 500 美元，就可以申请信用卡，用这个卡可以以 500 美元为限消费，月底前付齐就不怕利息，否则就罚 20 美元，然后还要在欠款上加 20％的利息。如果没有能力一次还清，可以分几次还，但也要交利息。

信用卡公司发行信用卡主要赚有钱人的钱。越是银行有高额存款的人，信用卡公司越主动借给你钱，而信用卡借钱的范围也越广，因为他知道你还得起。信用卡公司主要赚你透支部分的利息，加上向顾客收取的年费。此外，接受信用卡的商业机构也会向信用卡公司交一点费。

全美国有 7 000 多种信用卡。比较著名的有 Master Card（万事达卡）、Visa（维萨卡）、American Express（美国运通卡）。美国和全世界数以千计的商业公司都接受这些卡。

申请信用卡一定要注意阅读细则，尤其注意附加条件。有些信用卡奖励某种产品，有些是优惠购买某种产品，有些要收取客户一定百分比的费用用于公益事业。

使用信用卡买东西一定要有个单子，记录自己都买了些什么，并且记住这些钱肯定要还，一定要按时结清。

美国大多数家庭都钟情信用卡。大至房子、汽车，小至电视机、微波炉，甚至皮鞋、毛巾，往往都托信用卡之福。一张小小的信用卡能使他们过上比自己的实际收入更富有的生活，这是他们的文化，他们也这样教育自己的子女。

☆☆ 从小培养馈赠文化

美国是以基督教文明为主体的国家，大部分基督徒把自己收入的10％捐给公益机构；生长于基督徒家庭的孩子从小受这种文化熏染，也把每周从父母那里得到的 10 美元零花钱的 1/10，即 1 美元捐给教会。有的中学生则将节日里从外祖父、外祖母或其他亲属那里得到的钱一次性捐给慈善机构，资助盲童学校、白血病小患者、无家可归的孩子等。越是富裕、有教养的人，这类奉献往往越多，许多老人甚至每月捐款非洲帮助失学儿童。而慈善机构也比比皆是，他们发布的宣传材料会告诉你，每月 20 美元可以帮助一个孩子上学，200 美元可以帮助一个孩子一年，2 万美元可以帮助建一个小学。

比之捐钱更盛行、操作起来更方便的是捐物。诸如衣服、鞋帽、玩具、书籍等生活用品，一旦自己不需要了就主动捐出去。美国有一些有关的全国性连锁店如 Goodwill、Salvation Army、Thrift Stores 等，就专门负责接受和处理来自热心人士的捐赠，所赠之物经过整理，再标上很低的价格，卖给购买能力低的穷人。捐赠活动有些是主动的，有些则是专门机构上门收集，但都是民间组织自己运作。在富人区，通常每周有一天收集小东西如衣服、小件厨房用品等，每月有一天收集大东西，如沙发、炉灶、家具等。美国人报税率很高，收入越高，付税越多，然而捐旧物可以抵税，购买新物件也可以抵税，所以许多家用"大件"稍一变旧就捐出去，再买新的，如此一举两得，何乐而不为呢？捐赠在美国作为一种文化被认同流行不只是一种道德行为，同时也是一种经济行为，是一种良性互动。孩子们自小耳濡目染，受影响是必然的。

奉献时间，为社会做一些公益事业也是一种捐赠。这方面中学生常见的有组织一个演出队去老人院演出、为请不起家教的低收入家庭孩子辅导课外作业、到湖边清理污染，等等。至于在圣诞节前把自己家中八成新的东西，包括书籍、玩具及日用品，擦洗干净，用漂亮的礼品纸包上，送给贫困地区的同龄同学，几乎是他们集体的自觉行为。

中学生为自己的团体筹款，这是从政府学之类的课程中学来的。美国总统大选，市长、市议员竞选，都有一大群热心人士协助筹款助选。中学生们筹款的方式很多，包括组织演出队，把门票收入收集起来；集中几天为人洗车，把劳务所得收集起来；在母亲节、圣诞节自制卡片出售，把卖出的钱收集起来，等等。在每年的"预防癌症日"，学生们会去各商家义卖水仙花，营造一种气氛，敦促所在社区人人关心癌症的防治。

学生们筹款也经过训练。在 Leadership（领导能力）训练的课程里，老师就教学生怎么筹款，怎么和募捐对象谈自己的计划，怎么管理所筹款项，以及如何增强团队配合的能力等。

美国非营利机构的运作全靠民间捐款。所谓非营利机构，就是不向政府要钱，赚了钱也不揣任何人的腰包，只用于继续发展这个事业。许多美国青少年辅助教育机构都是非营利的民间组织，包括青少年戒烟中心、戒毒中心、预防自杀中心、青少年性教育中心等，全美影响最大的组织"童子军"也是靠捐款营运。那么多无名的捐款者常年无条件地奉献着友爱和金钱，往往只是为了求得内心的安宁。

捐赠不限于给某个机构，也包括市政建设。有的有钱人为了纪念早夭的女儿就出钱建一个美丽的小公园；有的为了自己父亲的 80 岁生日，就捐给市政当局一批椅子，背后刻上自己的小诗，立在纳凉的地方供人们休息。

有一对老夫妻都过了 90 岁，既喜乐又富有，就登广告声明：我们饱经了人生的风风雨雨，酸甜苦辣，现在得了不治之症，再花大量的钱来治病，忍受疾病的痛苦和折磨是不必要的；当我们离开自己的肉身，我们永恒的生命将开始。于是这对老夫妻双双自杀，把全部财产捐赠给自己热爱一生的广播事业。这对中国人或许是不可思议的奇闻，但对美国青少年却是正面的榜样。

☆ ☆ 中学生毕业典礼

　　中学毕业典礼怎么这么隆重？美国人只要有个理由就大大热闹一把，几乎所有学校的高中毕业庆典活动都会持续一周左右，而且学生的家长，包括外祖父、外祖母、祖父、祖母、舅舅、姑姑什么的，全都从另外的城市，甚至从国外赶来。

　　正式典礼通常在学校礼堂或剧院举行，届时往往大厅里外连着广场人山人海。和中国不同的是，这个喜庆的日子很少见到艳丽的色彩，多是由蓝、白两色的气球组成一个大拱门，男士多着黑色西装，领带笔挺，皮鞋锃亮；女士也大多着黑色长裙。至于毕业学生，有的学校着黄色长袍，有的着黑色长袍，一律戴八角帽。我曾问过若干个老师同学——不仅是高中的老师、学生，也包括大学的博士生和他们的导师——这长袍象征着什么，没有人回答得出来。

　　典礼始终在乐曲中进行，然而乐曲的旋律却不是热烈明快，能唤起人喜悦与共鸣的那种，而是慢悠悠的，有一点哀婉楚楚的，让人一听就觉得有点冷，想再披一件衣服。校长逐个诵读合格毕业生的名字，每念到一个下面就站起一个人来，跟着就是掌声和尖叫。这种尖叫像运动会上拉拉队

为自己那伙儿叫好，所以每个学生都会邀请尽可能多的人来参加，为的就是能有这个效果。美国人无论年龄多大，老头还是老太太，壮小伙还是纤弱的姑娘，感情都十分夸张；在中国人看来并不那么值得高兴的事，他们都会跳跃欢呼、一蹦三尺高地拍手惊叫。许多人看棒球并不是看打球本身，而是沉浸在那种气氛里，游弋在欢乐之中。校长总结毕业生在校期间的表现时，非常诙谐幽默，当然又会引来一阵又一阵掌声和尖叫，整个典礼就这样在每隔三分钟一阵的尖叫中进行。我是掐表算的，感觉他们就是想乱喊乱叫，集体地喊叫。当校长把所有毕业生的名字念完后，他们就把帽子旁边的黄穗甩到另一边，从此便具有了高中毕业学历，并被社会肯定和承认。因为美国许多工作，求职都要求至少具备高中学历。

　　而后在碧绿的草坪上，学生们穿着毕业礼服，争相和家人拍照，并不断把帽子、香槟酒、鞋子抛向天空。直升机迎风飘着彩带，那是学生家长驾驶来的，彩带上写着对儿子的祝福。也有的非洲裔家长自己带着鼓在草坪上猛敲，鼓点是前进的意思。这些表演都是自发的，没有安排，没有组织，谁愿敲就敲，谁愿唱就唱，谁愿跳就跳。中国家长大都会设个摊儿，摆上食品供同学们及来宾分享。中国人一高兴就是吃，不但自己吃，还要请朋友一块吃。毕业典礼的当天，中国家长一定会带孩子一块出去大吃一顿。

　　或许是正式典礼前，或许是正式典礼后，高中毕业生们会有一次大型游船活动，不是一个学校而是许多学校联谊，通宵在船上狂欢。女生都穿晚礼服，男生都穿燕尾服；女生的晚礼服那天真是争奇斗艳，但主要是颜色，式样几乎全一样，直筒筒地没什么修饰。青春的女孩，笔挺的身段像一棵棵小白桦；没有一点皱纹的脸，像清晨雨后的花朵，娇艳欲滴。这是不漂亮也好看的年华。

男孩子拉着女孩子的手，有一点新郎和新娘的味道，但又绝对不是。我问他们：你们这样拉着手是 "boy friend" 和 "girl friend" 吗？回答："a sort of"（有一点点）。美国人直率得多么可爱！这样的年纪一切都是纯洁的，想啥，干啥，一切无遮无拦，没有目的也不计后果。这是多么华彩的一段生命旋律！

通常这类活动都是在游船上举行，是那种能容纳几千人的大游船。船上有网球场、游泳池、舞厅、酒吧。少男少女成双成对地倚栏远眺，海鸥在头上飞翔、海浪拍打着船舷。漂亮而学习成绩又好的女孩，这时会有一个又一个男孩邀她跳舞或单独待一阵。保守的亚裔家庭的孩子喜欢三五成群聚在一起；黑人孩子常和黑人孩子在一起。美国是个移民国家，虽然几十年来媒体和政府、学者和专家都喊美国是民族大熔炉，其实并非如此，照我看更像是个民族大拼盘。不同肤色，不同族裔的人之间可以友好往来，却很难融合在一起，因为在文化上各有其"根"。中国人愿意和中国人在一起，越南人愿意和越南人在一起，非洲人愿意和非洲人在一起，当然喽，白人肯定愿意和白人在一起。这在船上看得特别明显：各族裔的孩子各自聚成一堆。中国人也分若干堆：台湾来的和台湾来的在一起，香港来的和香港来的在一起；内地来的，讲粤语的和讲粤语的在一起，讲普通话和讲普通话的在一起……

这些孩子狂欢一晚每人要付 30 美元。我逐个问他们，这钱是爸爸妈妈给的吗？他们几乎异口同声地回答："自己打工挣来的！""打工多长时间可以挣 30 美元？""每小时 5.75 美元，你自己算吧！"

家长一般很支持这种狂欢活动，尤其是女孩子的家长，会帮助女儿化妆打扮，等待男同学来接，很像过家家，男孩装新郎，女孩装新娘。男孩一定会带着一条鲜花编织的手链给女孩戴上。如果女孩的母亲看中这个男孩，会悄悄对女儿说，如果你俩真的成了，那多好；这时女孩会娇嗔地说："妈，你真烦！"美国中学生普遍有性生活体验。在保守的小城市，有相当多的夫妻真的是在高中毕业典礼上开始谈恋爱，以至白头到老的。

☆☆ 测一测他们懂不懂理财之道

　　美国从中学就开设经济学课，启发学生们如赚钱、贷款、投资。好多中学生有自己的网站，做传销、直销生意，也有的中学生玩股票，还有中学生养了一群小猫儿在网上销售，每个小猫都附有活泼泼的照片。尽管如此，媒体仍然披露高中毕业生不懂理财之道。

　　一项全国性调查表明，尽管各种媒体充满了财经新闻，而且用家用计算机就可以买卖股票，但是，许多高中毕业班学生在钱财管理、投资与储蓄方面的知识却越来越贫乏。

　　据美联社报道，2000 年 2 月和 3 月，有关方面曾对 723 名即将毕业的高中学生进行了 45 分钟的多种选择题测验，结果，在 30 道个人财务与经济学的问题中，答对了的平均仅占 52％。按照一般的高中评分标准，这样的成绩是不及格的。三年之前，曾经对 1509 名高中毕业班学生进行过类似的测验，当时的平均分数为 57 分。在这次测验中，仅有 21％的学生知道储蓄的利息需要缴所得税，尽管这些学生中近 55％拥有储蓄或支票户头；而三年前，答对此题的学生占 32％。46％的学生知道公司付给退休者的钱叫退休金，但 30％的认为这是社安金；在 1997 年的调查中，答对者占 64%。

只有 32% 的学生知道，如果对方以信用报告为据拒绝接受信用卡，他们可以免费核查信用报告；上次调查时答对此题者占 36%。具有讽刺意味的是，参加这次测验的学生中 49% 都说他们有自己的信用卡。调查的另外一些结果如下：

46% 的学生误以为银行中的定期存款不受政府保护。21% 的学生认为联邦储蓄债券与国库券不受保护。

63% 的学生认为，如果他们的信用卡被偷，而窃贼用它支付了 1 000 美元账单，他们没有任何责任（如果通知了信用卡的发卡单位，则失窃者的责任限于 50 美元）。只有 23% 正确地认为，如果子女教育存款 18 年，赢利的最高方式是买股票；73% 认为赢利最多的办法是联邦储蓄债券与储蓄账户。

美国是金钱社会，有钱就有一切。金钱标志着智慧，标志着勤奋，也标志着地位。家长教育孩子从钱开始，学校教育学生也从钱开始，金钱万能的观念支配着相当多的人。美国充满着平等竞争的机会，赚钱固然很重要，然而理财并不次于赚钱。教育工作者时刻在教育青少年从小学会理财。

☆☆ 不背书对不对？

"不背书对不对？"

几乎每个中国人都会异口同声地说——不对！当然不对！不背怎么能记住？不记住怎么能掌握知识？不掌握知识，怎么能运用？"教书怎么能不让学生背书呢？"但美国的教育思想却认为，知道有那么回事就行了。比如重大历史事件，他们从不要求学生把时间、地点、人物背下来，只要求知道其历史意义就可以了；至于资料性的东西可以查电脑，三分钟就查出来了。

我们在中国念书，不背不行：背《诗经》，背《论语》，背唐诗，背宋词，背高尔基的《海燕》，背革命烈士诗抄，背元素周期表，背太阳系行星，背声速光速，背九九乘法表，背平方立方根表，背中国各朝代年表。背中国省市山川河流位置，总而言之，一切都背。

而背书是美国教育理论最为反对的方法之一。美国学校教任何课程，都不要求背书。英文一共才 26 个字母，若让中国幼儿园老师教，恨不能一天就让孩子背下来；美国幼儿园则不然，他们的方法是变着法子，唱歌啦，看图识字啦，等等，让儿童不自觉地达到记忆的目的。

　　从物力财力上讲,美国学校是全世界最雄厚的。美国政府的教育拨款为世界之最。据一项统计,美国花在学生身上的钱,相当于日本学生的两倍,比德国学生多40%;而且,美国教育经费在过去二十几年间,增长了30%以上。另据一项统计,1996年全美中学生以下(含小学、幼儿园)学生的人均教育经费为5787美元。

　　美国各地学校校舍建筑之精美牢固,电力水暖之健全,操场之大,花园之美,室内球场之完备,礼堂之华丽,让我们中国人看了,只有摇头咋舌的份儿,除了感叹说不出别的话来。美国几乎所有中学都有篮球队、棒球队、网球队、军乐队、管弦乐队,且各有训练、比赛、表演场地,而我们中国的大学也未必个个都能达到这一水平。跟中国相反,美国的家长、老师、孩子,总想避免把学校当做一个严肃的工作场所,总想把学习当成轻松愉快的游戏,不必努力,玩玩乐乐就学了。美国家长送孩子上学,在校门口会对孩子说:"Have a fun."(好好玩乐。)甚至会说:别太用功了。学校也尽量减轻学习中的艰苦成分。美国学生上到高中,许多人仍说不上有什么学习动机。美国中学的招生材料简直像对待孩子一样,设法哄学生到学校念书,比如用游园代替上课啦,乐队、球队啦,等等。大学招生材料同样强调玩乐成分。据粗略统计，美国一般大学的介绍材料里，学业与玩乐之比，大概是1：4。尽管如此，大多数美国人仍认为上学念书是件苦事。对随便惯了的美国青少年来说，就算不动脑了，不听讲，不说话，什么都不做，只是在教室里枯坐45分钟，就已经够痛苦了。

美国人对孩子的基本认知是：他们从小就知道自己在做什么，就有判断力，所以大人应该尊重孩子的意志不应该过分干预。比如两岁的孩子不要吃蔬菜，那就不吃，而无论其发育成长是否需要。美国人有时又认为儿童并不知道他们在做什么。比如十七八岁的孩子杀了人，家长还是会说：他不过是个孩子，好像因此就没什么错了。美国从幼儿教育起就持这样的态度。幼儿园里儿童堆积木，爱摆成什么样，就摆成什么样，用中国话说叫"瞎摆"，可老师却一律说摆得好。儿童学画，瞎涂一气，老师也一概说好。4岁的孩子画开枪打死人，老师也不会说他画得不对。如此一味鼓励固然有助于发展儿童的创造力，却是无助于儿童从小培养起一种是非意识。

美国的教育制度，跟这个国家的政府体制一样，重差异而不重统一。没有全美统一的课本，统一的教学大纲，统一的考核。各州、县、市、学区，可以制定各自不同的教育大纲，可以进行各自不同的考核评判。由于美国大学很多，没有考大学一说，随便什么人，什么背景，只要想上大学，有相应的学习能力，都可以上大学。所以美国人在小学中学学了多少文化知识无足轻重，因而学校对教学结果并不强求一个标准，家长学生自然也比较无所谓。

由于他们从不背书，所以基础知识不巩固，拼读不准确，基本概念不清楚的现象普遍存在。在所有这些方面，咱中国学生可就强多了。

☆☆ 中学生的饮食标准

我常看见美国家庭冰箱上贴着一份金字塔食谱，旁边有一张换算每种食品热量的表格。这份食谱是由美国食品营养学会专为中学生设计颁布的，目的在于督导这一群体健康进食。

美国食品营养学会标定的中学生饮食平衡最佳方案如下：

脂肪、油、甜食（尽可能少食）

奶类（2—3份）肉类（2—3份）

蔬菜类（3—5份）水果（2—4份）

米面类（6—11份）

食品分类	每份含量
脂肪、油、甜食	凡含有脂肪、糖和油的食品，如饼干、蛋糕、汽水、油炸食品等，都应取最少的摄入量。
奶类1份	1杯牛奶、酸奶或其他奶制品，不含脂肪或低脂的最好。
蔬菜1份	半杯富维生素C蔬菜汁或1杯富维生素B蔬菜汁。

水果1份　　　　　1片水果或1杯果汁。深黄色水果最好，如橘子、芒果、杏子。

肉类1份　　　　　1/2杯熟瘦肉、禽类肉或青鱼肉，或1个鸡蛋，或3/4杯豆类，或2饭勺花生酱。

米面类1份　　　　1片面包或10克燕麦或3/4杯面条。

营养学会在设计金字塔食谱的同时，负责对青少年作出解释。

请记住每一克脂肪等于9卡热量。每天的食品结构中来自脂肪的热量一定要低于30％。

要大量吃蔬菜、水果，使碳水化合物是整个食物摄取量的一半。这样可保持恰当的体重，并且有饱满感。

不要吃糖、甜食。喝汽水，饮料可能解渴于一时，但身体不能把它作为健康物质消化，反而储存转化成脂肪。

要小心盐。我们的身体仅仅需要很少一点氯化钠，其实在食品里已经有了，不需要在烹调时再特别加盐。

要选择低脂肪的奶制品，最好选择完全脱脂的奶制品。其实很多调料也含有脂肪，如西红柿酱和芥末粉。含脂肪最多的食品是奶制品、冰激凌和油炸的食品。

☆☆ 美国教育目标

近 20 年来，美国联邦和地方当局越来越看重教育，好几届总统都表示要努力做一个"教育总统"。克林顿上任以来，更是年年都参加从全国到地方的一系列有关教育的会议，大力推动教育改革与立法。他还有一位同样热心支持教育、维护孩童权益的太太当参谋。早在克林顿当总统的第一年，即 1993 年，他就和教育部长、号称"教育改革之王"的前南卡罗莱纳州州长理查·莱礼一起，向国会提出了"美国教育法案"。该法案尽管受到极端分子的挑剔与攻击，还是获得了民主、共和两党有识之士和众多社会团体的拥护，最终在国会获得通过成为立法。

"目标 2000"法案融合了为孩子设立高标准学习科目的理念、由地方控制学生学习方法的传统，和学生是否达到有关要求的责任评估这三大方面的内容。根据这一立法，各州应该分别制定各自的课程内容和学生表现评估的标准，"目标 2000"则协助各州各校摆脱纷繁的校务而突出教育重点，即学生应当学习什么，达到什么能力；同时借助"全国教育进步评估会"这个隶属联邦政府的机构，对各州的教育改革和学生成绩作出科学评估。

美国教育的目标究竟是什么呢？它需要每个学生、家长和教师作出怎样的响应呢？

这项法案显示：

1. 所有的美国儿童在入学前就已做好学习的准备。

2. 高中毕业率将至少提高到 90%。

3. 所有学生在分别读完四年级、八年级和十二年级时，要能证明他们在诸如英文、数学、自然科学、外语、经济学、历史、地理、文学、公民和政府学等主要课程方面达到了相当的程度。"而且每一所学校都将督促所有的学生开动脑筋，以便将来做一个负责任的公民，继续高层次的学习，并且在我们国家的现代经济体制下，成为一个具有生产力的有用之材"。

4. 美国学生的自然科学和数学成就将是世界第一。

5. 每一位美国成人都将识字，并且具备竞争所需的知识与才能，懂得如何运用公民权和善尽公民的责任。

6. 每一所学校都将看不到毒品、暴力、枪械和酒的存在，提供给学生一个有纪律和适合学习的环境。

7. 全国的教师将拥有继续充实自身专业素养的渠道，并有机会将所学的知识和才能传授给每一位学生，使他们准备好迎接下一个世纪。

8. 每一所学校都将鼓励家长参与学生在社交、情感和智能上的成长。

以上这些目标是令人鼓舞的，却又并非能轻而易举地达成，有些甚至到下一世纪初也不一定能完全达到；但这些目标的提出不啻呼吁全体美国人民充分认识到，为了使美国的经济与科技实力继续在全世界保持领先，就必须将教育摆在第一位。诸如学校的反毒品、反暴力、反枪支等目标的实现，更是有赖于全社会和各族裔的齐心协力。

这些目标对学生、家长和教师都有针对性的要求，其中"督促所有的学生开动脑筋，以便将来做一个负责任的公民"，"成为一个具有生产力的有用之材"，"善尽公民的责任"等，更是将学习、育人与社会紧密结合，值得每个人深思。

☆☆ 虎妈的争议

　　耶鲁大学的教授，华裔蔡美儿写了一本《虎妈的战歌》的书，一个母亲的温柔，坚持挣扎和反思，一石激起千层浪，引起美国各界的争议。

　　中国人教育孩子强调出众，对父母尊重。吃得苦中苦方为人上人。这是美国人最不接受的。中国古代的刻苦学习悬梁刺股，美国人绝对不会借鉴的，那是虐待。美国人最求真实的那一会儿。

　　美国教育家金色童年论，他们认为一个孩子的童年少年是重要的成长时期，如果这个时期强迫他们做自己觉得单调乏味的事，甚至不愿意做的事情，对他们成长性格的形成非常的不利。一个在童年和少年被压制的孩子成年后肯定不会乐观向上。

　　强行逼迫孩子学什么是情绪虐待，家长把自己认为是重要的好的东西，硬逼孩子学，孩子不愿学这是虐待。虎妈的经验肯定不被美国主流社会接受。

　　《时代周刊》以封面专题报导"虎妈的战歌"，掀起了一片哗然，如何教导孩子的热潮，焦点集中在她高压管教的方法和中国母亲的身份。蔡美儿，这位耶鲁大学法学院的教授，究竟做了什么？她和所有的母亲一样，就是希望自己的子女什么都是最好的，除了体育和戏剧外科科要得 A＋、要练得技惊四座的钢琴和小提琴而且只可以是钢琴和小提琴。连续几个小时不准休息，不准上卫生间，直到满意为止。她认为孩子没有能力明白和了解自己的潜能，只有父母才会了解，《虎妈的战歌》是第二代移民母亲的自白。

虎妈的十大家规：

1. 不准夜不归宿；

2. 不准参加学校的小组娱乐活动；

3. 不准参加校园演出；

4. 不准抱怨没有参加校园演出；

5. 不准看电视或玩电子游戏；

6. 不准擅自选择课外活动；

7. 不准有科目低于 A；

8. 除了体育和话剧外，其他科目不准拿不到 A；

9. 不准练习钢琴和小提琴以外的乐器；

10. 不准在某一天没有练习钢琴和小提琴。

事实上许多的中国妈妈都像虎妈一样望子成龙。然而犬女比比皆是，而犬女更出色的地方是超越世俗的价值。高压是一种方法，受压是一种能力，受压和施压之间也是需要协调的。多少青少年由于不能承受父母的期望变得缺乏自信对事物缺少兴趣。严重的威胁精神健康，甚至有轻生的念头。有数据显示 15—24 岁的美籍华裔女性自杀率比任何族裔的同龄女性自杀率高。

不懂得面对失败。华裔学生在中学成绩有目共睹，但不发言，不合群，不关心公众利益，也是有目共睹的。一旦进入职场，小小的挫折就垂头丧气，没有重新站起的勇气，没有调整自己的能力。

蔡美儿自己坦言，《虎妈的战歌》不是教育子女的指南，只是自己的独白。如今知识不是人生成功的主要标志，在充满竞争的现代社会，知识是个人优势的一小部分，科科都是 A＋不再是做人上人的保障，前途未必辉煌。

　　教育子女不是母亲一个人的力量，母亲的角色只是孩子一段生活中的一小部分。

　　中国父母比较注重成果，西方父母注重从兴趣中学习。不伤害孩子的自尊心。孩子只要努力学习，成绩不是最好的也值得称赞。中国的父母希望孩子出众并充满期待，所以对孩子施加压力，甚至用羞辱的话贬低刺激他。希望孩子能用最好的成绩回报父母。他们认为，因为我为你做了最大的付出。美国父母认为，孩子是我为上帝抚养的，他是一个独立的人，尊重他的选择，给他自由，帮助他建立广泛多元的兴趣是父母最应该做的。这里有一个最严酷的背景文化，中国的应试教育是一座推不倒的大山，孩子只有翻过这座山才能有生活的出路，所以也不能怪中国家长高压管教孩子，考出好成绩。当前中国的应试教育又是最公平最实际的挑选孩子升学的方法。所以中国妈妈对还是美国妈妈对，争议留给后人。

☆☆ 奥巴马谴责美国教育太枯燥

　　美国总统奥巴马正在力推重新制定美国的教育法。希望放松一些严格的衡量工具。他表示，学生们应该接受更少的标准化考试，学校表现应该以考试以外的其他方式来衡量。太多考试使得教育变得更枯燥。学校应该被以学生考试之外的其他标准来进行评估。

　　奥巴马在华府贝尔多文化高中举行的市政会议上对学生和家长说，我们常常是在利用这些考试来惩罚学生。我不想看到学校只是在应试教育，因为你们不是在学习了解这个世界；你们不是在学习各种文化；你们不是在学习科学；你们不是在学习数学；你们所学的只是如何填写考试答题以及为了考试需要使用的各种小伎俩，那不会令教育有趣。

　　他说，政策制定者们应该找到一种每个人都认为合情合理的测试方法，并且这些测试应该在压力更小的环境下进行。

　　奥巴马认为，年轻人对于自己有兴趣的东西会有良好的成就，而对于枯燥无味的东西不会有出色表现。他支持偶尔进行标准化考试，以保证学生的能力的基础线。他说，自己的女儿最近参加了不需要提前准备的标准化考试，但这个考试只是用来分析他们的强项和弱项以便有针对改进的工具。

☆☆ 申请大学财政援助有窍门

　　许多中国中学生想去美国留学，渴望能得到财政援助，但一般都会遭到拒绝。因为美国教育部、各教育基金会对于攻读硕士、博士者，给予奖学金的机会很多，而本科生获得财政援助的机会就寥寥无几。但这并不等于去美国留学一定要先准备足够的钱。美国大学生几乎个个打工赚钱养活自己，一般的大学都会给学生每周 20 小时的工作许可证，这部分钱足可支持自己平日的生活费。此外，暑假里也可以打工挣学费。

　　对美国的大部分家庭而言，子女上大学的教育费用，是除了购房子以外最大的一笔费用。

　　根据美国大学理事会统计，在公立四年制大学念书的学生，包括学费、食宿、书本、杂费和个人花费在内，一年约需 10 000 美元；而在四年制私立学校读书的学生，一年的花费大约在 23 000 元。

　　美国是教育资源十分丰富的国家。在大部分情况下，如果家庭无法负担，则不需要支付所有的大学费用，学生和家长可以申请各种各样的财政援助。

　　申请大学财政援助，有一个通用的计算公式：你所计划就读学校的费用，减去你的家庭期望负担的费用（简称 FBC），即等于你获得财政援助的资格。

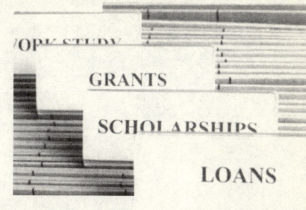

举例来说，假如学生选择的大学全年费用是 10 000 美元，家庭期望负担的费用为 4 000 美元，则学生就有资格获得 6 000 美元的财政援助。

家庭期望负担的费用，是根据对家庭整体经济的情况分析而计算出来的。有关这一费用的计算，本身就有不少学问。一般而言，学生申请联邦援助时，联邦会使用一种"联邦计算方式"来决定学生的资格。而另外一种"学院计算方法"，则可能被各大学、州政府机构及私人财政援助机构采纳。

但无论如何，就家长而言，最好早一点着手，对子女未来读大学的费用作出一定安排，有所储蓄。

如家长届时拿不出那么多现金支付，也可以申请联邦为家长支持子女读书专门设置的家长贷款，来支付这一部分的费用。

不甚富裕的家庭，千万不要以为选择学费越便宜的学校，家庭所要支付的费用就越少。

根据大学理事会的一项统计，以一年费用为 15 000 美元的学校，与一年费用为 7 000 美元的学校，以及费用仅为 5 000 美元的学校相比，无论你的孩子进入哪一所学校，所计算出来的家庭期望负担费用，都在 6 000 美元左右，只不过学生在第一类学校可能获得 9 000 美元的财政援助资格，在第二类学校则只有 1 000 美元的资格，而在第三类学校，学生不符合财政援助资格，所有费用都由家庭负担。

了解申请大学援助的窍门，有助于帮助孩子找到一所最适合他未来发展，而家庭也可负担得起的学校。

☆☆ 纽约市高中生辍学率近二成

　　市长管理报告的数字显示，纽约市公立高中辍学率去年竟达 19.5％，比前年整整提高了两个百分点。辍学学生一年中增加了 1 520 人，达到 13 026 人。这已是连续第二年呈上升趋势，高中生辍学率持续上升已引起人们的极大忧虑。有关专家认为，纽约州近年来日益严格的董事会会考，是造成高中生辍学率大幅上升的主要原因。

　　对纽约州高中文凭的要求近年来不断提高。去年要求学生必须通过英语和读写的会考才可以获得高中毕业文凭，今年则增加了一门数学，明年还要增加一门美国历史，自然科学会考也将列入必考科目。对考试分数的要求也日益提高。去年，董事会会考的分数必须达到 55 分以上才算合格。

　　市长管理报告中提出三点论据，认为纽约州提高学生学业考试标准的措施同辍学率上升有直接联系。一是三年前纽约州开始大幅提高考试标准后，同期的高中生辍学率马上开始直线上升；二是那些因没有通过数学和英语会考而留级的学生，其辍学率是最高的；三是辍学学生大多在进入高中时，就已经是"超龄"高中生了。报告在结论中认为，不断提高的学业考试标准对那些"超龄"学生和尚未累计到足够学分进入更高年级的学生影响最大；报告指出，提高标准必须与增加教育经费配合进行，才能抑制和扭转学生辍学率上升的严重趋势。

教育界人士在普遍对这一报告表示认同的同时，也对董事会会考引发的辍学率提高表示忧虑。据称，高中生辍学率在包括水牛城、春城等纽约州其他一些城市中也出现上升趋势。代表曼哈顿区的州众议院教育委会员主席山德拉，把这一现象称为"惊人的、不可接受的"，他表示，不管学业标准是什么，这种现象总不是一件好事。来自"大都会工业地区基金会"的多米尼诺说，新的董事会会考的确暴露出很多问题。

纽约市教育总监利维早先也曾公开表示，如果州政府不增加对纽约市公校的财政拨款的话，辍学率还将进一步上升。州高等法院的一位法官上月曾判决纽约州政府必须重新设计其教育拨款的分配方式，以增加纽约市公校的份额。利维说，"这位法官是对的，和学业标准同样至关重要的是，必须有足够的经费培训和雇用更多的教师，才能避免辍学现象。"

☆☆ 世界最老的高中毕业生

卫斯 1999 年终于完成了高中学业。这本来不算是什么特别的事，不过卫斯现年已经 93 岁，比正常高中毕业的年纪过了接近七十多岁，他因此而创下了一项世界纪录。

卫斯在毕业考试中取得了十分优异的成绩。满分为 299 分，他得 254 分；不过他认为他应该可以做得更好。卫斯笑说："很多东西都忘了，所以不能考出更佳的成绩。"

卫斯生于 1906 年，10 岁时为了帮补家用，曾课余卖报纸赚钱。就在高中毕业前三个星期，他为了生计而被迫退学，自此投入工作生涯，赚取 20 美元的月薪。卫斯说："这件事令我一直都很后悔，但为了生活实在是无可奈何。本来我也想重回学校，但是因为种种原因，包括工作、第二次世界大战和孩子出生等，我始终不能完成这个梦想。"

1998 年卫斯认识了茱迪，茱迪在一家有资格颁发高中毕业证书的就业训练中心任教。她知道卫斯的情况后，便介绍他到训练中心完成高中课程，还当了他的老师。

茱迪说："卫斯的学业成绩良好，各个科目包括科学、社会科学、文

学、历史和写作都不错。唯一令他感到紧张的，就只有数学。"

　　卫斯在 4 月时参加了毕业考试，结果取得十分优异的成绩，令他和家人都感到十分兴奋。与卫斯结婚 22 年的妻子说："我为我的丈夫感到自豪！"

　　11 月底，是毕业典礼举行的日子，卫斯终于取得了他多年来一直渴望的毕业证书，而他亦被吉尼斯世界纪录大全列为全世界最年老的高中毕业生，创下了一项纪录。

☆☆ 校园血案何时了

　　中国中学生的家长大多担忧自己的子女考不上最好的大学，找不到称职的工作；中学教师对学生的抱怨常是上课嚼口香糖，不注意听讲，不用心学习，不好好完成作业。而美国的中学生家长、老师听到这样的中国式担忧和抱怨时，则会晃着头说，美国在 20 世纪 40 年代时，家长和老师也曾这样担忧、抱怨过；如今不一样了。他们最为孩子担惊受怕的有三点：一是杀人或被杀，二是吸毒，三是得艾滋病。美国军事、科学领先世界，社会问题也是这样。

　　"在美国，儿童死于枪支意外的比例较其他 25 个大国的总和还高出 9 倍。我们知道我们应该怎样做，我们没有任何遁词。"这是 2000 年 2 月 29 日上午克林顿总统讲的。他是在闻知了密歇根州莫瑞斯山小镇，一名年仅 6 岁的男孩从裤兜里掏出一把手枪，当着被吓坏了的老师和同学的面把一名女孩射杀的消息后说这番话的。

　　美国的法律一直不能遏止枪案。尽管克林顿对儿童拥有枪支表示极大的愤慨，他也只能呼吁美国人民，应该在各州和总统大选时，把严格枪械管制作为决定支持竞选者与否的条件。

　　在密歇根州，州众议院民主党人自从去年秋季以来就努力试图通过一整套的法案，要求枪支加扳机安全锁，并且希望在学校、托儿中心、教堂、图书馆、医院及其他公共场所成立无枪区域。

　　然而，在共和党居多的密歇根州两院中，要通过这样的法案难如登天。华盛顿的游说团体表示，密歇根州的枪击事件凸显了枪械管制的法令十分必要；而全国枪械协会的发展人包尔斯则表示，这类悲剧性的事件责任在家长，而不在没有枪械管制法令。

　　为什么严格一点的禁枪法令不能通过？为什么学生携枪到校的事件不能杜绝？为什么有枪支的家长不管理好枪支？为什么在美国的中小学里经常发生枪杀案？根源是什么？用什么措施可以减少和杜绝悲剧的发生？美国政府对别国的事往往倾注很大的精力，对自己眼皮底下的事却往往无能为力。美国式的自由，自由到了谁都可以买枪，想杀谁，就可以去杀的程度，这种自由还有什么可炫耀的？美国式的民主，民主到了总统听说 6 岁小孩持枪杀人，徒表愤慨却不能采取任何有力的措施，这样的民主还有多大的吸引力？

当我从报纸、广播，满天的媒体传闻中得知6岁小孩持枪杀人的消息时，心里便按捺不住要写一篇《美国校园血案》的报告。美国加州校园暴力仅1997年就有1 039起，以每年7％的速度逐年增长。而当我正在写这篇文章时，又传来"华州也有稚龄枪手"的消息，刊于本地当天报纸要闻版，黑体大字头条新闻，副标题为"5岁童开枪向同伴示威"。

下面是近年发生在美国中学校园里的一系列主要血案：（1）1997年10月1日，密西西比州珍珠市16岁男孩伍德韩在杀死他母亲之后，又于他就读的高中枪击9名学生，其中两名死亡。伍德韩被判处终身监禁。

（2）1997年12月1日，肯塔基州西柏度卡希斯中学的枪击事件中3名学生被杀，5人受伤。凶手是一名14岁的学生。

（3）1998年3月24日，在阿肯色州琼斯波洛的一所中学，两名分别为11岁和13岁的男孩从路边树林中开枪，造成4名女孩和1名教师死亡，10人受伤。

（4）1998年4月24日，宾州艾丁伯罗一名科学教师在八年级学生的毕业舞会前被枪杀。一名14岁的学生仍然在等待接受审判。

（5）1998年5月19日，距离毕业还有三天，田纳西州法亚特威尔林肯中学的一名18岁优秀学生在停车场开枪打死一名同学。

（6）1998年5月21日，一名15岁的俄勒冈州学生在学校食堂里开枪打死两名少年，打伤20人。该名学生的父母事后也被发现陈尸家中。

（7）1999年4月20日，两名科罗拉多州特尔顿哥伦拜恩高中学生在学校投掷旋转炸弹，死亡13人。两人随后自杀。

（8）1999年5月20日，在乔治亚州亚特兰大附近的传统高中发生一次枪击事件，造成6人受伤。警方表示嫌犯是学校的一名二年级学生。

（9）1999年12月6日，奥克拉荷马州吉伯森一所中学的一名13岁学生因为枪击四名同学被捕。

美国校园枪祸横行，血案不断，有10％的学校每年至少发生一次严重刑事案件。这和美国暴力文化大背景关系十分密切。美国现在共有

2.35亿支枪，几乎平均每人一支。每年发生枪击事件100余万起。

青少年是美国暴力文化的主要受害者，美国的儿童电视平均每小时出现约20个暴力镜头。据美联社1996年6月1日报道，30年的研究表明，美国孩子长到18岁时平均看过4万个杀手表演和20万个剧烈的暴力动作。被称为世界娱乐业霸主的好莱坞，近5年的影视产品中有六成左右涉及暴力和色情主题。许多青少年都是通过电视和电子游戏学会的开枪杀人。我采访的那所中学，几乎所有女孩都痴迷于这一类电子游戏。1999年美国联邦调查局的报告说：1970年每10万人中有141个青少年因涉嫌暴力而被警方逮捕，而到了1999年，这一比例上升到268人，27年间，因使用暴力被逮捕的年轻人增长了85%。

传统家庭的解体也是这一社会问题的症结之一。几年来单亲家庭的百分比上升了18.2%；1998年，1/3的美国大学新生成长在单亲家庭。在我采访的那所中学，大多数孩子都来自单亲家庭。

频频发生的校园血案已引起学校家长和社会的极大反响，当然也引起白宫的严重关注。

白宫最近推出一个学校安全圆桌会议，由克林顿与希拉里亲自主持，针对美国"校园安全危机"日趋严重之问题，提供建言和解决方案。

校园安全问题引起总统亲自关注并主导改革实属不易，但他所提出的系列方案又是一笔笔联邦政府可观的花费，包括用1 200万美元为受校园血案影响的师生提供心理咨询、重整高达6亿美元的"免毒品学校计划"、用6 500万美元为高风险区学校及社区增聘警察，以及与"音乐录像电视台"（MTV）合作，让学生就解决暴力问题进行辩论等。

有人认为，克林顿总统这一代的美国家长曾经历过反战、反体制、吸毒与性放任的紊乱的60年代，如今他们成了社会的中坚阶层，但他们又是如何教养自己的孩子的呢？他们的道德尺度又何在？他们是否在把放任当做宽容，把家庭暴力与家庭破碎视作当然？曾经被推翻的价值观念与宗教信仰如今是否已荡然无存？

第二部分　课堂里

☆☆ 残疾学生学游泳

　　暑期大部分学生休假，有的去夏令营，有的去打工。学校有 Summer School（暑期班）提供学生候选课程，以便提早毕业；也为一些成绩不及格的学生补课；还有一些课后文体活动。为这些活动提供的辅导费用不但来自学校，也来自市政府休闲娱乐中心、教育主管部门的对口项目，还有些来自家长的捐款。美国人信仰宗教，馈赠文化传统久远，一代一代传下来，在美国生活的人几乎人人都有捐赠的行为，只不过有多少之分。

　　下午我去暑假特殊学生辅导班采访，因为他们每天下午活动。美国人讲话很在意用词，他们管残疾学生不叫残疾学生，叫 Special Aid Student，（需要特殊帮助的学生）今天下午他们上游泳课。

　　我无论如何也想不到，一所低收入家庭的学生占绝大多数的高中竟然有两个大游泳池。高高的棚顶，看台上坐着经过训练的急救人员，四面墙上写着：需要急救请打 911 电话。游泳池的规模、气魄，让我折服美国的富庶。在游泳池里有 14 个学生和 14 个辅导员。这 14 个学生不是傻、呆、笨，也不是缺胳膊少腿的那一类，而是发育得十分奇怪。在中国，由于这类残疾人待在家里不出来，我们很少能看见；而美国有很多这类养育中心，

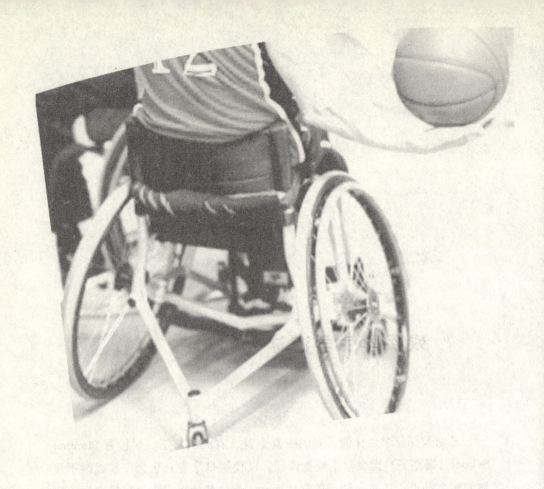

专为解除家长负担，把他们集中起来。

刚一进游泳馆，就看见这里那里，黄色的泡沫小椅子上坐着一个孩子，绿色的小船里躺着一个孩子，有的孩子右腋下夹个泡沫棒，有的孩子左腿绑着蓝色的泡沫棒。每一个孩子都有一个辅导员专人看护陪着玩，水面上漂浮着浮力玩具。那种快乐的气氛，让我的心流动起来。我专心地观察着他们，他们也在看我这个中国女记者。

一个披着金发，只有20多岁的青年在水里背着一个男孩子戏水。那个孩子眼睛深深地凹进去，一只胳膊蜷缩着，不时发出怪怪的声音，没有半点逗人喜欢的地方。即便是像我这样心地善良的女人，虽不会虐待他、欺负他，但让我和他一块儿戏水，我心里一定麻酥酥地不舒服，无论如何调遣不出这么多爱心和亲昵。这个男青年叫克洛，今年25岁，在柏克莱市娱乐中心工作。今天来陪残疾学生游泳，中心会付他每小时11美元的工资。那些陪残疾学生游泳的辅导员大部分是各支持部门派来的，他们的工资均由支持部门付给。

克洛是那种非常外向、很典型的美国青年。看见我的中国脸，他很感兴趣地问：你是从台湾来的，还是从内地来的？我告诉他，我是从北京来的。旁边一位胖胖的黑女人惊呼着，你从毛泽东那个国家来的？他们几个辅导员全探过头来向我问东问西，但注意力并没有离开自己手里牵着的残疾学生。克洛一边和我说话，一边用他那修长的手指，去搔那残疾学生的头发，像抚摸着一个可爱的小动物。那孩子不耐烦我们谈话的时间太长，发出了怪声，克洛立刻弯下腰轻轻地亲吻他的面颊。他那温存、细腻的举止，使我产生了对他再多一点了解的兴趣。他上了岸，立刻用白色的大浴巾把学生包起来，并对我说：我们游泳课3点下课，我要把他交给另外一节课的老师。然后他把这个学生放到轮椅上，告诉我，他冷了，我要给他换衣服。那份礼貌，那份谦恭，那份细腻，好像有一只手在梳理着我感情的尘屑。每个扑腾上岸的学生都这样被温柔地、多情地、无微不至地扶上轮椅，送到更衣室换衣服，中国的亲妈亲爸对自己的孩子恐怕都不会这般温柔。我又仔细看那些五颜六色的泡沫浮力玩具，它们是根据人体的残疾部分而设计的，有全身障碍的少年就坐在小船里，有左手障碍的，就在左侧绑上个什么助力，腿有毛病的就用腿的助力玩具帮他浮起来。

他们换完衣服后被送到楼上，那里给每个孩子准备了芹菜蘸花生酱、面包和橘汁。我问他们食品的费用谁付？答是这个活动项目的经费中包含的；我又问这种活动家长是否要交费？答活动有明文收费标准，但他们都是低收入家庭，根据规则，有的全免，有的免一部分。

克洛愿意接受我的采访，时间、地点另定。他告诉我他非常热爱儿童教育，准备下半年去申请一份幼儿园的工作。我听来很奇怪：高高大大的小伙子怎么会想干幼师？分手时克洛说："我很高兴和你认识，你一点也不像共产主义者。"我问他共产主义者什么样？他说很凶，要把别人变得和他一样；我问他见过共产主义者吗？他说没有。我看他那单纯的大蓝眼睛，肯定灌输什么就信什么，决定下次和他好好谈谈。

☆☆ 我听了一堂英语课

　　我得到佩德蒙特高中（Pidmont High School）校长的特许，可以跟班听课。我发现我所进入的班级，无论老师和学生都不因为有一个中国记者采访而做任何准备，他们一切照常，对我的出现没有半点惊奇，甚至没有多看一眼。教室里的卫生照常由勤杂人员打扫，教室里的课桌无须作特别整理，老师也不会威严地站在讲台前。所有的学生都没有固定的位置，谁先来就坐在自己想要坐的地方。学生不必面向老师，而是围着书桌四周坐着，好像一个个讨论小组。事实上，老师讲课时学生也可以随便插嘴提问。

　　我跟着听的这节高三英文课是讲美国总统林肯的生日。老师艾丽丝把复印好的文章发给每一个同学，也给了我一份。她先要求学生快速阅读，给10分钟时间，画出生词、自己不明白的句子和意思吃不准的短语，然后让学生自己读一遍，再问哪儿不明白，不明白的地方她就一一讲解。涉及的历史知识，她已事先开出了书目、出版社，并且标了书价，让学生自己去查找。

　　教室黑板左侧有一个可以拉出推进的地图箱，收藏着好多种地图，有

地形图、地貌图，也有交通图、行政管理图。她很像在家庭晚饭桌前闲聊，讲到林肯的童年，说林肯一生只念过一年书，全部知识都是自学的；又在黑板上画了一个小木屋，说林肯就诞生在这种叫 Cabin 的小木屋里。当学生问她 Cabin 和 Cottage 的区别时，她告诉学生说，Cabin 就是一个房间，厨房、厕所全在一起，然后她拿杰克·伦敦小木屋的照片给学生看，说就是这样的木屋。她还给学生讲这篇文章没有提到的有关林肯的故事。她笑眯眯地问学生：你们有谁记得林肯的相貌吗？同学们纷纷七嘴八舌地调动自己的记忆来描述。她说林肯很瘦，做总统之前没有留胡子。有一天他接到一位 11 岁女孩的来信，这个女孩对他说：你是那样聪明、干练、英俊，然而你看起来实在显得瘦弱，欠一点威风；如果你能留胡子，就会显得强壮许多。林肯接受了这个女孩的意见，后来他做总统期间一直留着胡子。故事讲完以后，她对学生说，你们对奥巴马有什么意见，也可以写信给他。

奥巴马办公室的电话、地址就公开印在电话簿上：

2021456—1414

2021456—2461

The White House

1600 Pennsylvania Ave, NW

Washing ton, DC20500

president@whitehouse. gov

座位上的学生开始小声议论起来，你看我，我看你，似乎都动了心。艾丽丝的课上得这么轻松自如，大多时间是学生问，她回答。这使我想起我在中国念了那么多年书，老师在讲一篇文章时，通常都是讲该篇文章的中心思想、主要内容、段落大意。问题也是老师问学生答，而学生掌握知识的水平也就看自己能否把老师讲的内容、老师归纳的主题思想背下来。中美两国教育手段的不同来自教育理念的不同。美国的教育方针着重帮助学生学会学习的方法，而中国的教育方针着重让学生记住什么。

下课后，我走到艾丽丝跟前，寒暄了几句。我很好奇地问她，那个学生一进教室，就把椅子转过来，脸朝窗外，您为什么不管他？这样上课太没礼貌了。艾丽丝非常宽厚地笑了，她说："学生上课脸朝哪儿不重要，关键是他是否认真听。他心里想着别的不听课，就算脸朝我又有什么用？"我还是追问下去："那您认为他这样扭着脸不看老师，在教室里是一种很正常的行为，丝毫不值得指责吗？"艾丽丝说："我当然不认为正常。我和他的家长沟通过，他的家长说，学生在学校的表现应该由学校负责，如果专职的教育工作者对学生在校期间的行为都无法控制，我们家长就更无能为力。我们送他去学校就是希望他能受到老师的教育。"说到这里她两手一摊，一耸肩膀，美国人常有这个动作，就是无可奈何的意思。我还是要问到底。我不是较真儿、钻牛角尖，我是十分感兴趣：美国这个科学最发达的国家，他们怎样把人的潜能最大限度地发挥出来？怎样从青少年时期就培养和宽容人的个性？"那么校长知道也管不了？""校长说他那样坐着确实不好看，但他不影响别人听课；如果他的姿势影响了别人，那就得采取强硬措施。"按美国的法律，16岁以下的青少年必须接受教育，不得以任何理由开除他们的学籍，如果犯法则是另一回事。那么那个孩子为什么上课非得看窗外呢？"因为他喜欢！"艾丽丝一点反感也没有地说，好像那个学生没有什么错。

我又问了一个问题：有一个学生写2是反着写，您为什么不纠正？她对我说，这个学生偏这么写，从小就这么写，每个老师都提醒过他2的正确写法，但他就不肯改。不过他反着写并不影响别人对这一个符号的理解和认同，有一天他自己愿意，就会自觉改过来。青少年成长阶段有许多逆反心理，大可不必和他们对峙、较真儿、威逼。在这个阶段告诉他们大人的道理，他们不可能一下子明白；经过自己的探索和磨炼后明白的道理那才是一种悟性，悟出来的明白，那才是真明白。艾丽丝在给我谈这些时不是用那种恨铁不钢的口气，也不是无可奈何，而是温和、包涵，甚至理解这种怪怪的学生，并且相信这些毛病可以不治而愈，似乎这些学生都是她的亲孩子。她就是他们的亲妈。我说："我真羡慕你有这么好的脾气。"她摇摇头说，"问我丈夫，他可不这么说。因为我选择了当老师，就必须要有和各种孩子耐心相处的智慧和修养。"

关于林肯生日的课讲完了，艾丽丝发给每个学生一把剪子、一管胶水、一页拼图纸。这节课的作业就是把这页纸上的图剪下来，然后按照林肯的生平顺序拼成一个全貌图，这个全貌图最后正好拼接在林肯头像的剪影上。

我和学生有一样的待遇：胶水、剪刀、作业图。拿起剪刀去剪预先设计好的拼图好像回到幼儿园时代做手工，真的很开心。剪好了，要对上形状，还要贴在剪影上，这样必须不时地翻课文，回忆：林肯哪年哪月出生？7 岁时干什么？念了几年书？青年时代的经历，包括最后做了几任总统，等等。哪一段接着哪一段，一个顺序颠倒了，图就对不上。说实在的，这堂课对我是双丰收，因为我以前对林肯没有这么了解，而且又是那么轻松地记住了这些。其实，我以前曾几次从图书馆借来美国历史书阅读，既然在美国生活就想多了解点美国历史，但每次翻过都记不牢。看来学习方法对调动人的记忆太重要了。

由于是总统纪念日，学生放假 3 天。以下是艾丽丝在黑板上给学生留的假期作业：

2 月 19 日晚 6：00

电视台，第二频道

（1）至少要看半小时中国人庆祝新年的游行。

（2）至少写 10 句话，或者一段，你最喜欢哪一部分，而且要说出为什么？

（3）谈一下，你对游行设计的观点。

（4）看报纸，关于游行的报道。

下课后，每个学生都说艾丽丝再见，而不说老师再见。在美国，无论老少和职位高低，均直呼其名，这也是人格平等的一种体现。

☆ ☆ 用猫的眼睛看世界

　　这是摄影课，是这所高中为学生们开设的艺术课中的一门。如果选了摄影课，就可以不修舞蹈、音乐、绘画。在整个高中学习期间，两个学期必须修满 10 学分的艺术课。

　　摄影教室是专门为摄影教学设计的。两个讲演厅中间是暗房，筒型转门。我刚一进教室很纳闷：学生们去那个筒形的地方干什么？他们前后用力向两旁一拉，转门就像电梯门一样打开了，然后就看见一个小箱子似的房间。学生们进去，再一推门就转回去。最初我以为那是进入另一层楼的升降门，一步踏进去才知道是暗室。美国人真会动脑筋。想想中国 X 线冲印室的门，挂着厚厚的黑红两层门帘，谁一不小心拉开门，里面没有定影的胶片全得作废。先完成定影的人不可以先出去，一打开门就曝光了。我真想把这种筒形旋转门引进中国。在国外碰见什么都会想到中国，如果中国有该多好。这个门给我的兴奋、启示、收获，远远超出我今天将要采访的摄影课的收获。

　　暗室里有 20 多个学生，在投影仪下放大照片。摄影老师是位 30 多岁的女性，穿着牛仔裤，半袖绣花的粉色衬衫，时而用英语，时而用西班牙语对不同学生作个别辅导。她的西班牙语讲得很流利。尽管我只会一点西班牙语，但我能听出好坏，就像不会唱歌，也能听出音色的好坏一样。那几个学生是刚刚从墨西哥移民来的，他们的第一语言是西班牙语。

这位叫 Betty 的女教师，走起路那么矫捷、轻盈，一打眼就会从心底涌出一个个问号：她是不是会滑冰？会打网球？我们常在电视里见到的滑冰运动员和球类运动员才这么灵便，这么敏捷，这么轻盈，没有经过严格体育训练的女人不会有这么好的体态。其实美国每个女人，当然我指的是职业妇女，都非常注重健身和锻炼，这是她们生活中十分看重并乐于倾注心血和时间的内容。健身对于她们，其重要性绝对在事业和爱情之上。她们太注重四肢、腹、臂是否有肌肉，因为肌肉才代表健康。肌肉燃烧脂肪的热量高于 25％，Betty 就是那种有肌肉美的女性。

她急叨叨地对我说，这节课你随便和学生聊天，随便问问题，也可以来问我；我把我的电话给你，你回去想起什么，还可以再给我打电话。看得出她是个直爽、清澈见底的人。

我问她："学生使用的相机是学校提供；还是他们自己的？"她告诉我："学校有相机供学生们使用，但大部分同学都自己带相机。"我又问："相纸、底片谁花钱？"她说："开学时每个选修这门课的学生要交 10 美元材料费。发给学生的材料不够用，我这有备用的，但要再交钱来买。"

我观察他们放相、洗相的动作时，发现美国中学生的手普遍比中国中学生的手笨拙。不是一般的笨，而是很笨。这可能与他们从小到大所有生活用品都太科学化有关。这些生活用品都太细腻、太讲究了。比如他们的开罐头器是电动的；切菜不用刀，想用各种条、块、丝，一放进切菜器就切出来；写字不用笔，用计算机敲。科学高度发达，一切生产工具都那么简单，容易操作，人的大脑就退化了，四肢也跟着退化。有许多美国中学生数学都不好，连乘法都不会，就与他们处处用计算器有关。复杂的微积分用计算器一按键答案就出来了，然而他们的摄影作品千奇百怪的选材却也引起我极大的兴趣。有一张照片是在底片处理在黑白照片上，底片是负片，冲洗放大后应该是正片，可为什么负片洗出来还是负片呢？这对中学生来说也是一个创造过程。

我问老师，学生作业为什么都不一样？他似乎奇怪我为什么会问这样的问题？回答说美国的教育理念不注重让学生记住什么，懂得就可以了。所以他们的教学，就是训练学生观察、思考、收集信息、使用资料的能力，几乎每门课都贯彻这样的教育理念，包括幼儿园在内。另外就是在教学的过程中注重学生的差异性，在同一门课的教学中注重多层次的诱导，所以他们没有统一考试。这和中国教育理念不同，我们有了个统考，在统一标准下看高低。这门摄影课没有任何考试，两个学期修完每人交一个作业，作业的题目多达十几个，学生自己选，喜欢哪个，操作起来顺手就做哪个。大多数学生选的是《从一个猫的眼睛看世界》。美国人喜欢宠物，他们能体会猫的感情。有一幅作品，一双修长的腿穿着舞鞋，一只猫眯着

美国中学是这样的

眼睛，柔情万种地用脸侧贴着红舞鞋主人的脚面，似亲吻又不似亲吻。我拿着这幅照片舍不得放下，心想这一定是男孩子的作品，女孩子不会有这样的视角。还有一幅作品，一位老人在剪开吸尘器的纸袋，这幅作品的命题是《特务》，是这位学生在自己祖父家里抓拍的。他的祖父是个银行家，十分有钱；但又是个守财奴，平时一分钱也不乱花。他蹲在祖父家里，准备抓拍一个画面，表现他祖父这个守财奴的个性。本来吸尘器纸袋是一次性用完就丢掉的，可他的祖父每次都是吸满灰尘后用纸剪开下边，把灰尘倒出去后再用。画面上那个才人气质高雅，皱着眉，谁能想到他是个守财奴？而除了他的外孙，谁能抓住这个画面呢？真是绝对的"特务"。

还有一幅作品：一个女人站在门旁，一个女孩子正在上车；车里坐着另一个女人，正向站在门旁的女人挥手，下面的标题是《爸爸的女朋友》。画面表达的是爸爸的女朋友来接他去爸爸家过周末。美国法律规定，离婚后无论孩子和父亲还是母亲生活在一起，另一方必须每两周来看他一次，这幅摄影表现的就是爸爸的女朋友来接她，母亲没有嫉妒她，站着门口向她挥手，表示把孩子交给她很放心。这是宣传爱心主题的作品。

我对 Betty 说，你批完作业，可以把这些照片给我几张，真的很有意思，我想放在我的书里做插图。她说她若不经学生同意就把他们的作业给我是违法行为；我想用学生作业做插图，要征得学生和家长一致同意，因为 18 岁以下孩子的隐私权由父母监护，还要履行一套法律手续公证，有书面材料，双方签字才可以，不然遇上法律上的麻烦不得了。

☆☆ 什么方式表达都可以

——种族学课堂

    我已经有所思想准备：在这所学校里，每一门课在教学手段和教学理念上都各具风格，绝对和我在国内中学读书时大不一样。在国内时，每一门课都在一个教室里，每个老师都是站在前边，每个学生都得一声不能出地坐在下面洗耳恭听，并且一旦进了学校，就得在一个班级里待到毕业。美国中学没有班级，随便选课；每一门课都在一个专门为这门课设计的教室里上课；学生都是三五成群地分成小组，老师非常不在意学生坐的姿势。有的学生一边听课，一边吃喝，老师从来不管；有的女生脱了鞋，把两只脚插在书包里，侧身听课，老师也不在意。

    今天我要去听的课是种族学，这是规定的必修课。这门课算 5 个学分，要学一个学期。种族学主要是让学生了解不同族裔的文化、传统、风俗，因为美国是个移民国家，世界各国、各种肤色的人都有，在这个民族大熔炉里必须了解不同文化。

    教室里堆满了各种所谓艺术品，有的在墙角，有的在靠墙的玻璃柜里。我一眼看见一个大头娃娃，那是我们中国欢庆的日子里扭秧歌、跳舞的面具，而后又看见舞龙的道具。那些都像是地地道道的中国货，是学生做的，可能吗？他们怎么能做得那么好？后来老师告诉我，这些代表中国文化的工艺品，都是华侨学生的家长捐赠的，来自台湾、香港、新加坡等地。中国人离祖国越远越爱国。这里还有日本人的木屐。朝鲜人的枕头、印第安人的挂件。非洲人的头骨。上这门课的学生大多是少数民族的学生。在美国说少数民族就是指除了白人、黑人之外的移民，除了亚裔，西班牙裔、墨西哥人最多。

这节课老师要求学生做什么，她连说也不说，只给同学发下一沓打印提纲。学生分成好几伙，各自围在一起，带着剪刀、彩纸、胶水、照片什么的，还有的人带来了实物。原来她要求学生做一个作业，题目是：什么对你是最重要的。完成这个作业可以采取文章的方式，也可以采取在全班同学面前讲演的方式，还可以画，可以用实物的形式展示出来，总之可以用任何形式表达你想要表达的。

有一个墨西哥男孩拿着好几幅画，一律用绿色的衬纸。第一幅画画了一个小摇篮，旁边标着1985，一看就可以意会，那是他出生的年份；另一幅画中一个矮个儿的男孩站在另一个高个儿男孩旁边，旁边标着1990，我猜那矮个儿的男孩是他弟弟；第三幅画下边标着1991—1994，画面是一条跑道，那是不是意味着他踏上了向学之路呢？第四幅画下边标着1994—1996，画面是一座校园，大门上写着Elemetry School，大概就着这幅画，他要宣讲他的小学生活。第五幅标着1996—2000，指这所学校的生活无疑了。

难怪在美国，多大的人相处起来都觉得他们像孩子，他们的思维训练是这样富有童心。在中国，很难想象一个高中生画这种画来表达人生最重要的历程。诚然，用最简单的方式表达最复杂的内容，这是人类进步的标志，也是人类进化过程中始终追求的目标。

另一个学生一定是亚裔。画上的他端着两碗大米饭，活泼洒脱又十分严谨的表情。他不是朝鲜人就是日本人，当然也有可能是中国人的孩子。我太能理解他为什么会把两碗大米饭当成生命中最重要的东西。按美国的饮食习惯，不能吃那么两大碗米饭，因为美国营养学会报告，两碗大米饭，淀粉摄入太多，会以糖的形式储存、转化成脂肪，而多余的脂肪对身体有太多害处，所以美国人吃米面、谷物食品仅占正餐的 1/3，有很多人只吃一小勺米饭，而亚裔移民的饮食习惯是米饭为主。我刚来美国时，如果不吃两碗米饭就受不了，令美国人非常吃惊；而要我们改成像他们那样"科学的"饮食习惯也相当困难。至今有许多华侨仍然保持着以米饭为主的饮食习惯。这个孩子的讲演挑战美国营养学会，他论述以米饭为主的饮食并不导致肥胖，证据是他的父母、祖父母；他还有一个规模不小的调查报告，有理有据，强调以米饭为主的亚裔患心血管疾病的概率低于美国人。这就不仅是"童心"了，表面看起来像做游戏似的，事实上是有关论述道理、收集资料、运用数据、调查方法的综合训练。在这一点上，国内中学

美国中学是这样的

生肯定比不过美国中学生。从这个学生的讲演中我看出美国中学课堂教学的散和聚，张和弛，静和动的相对与统一，也看出这些孩子童心的可爱，更能觉出他们思考的深邃。他们绝不人云亦云，步前人的后尘，不迷信权威。

接下来是一个香港孩子的画。他在一张大纸上贴满了红色的元宝，那是表示过年时长辈发的压岁钱。他要讲的是：钱是生命中最重要的，而在眼下他自己不能挣钱的情况下，每年过年的压岁钱是最重要的。他的话来自心底，生动、幽默，老师给了他一个 A。老师说，你只要讲出自己文化中对你最重要的，就及格；这个学生讲的压岁钱就是中国文化，切题就是及格；他的情感丰富，把自己想表达的说清楚了，观点又不错，那就是A。坐在我旁边的女孩是刚从北京移民来美国的，她拿着五星红旗和一块心形装饰物，而且带了一大沓北京的风景照，向同学们讲述中国·北京。她说对她来说最重要的是中国·北京。在政治文化熏陶下长大的中国女孩大多不会面带微笑，讲起话注重前后呼应，逻辑严谨，一点也不娇滴滴，板着脸，绝对一副革命自有后来人的英勇气概。她拿的那些照片被许多同学传来传去，又向她提了许多问题，如：听说中国厕所很脏，去北京游览最怕公共厕所？北京的饮用水很不干净，去北京会不会拉肚子？这个北京女孩回答这类问题既中肯又很委婉。我心里暗想，这种课堂训练，不只对他们的思考是一种训练，对他们的应变、即兴讲演能力，也都是一种训练。这个女孩在回答各国移民子女的问题时，无论是姿态、神采还是逻辑，都不次于中国一个旅游局的局长。我见过太多从事外事工作的专职干部，他们太不专业的应对能力一定是由于他们上中学时没上过这类课。如果他们十几岁时也曾被训练过，一定能在各种场合长中国人的志气。

☆ ☆ 职业训练课

　　我今天要去听的是职业训练课。美国中学教育主张课程体系开放式教学，职业训练课是社会公益组织专设的一个项目，规划在学校选修课项下。从课程表上看是学校开设的选修课，实际上这门课的学分虽然记录在学生的成绩单上，但所有内容设计、课程进度、评分标准、经费全来自支持这一项目的社会公益组织。这样可以减少学校的教学负担。在美国，中学的许多课程都是社会支持的，教育经费不全来自国家的拨款。

　　这门叫 Good Food Cafe 的课着重训练学生如何掌握去餐馆打工的技能。在美国，无论做什么都要求有经过训练的证书，学完这门课，就能拿到证书，还能满足毕业时所要求的学分，更重要的是这个学分还能转到大学里，如果你在大学选学 Culinary Arts（烹饪艺术）课的话。总之选这门课一举三得，所以学生们很踊跃。这门课的负责人还要负责帮学生业余时间在餐馆里找工作，主要送往大学食堂打工，让他们在高中阶段了解美国大学生的生活。这门课开一个学期，算 5 个学分。

　　由于美国是移民国家，学生们来自不同文化背景，所以教学内容包括美国餐、意大利餐和中国餐等。

多层次教学是美国中学教育的特点。在同一个年级里，学生有选学课，在一堂课里也有选学内容，老师布置的作业也可以选择其中感兴趣的问题回答，作业也不统一。

这门职业训练课包括餐馆技术、照顾小孩和帮人做家务。我选听的是餐馆技术，同时采访师生。餐馆技术课具体含收款、洗碗、送饭、点菜、烹调等；烹调又分做汤、沙拉、开胃餐、正餐、甜食等。

训练学生做正餐的课堂其实是一间设备齐全的厨房，十几个学生在两个老师的指导下，切菜的切菜，和面的和面，烙肉饼的烙肉饼，还有的在调制沙拉酱。辅导老师胖胖的身材，厚厚的嘴唇，窄窄的脑门，嗓门非常大，可能由于厨房噪声的原因，她总是喊着说话。她系着一个美丽的花围裙，还戴着一个套袖，那个套袖是个工艺品，有一个可爱的小猪头立体地趴在上边。她的金发一丝不乱地趴在头上。胖有时也是一种美，尤其在厨房里就应该有个胖子，那才让人觉得在这里用餐肯定汤肥肉美。她热情地和我打招呼，然后对我说，随便吃，随便喝；她还问我："听说你们中国人要对人好，就给人家拿吃的？"我说："当然了。客人来了，总要用食品招待。"她又说："美国人太在意体重，平时不随便吃东西，怕超重对身体不好。"另外一个男老师，一边走，一边和不同位置的同学讲话，当然是叮嘱和更正。他那种快节奏，体现着因熟练而臻于的敏捷、轻盈和潇洒。整个厨房里的学生走路全是小跑，好像是在进行一场篮球赛，而老师像场外的教练。在美国，做什么工作都要求快速度，因为中午来就餐的人只有半小时的午休时间，必须快吃、快回去上班，如果来了客人3分钟不能上菜，肯定走人，而且以后不会再来。他们训练学生的第一要求就是快：切菜快，洗菜快，急急忙忙的样子。因为要求快就必须动作规范化。拿切菜来说，必须像做操一样，先迈左脚，向前取刀，回头取菜、头低多少度全有要求，身体位置不对一会儿就疲劳。切菜用的十几种刀，每种刀的形状、力度都不一样，切菜的不同部位，切不同的菜、肉，都要求用不同的刀；而且切菜时刀的前边压下去，后边不许抬起来，剁菜时尤其如此，这样没有声音，又快，又稳。这是我在采访中意外的收获。我回家试过，确实很有效。美国人做什么都琢磨得那么细致，这是应了力学原理。

美国劳工法规定 16 岁以上的青少年就可以打工。在中学阶段，几乎所有的孩子都打工，只是多少不等。美国青少年崇尚自立，不管父母多有钱，他们都愿意靠自己，暑假打工是很普遍的现象。每到暑假，政府会指派一些具体的单位，必须解决多少名学生打工，并且在税务上减免该单位的负担。这样对学生来说有工做，赚了钱；对用工单位来说减了税又为社会尽了公德；对政府而言可以少负担低收入家庭的经济补助，可谓三厢情愿，由此显示了社会的良性互动。

选这门课的大部分是黑孩子，黑孩子中大部分是单亲家庭。我采访过的几个黑孩子都和母亲在一起生活，不知道自己的父亲是谁。有相当多的黑人家庭，一个女人和四五个孩子在一起，一个孩子一个父亲，每个孩子都不知道自己的父亲是谁；母亲也不工作，全靠政府救济。有的黑人女子不愿工作，就生孩子，因为每个孩子都能领取一份政府救济，有两三个孩子，就可以生活得很好。

这节职业训练课，学生所做的饭供本校教师午间用餐，学生们不可以买。学生用餐由教育局指定的厨房烹饪专用车每天送来。作为一个中国记者，我实在不理解美国的中学管理：这所学校有两个室内体育馆，两个室内游泳池，每一门课都有专用设备的教室，仅舞蹈教室就一座楼，有墨西哥舞、非洲舞、拉丁舞专业教室，然而没有学生食堂，没有教师办公室，学生每天中午在校园里站着吃饭。

下课离开教室时，我看到板报上写着：选这门课，可以获得免费 3 天去优山美地露营。这门课的策划者用尽心思招揽学生，因为学生注册这门课，每多一个人头，这门课的负责人就可以从主办这个项目的支出中拿到一份财政资助；只有招揽学生踊跃选课，这门课才能开下去。你看，美国社会处处考察供需关系，供需关系的互动是社会前进、发展的动力和纽带，就是在中学也如此。这就要求每个人都不能懒懒散散地睁一只眼闭一只眼过日子，你不时刻把教学和社会需求联系在一起，就会被淘汰。

☆ ☆ 政府机关里的中学生

　　暑假期间政府各大机关都向大学生、高中生开放，事前他们要经过训练。有许多中学生，在考大学之前必须做满一定时间的义工，大学生录取不但看分数也有综合能力评估。参加什么级别的讲课，什么级别的才艺比赛，更重要的是什么级别的义工。一次性的义工，比如在市政府募款时，举行市民长跑时，中学生穿着同样标志的衣服，给马拉松长跑的市民送水，他们从四面八方一大早就过来，摆桌子，倒满水，等长跑运动员过来时，他们在路边给运动员递水。诸如此类义工，大多数都是一年一次的，而更重要的评估标准是，他们在政府机关里工作，长期每周 8—10 小时的那种。

　　有好多中学生，他们曾参加政府机关里的活动，被选中在政府机关里每星期做 8—10 小时工作，他们的工作内容和岗位上的工作人员是一模一样的。

　　有一个叫 Taffini 的香港女孩，她每个星期来市政府环保处做义工，她的脸上没有脱去少年的稚气，可是她的电脑操作能力十分娴熟，办公室软件她都会用，是能独立工作独当一面的员工。我问她，你来美国几年，她告诉我，她来美国四年，在香港上学就用英语，电脑是来美国学的，她的家庭很普通，父母亲打工，她希望做义工有一个好的推荐信，能上好的大学。

他们做义工都有 80 小时培训。美国所有的岗位都要求非常严格。培训开始，有四个小时关于本职业的历史介绍，创建以来的成绩，尤其组织架构，然后告诉义工的责任。

　　Taffini 是经过训练的女孩，她讲话彬彬有礼。当她看到其他同学电脑操作不灵活，她会主动说让我来试一试，而不说让我来帮你。部门主管会尽量培养他们的工作能力，大型的会议让他们代表部门做中心发言，这很让我吃惊。这是和谐社会，和谐到方方面面，一个年轻的中学生在这个部门做义工，大型活动竟然让他代表部门发言。看得出美国人的信赖文化，美国人很少怀疑人，防范别人，超市没有要求把书包放在外边，如果偷了东西那可是大罪，先信赖后制裁，一个义工中学生竟然拿着麦克风在前台讲演，而部门负责人 BaBa 在台下欣赏，这种重用，对一个还没有迈入社会人生的年轻人是多大的鼓舞。我常常听到中国明星、名运动员是常常谢谢谁，谢谢谁在我的人生道路上的指引，是很个人的。而美国中学生在做义工期间得到的锻炼，得到的重视，是谢谢中学生做义工运作的机制，是这个机制保障给了他成长的空间能力。

美国中学是这样的

☆ ☆ 深与浅的音乐课

音乐课是选修课,设在观赏艺术课项下。观赏艺术课包括舞蹈、影视、绘画、艺术创造、音乐,等等;而音乐课内又分交响乐、钢琴、流行音乐等。在这所学校,必须在外语或艺术两门课中任选一门,学两个学期拿 10 个学分,才能满足高中毕业时所要求的学分。

美国教师在课程设计上充满着教育智慧,努力达到科学和艺术相结合的地步。在同一科目的教学中,他们非常注意学生间的差异性,在这个领域中开发深与浅的双边共时教育,即在同一时间里针对不同学生在同一领域里智力的深浅不同进行开发。

按照采访计划,今天应该听音乐课。在国内中学音乐课就是唱歌。早晨出门时我心想:今天得听听美国中学生怎么唱歌,或许能学一首美国歌。

"音乐课分交响乐、钢琴、流行音乐,您要先听哪一门?"校长秘书这样问我。"我都想听。"是的,如果时间允许,我是想采访得细一点,尽可能多听,多看一些东西。

交响乐教室里,一个身高足有一米八的女教师,正热情地迎候着我。

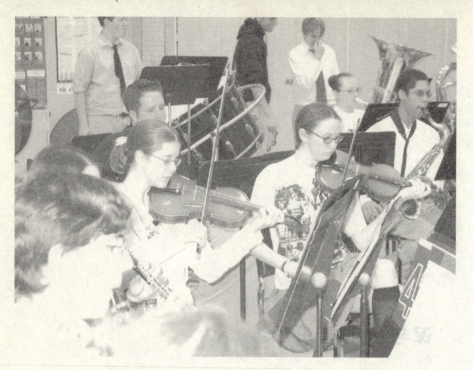

她的金发垂直地披到腰身，柔软、整齐、光洁，泛着金光，这是我第一次从心里折服了金发的魅力。这种直发给人的感觉十分自然，然而我确切地知道，其打理保养可要比卷发多花几倍的时间、钱和精力。搞艺术的人都爱美，爱美的人是不在乎这些的。她穿的 T 恤衫也不是一般的线衣，而是那种精纺的。她给人的感觉是那样随意，然而这种随意又是一种历练的美。她手里拿着一支乐队指挥常拿的那种指挥棒，一副很专业的样子。

选交响乐这门课的学生要主动出示推荐信，证明他们什么时候，在什么学校，受过何种有关训练。当然写推荐信的一定是教过他们的老师，所以受过音乐训练的孩子不必和那些没受过训练的孩子在同一堂课学习。他们可以随着自己的兴趣学自己想要延伸的音乐知识。

这个教室是半圆形、阶梯式的，有一种舞台的感觉。两名大提琴手，稚气未褪的脸上挂着这个角色应该有的持重，看得出他们沉浸在这种音乐气氛里。后边一大排小提琴手，也都专心地在指挥棒下认真地演奏着，稍有不对，老师就叫停。交响乐课是音乐课中修养最深的课。入学第一天，老师让学生交的第一个作业，就是把自己专长的乐器用大纸画出来．并标明每个部位的名称、功能，还要追溯这种乐器的历史由来，以及其间足够引以为自豪的名家，还要叙述使用这些名家的名曲及相关的音乐故事。教室里贴满了学生们自己画的乐器和撰写的音乐故事。教室后面有一个个小橱柜，乐器用后都放在里面。有的学生用的是学校的乐器，有的学生用的是自己的乐器。这所学校的中学生交响乐队经常到社会上参加义演，赚来的钱交给学校，捐赠给儿童医院、白血病研究基金会。48个学生清一色全是白孩子。

与教室比邻，走廊一侧是一个个小房间，只能站一个人，是学生们各自独立练习乐器的地方。没有窗户。不合奏的时候，学生们自己在单独的房间练习。

再往里走是钢琴教室。这间教室也没有窗户。幽暗的灯光，给人一种神秘的感觉。教室里有一个台阶，台阶上有二十几架钢琴，黑色、锃亮、崭新，每个学生戴着耳机操练，互相谁也听不见谁的琴声。台阶下有一架立式大钢琴，一位女教师指点着学生们的指法。她是助理教师。这种职位的老师常是客串教学，他们有学历但没有执照，在学校协助上课，工资少于有执照的教师许多。正式的教师是一位黑人男士，他坐在一边，挺权威地看着学生。他对我的采访充满好奇，对北京、中国也充满疑问，他是愿意聊天的那种人，打开话匣子关不住，问东问西。我一直抢着问他。他在这所学校教了22年钢琴课，我问他，你有没有觉得在这所学校有种族歧视的感觉？他肯定地说，我不认为有，工作是靠水平。有个别的黑人受到歧视，那是由于他方方面面的问题引起的，不是由于他是黑人；而且是个别的，不是整体。这位钢琴老师一副保守、正规、传统的派头，讲话也慢悠悠的，当我问起他的家庭时，他却告诉我他有4次婚姻。

有一个学生在他眼皮底下跪在地上弹钢琴。我说，跪在地上弹钢琴太不文雅，这是课堂，你为什么不管？他一耸肩："指法对了就行！"

再往里的教室是流行音乐教室。这里是又喊、又叫、又唱。这里的孩子大部分是黑孩子，没有什么特殊的音乐技能，所以在这里受初等音乐训练。

同一门音乐课，教育工作者设计出这么多名目。结构灵活，深浅不一，不同素质的学生收获也不同。尽管他们的成绩单都标着修过音乐课，但学习潜力的调动是大不一样的。

☆☆ 社会学课到底讲什么

有关社会学的课，美国大学、中学都非常重视，不管修什么学位都必须选学社会学的课。在柏克莱高中要修一个学期的社会学课，满 5 个学分，才能毕业。

我已经心里有数：在这所学校里采访，跟班听课，很难看见老师站在前边一板一眼地讲；每一门课，学生都要去专为这门课所设计的教室。我找到上社会学的教室，一位黑人女教师接待了我。她告诉我这节课她不讲，也不主持，是由他们特聘的一个健康顾问来讲，是一节性教育课。这正是我求之不得的。我早已耳闻美国青少年性文化很发达，只是未能身临其境，获得第一手资料，现在这一缺憾可望获得补偿，岂不快哉！

上课铃还没响，我环顾整个教室。这个教室很小，只能容下 20 多个学生。桌椅是连体的，不锈钢管的支架，纤维板的台面，轻轻一抬就可以移动，呈 U 字形摆放在教室后面。

上课之前我浏览了一下教室的墙报。这些大纸写大字的墙报全是本学期这门课老师要求写的作业，其实是论文和调查报告的提纲。美国中学的老师根据州政府的教育大纲，自己愿意怎么教就怎么教，没有统一教材；

有的老师没有教科书，就给学生一些参考书目，自己上课发一些提纲，从书里节选一些他认为有利于他教学计划的内容。学生手中全是单篇的讲义，因为考试、作业都不注意基本知识，基本技能，也没有统一答案。

　　这门课老师要求学生交的第一篇作业如下：

　　（1）姓名，你喜欢别人怎么称呼你？

　　（2）你的出生地？对那里你有多少了解？你最喜欢和最不喜欢的地方？为什么？你怎样享受最喜欢的地方？你不喜欢的地方，你觉得怎么才能改进？

　　（3）你最喜欢这所学校的什么地方？

　　（4）你希望这所学校有什么变化？

　　（5）你未来的理想。

　　（6）用五句话描述你自己。

　　（7）描述你的家庭。

　　（8）你最想见的五个名人？为什么？

　　（9）最近你看过的书中最喜欢的？为什么？

　　（10）你最喜欢的音乐。

　　（11）世界上最大的问题是什么？

　　（12）如果可以迁走，你最想去的地方？

　　（13）周末最开心的事是什么？

（14）你认为你自己是什么样的人？

（15）你的家人和朋友认为你是什么样的人？

（16）你希望明年和今年有什么不同？

（17）描述对你来说三样最宝贵的东西。

（18）你最坚信的是什么？

（19）什么对你的生活影响最大？

在教室前面，老师的讲台旁有一个书架模样的架子，只是每一格比通常书架的空间距离窄，学生们的名字贴在书架上，每人一格，内装一个大夹本，里面贴满了自己做的剪贴，也有画。我看他们的画大多是涂鸦，怎么想就怎么画。老师告诉我，学生的作业，除了老师之外任何人不许随便翻阅，这是学生的隐私权。我请求她帮助我征得学生的同意，让我看看他们的作业，一个女生主动地说："你可以看我的，喜欢的话还可以复印了带回中国。"

我打开她的作业，正好是一张男性生殖器图，后面一张是女性生殖器图，学生自己标写名称，并解释生理功能。这一节，老师一定讲得很细，学生们在回答生理功能时接近医学院校学生的生理课水平，而不是简单的生理常识。其中有一条让我注目数秒钟。问题：你第一次从哪里听到做爱？回答：我妈告诉我的，她告诉我一定要让对方带避孕套。老师的旁批："太好了"，用红色的大字标注。

美国学校里的性教育就像教育学生要保护眼睛、保护牙齿一样自然。性文化是文明社会十分重要的精神层面。在文明、开放、尊重人性本能的科学思维主导下，性器官就像手、脚、胳膊、腿一样是身体的一部分，只不过比手、脚、胳膊、腿更需要意识来主导而已。他们在对青少年进行性教育时，肯定要讲到避孕，这是一种防范措施，而不是教给青少年怎样做爱。事实上美国对色情、黄色文宣物管理得十分严格，18岁以下的孩子是不允许进电影院看有色情镜头的带 X 级标志的电影的。美国人家中的电视节目都有钥匙锁住那个带"色儿"的频道，有亲吻镜头的则属于 PG（需有家长带领）。

我看过许多关于青少年怀孕的报道，但在这所高中近年来没有发生过一例；而我较留意周围的美国朋友，他们上中学的子女也蛮天真的，尤其是许多所谓高尚家庭，他们在孩子很小的时候就带他们去教堂。据说在许多私立大学里，班级里的女生全是处女。青少年怀孕主要是黑人区里的穷人。

Social living 除了讲性教育还讲什么呢？这个黑人女教师给了一份她本学期的教学计划。

她下一节课将要讲价值开发。她的讲课方式是抛砖引玉，先讲她自己的观念，然后让学生自己讲，大家讨论，最后在课堂上用两个小时完成作业。

她的讲课提纲很简单，每个学生手中都有一份：

(1) 财富；

(2) 名誉；

(3) 宗教；

(4) 娱乐；

(5) 成功；

(6) 自由；

(7) 力量；

(8) 知识；

(9) 爱。

我对 Social living 这门课的设计十分欣赏，尤其是给学生的作业以学生的终生学习和主动发展为宗旨，着眼点不是教育学生应该做什么，不应该做什么，而是培养学生对自己的思维、品质、态度、行为不断反思，并能自觉地进行自我调控。Social living 不是以书本形式向学生作单向传播，以人类文化积淀下来的知识，而是带领、引导学生带着情感和理智，探索周围的世界，开发生命的潜能，引导学生关注生命价值和社会价值之间的冲突并寻求缓解之道。

很遗憾，我在国内读中学时从未上过这类课。

☆ ☆ 语文课： 30 秒钟训练

美国中学的语文课不仅是教学生认字、写文章，更重要的是沟通训练。中学语文教学大纲明确标明了各年级学生表达能力的训练指标，我跟听了一次 30 秒钟训练。

这 30 秒钟被用来训练学生向雇主应试时作自我介绍。老师发给每个学生一份足有 20 多页的提纲，讲述 30 秒钟自我介绍的意义。其实这种自我介绍不只是在求职时能派上用场，有时在社交场合结识新朋友，寻求新伙伴，也都用得上。

难怪在美国所有的服务行业，无论是医院里的医生、护士、护理员、门房收发员，还是商店里的服务员，只要一走近他们，就会主动迎上来，热情的目光专注地看着你，在 30 秒内给你一个好印象：我会提供你最满意、称心的服务。刚来美国时，无论是办事还是看病，碰到这种 30 秒内的款待，总以为今天自己交了好运，碰上了好人；后来才知道，他们从小就受过这方面的教育和严格的专业训练。

老师先训练学生 30 秒内给电话留言。美国许多办事机构都有留言机，一般情况下都有主管人员定时检查，然后按轻重缓急逐一处理。如果不留言就可能永远无法联络上当事人，因为美国人太看重时间效率。我刚来美国留学时，中国同学之间互相留言，常常闹得丈二和尚摸不着头脑。有一位从北京来的高材生留言："请你给我回电话。"我听声音倒是能辨出来是谁，然而她的电话号码却不在我手边，结果虽然她一连留了几个这样的言，我也无法和她联络。还有一个留言是："你明天这个时候给我打电话。"我实在是不知道"明天这个时候"是什么时候，因为无法知道他什么时候留的言。美国人是不会犯这个毛病的，因为他们的留言是受过训练的。

语文课教学生先说这个留言是给谁的，因为一台电话可能几个人同时使用，开头第一句必须先说出这个留言是给×××，然后介绍我是谁，并说明此刻是某月某日几点几分，再简要地说明自己要联络的事项，即使肯定对方知道自己的电话号码，也要再留一遍，因为很可能对方一下找不到。这个留言不可长过 30 秒钟。

每个学生都打草稿，写明自己要留言的号码、姓名、内容，老师一一检查、改动，合格的才可以走到前面，当着大家的面在一个小录音机前实践，然后再播放给全体同学听，并欢迎挑错。看起来并不难的事儿，但往往就是做不好，老师也不让轻易通过。

最后老师认为如下几个留言合乎标准，给了 A。

（1）Rose，我是 Dave。现在是星期四，28 日，下午两点，我在学校校园给你留言。今天晚上我不能准时去你家，可能会迟到半小时。你收到这个留言请立刻给我回电话，可以找到我的时间是下午5—7点。我的电话：510—764—5896。谢谢！

（2）Derbby，我是 Lan，现在是 28 日下午 3 点，我在家里打电话，向你问候生日快乐！有时间和我联络。925—463—7683，谢谢。

（3）Dave，我是 Rose，明天晚上我不能陪你去游泳了，因为我妈妈的脚扭伤了，我要照顾她。现在是 29 日，星期四，下午 1 点，有事再联络。我的电话：510—298—3663，谢谢。

教师不仅要求留言内容精确，声音也要求不高不低，不快不慢，让听留言的人清清楚楚。让把话说得抑扬顿挫的训练也蛮下工夫的。

在美国中学的课堂上，老师从不庄严地站在讲台前授课，而是坐在学生中间，连说带比划像做游戏似的。30 秒钟训练就是这样有说有笑，一个个学生试着做，试着练，老师和同学一起评估。这不仅是语言训练，其实也是素质训练。30 秒钟可以表达清楚的，为什么要啰唆呢？无论和谁打交道，30 秒钟之内给人留下的印象十分重要。在尽可能短的时间内抓住别人的注意力，是推销自己最有效的办法！

☆☆ Me！ Me！ Me！

　　美国中学生很喜欢说 me！me！me！（我！我！我！）由此可知美国是一个十分崇尚个人主义的国家。美国人所说的个人主义和我们中国人所说的个人主义有很大差别。我们一提个人主义就让人联想到自私，只想自己不想别人，太多的从自我出发；而美国文化所提倡的个人主义，大多指独立思考，独立人格，独立应对各种麻烦的能力。

　　这种独立意识的培养从学龄前早期教育一直贯穿到小学、中学、大学，是一种完整的社会文化意识。

　　孩子从生下来就自己住一个屋，到时间就上床睡觉，无论孩子怎么哭，大人都不会心软；洗澡时也用计时器，不管孩子玩得怎么开心，铃一响就抱出浴池；孩子有了语言能力和独立意识，家长和孩子说话就是商量和征求意见，不可以强行命令，这不仅出于家长的觉悟和水平，背后是整个社会文明和文化的鞭策。婴儿刚会说话父母就会耐心地问他：早餐你要吃面条还是麦片？让他知道自己的食欲可以有所选择。穿衣服也会问：你今天早晨喜欢穿裙子还是长裤？如果天冷，孩子固执地要穿单薄的衣服，母亲会告诉他（她），这样冷的天气要穿厚衣服，不然会感冒，但不会发

火强逼孩子服从自己，更不可以打小孩，否则邻居会告发（美国人非常愿意管闲事），警察会来逮捕打人的家长。因为孩子是一个独立的人，他自出生那天就会得到人权保障。孩子在家中是这样，上了学也是这样，可以选课、选老师，不喜欢学的课可以用其他课来代替学分，不喜欢的老师可以退课，再选别的老师，所以每个学生都活蹦乱跳，像一只只小金鹿。学校教育点到为止，告诉学生要做什么，好处在哪；不要做什么，坏处在哪？学校的教育职责降到最低标准。家长也是如此，不是为了儿女扒心扒肺，想方设法让孩子学习好，而是告诉他们道理。他们相信内心的动力，他们能做的就是启发内在的动力。他们认为过多地管孩子，管得面面俱到，孩子内心的动力就怠堕了，反而转化成了反抗的力。

　　在美国中学采访期间，不但听到他们嘴里不离 me! me! me! 好像绕口令一样好玩，还常在嘴边挂着 I know I can, So I can.（我知道我能，所以我能。）这种积极的、焕发着人类生命活力的自我意识，培养了每个中学生的自信心和迎接挑战的能力。他们把自我看得很重，不委曲求全，不附言他人。作为一个外国记者，我在学校确实得到了所有接触到的师生的热情帮助，但是他们仍然把"自我"看得很重。比如在休息室里我和英语教研室主任一问一答，他主动找来许多学生考试试题给我看，却不给我看学生答卷。他说如果要看需征求学生的同意，因为学生的答卷是学生本人的事，老师不能越俎代庖。我每次去教室听课，总是看见哪儿有空座就坐哪儿。有好几次，后进来的学生悄悄地走近我，低声地、很有礼貌地说，This seat is mine.（这个座位是我的。）其实教室里还有许多空位置，而我又是一个外国记者，但他们绝不会因为对方的身份、辈分而放弃自己的权利，因为那个位置是他每天上课就座的地方，是他的位置，他习惯在那儿听课。他要"赶"我走，在他是理所当然的。这种自我意识的培养是一种社会文化，不是一朝一夕形成的。社区里每年有好多次各种名目的赶集，人们利用假期，上演一些自己编导的节目，卖一些自制的手工、绘画和食品，市长常来参加。市民们在电视里看见过市长，都认识，但互相摆摆手，擦着肩就过去了。

市长是来观察的，但身边只有一个保安人员，没有一大帮随行，更没有闪光灯追着。记者看见他，让他在麦克风前讲几句，然后记者说声"谢谢"就走开，然后市长像一个普通群众一样坐在草坪上观看表演，周围没有任何人因为他的到来而哗然，更没有前呼后拥。但如果有一辆残疾人的轮椅过来，却会有好几个人同时站起给他让位置，或帮他推一把，并且投以关怀、同情的目光。美国中学生是在这种文化氛围中长大的，所以他们的自我意识极强，什么头衔、等级，在他们眼里不过意味着一份工作，一份职责。大家都是平等的。

☆☆ 客座教师

　　我在柏克莱高中采访时，每天都看得到客座教师。这些外请来的教师大多是身份背景与某门课有密切关系的资深专业人士，而且他们来学校讲课大多是做义工。他们大都隶属于一个有关青少年问题研究的民间组织，这类民间组织均是非营利性的。美国文化有崇尚奉献不求回报的传统，很多颇有社会地位的人每周都要做一两天义工，那些退了休的老人尤其如此。

客座教师会把有关领域的最新信息、最新研究成果或统计数字带进课堂，这是一般专职教师难以做到的；同时，客座教师本人来学校讲课，也是一次社会调查。

我跟听一位客座教师的性教育课，她是阿拉米达县政府的青少年怀孕善后处理中心的工作人员。她带着大幅的统计表格，向学生们宣讲最近几年青少年怀孕的状况分析、地域分布、家庭经济情况、家长教育背景，以及终止怀孕流产的健康情况追踪调查。这种从事实出发的讲演十分生动、现实、具体，给了学生们极大的启发。他们一方面在学习生理卫生常识，一方面了解到他们同龄人中的有关状况，其后果是他们这个年龄无法面对、无力承受的，并且影响深远。她在讲课时所举证的翔实资料，只有在这个中心工作的人才能掌握。

中学里的性教育课在不同科系里都有涉及。健康教育课里肯定有性教育这一章，主要从生理角度讲，把男性、女性生殖系统各器官的名称都标明在挂图上，让学生记忆和理解其生理功能，而社会学的性教育这一章上要讲性生活与怀孕。美国中学的性教育不讲中学生绝对不可以有性生活，而主要讲各种性病的危害和防范，讲怎么避免性生活不洁染上性病。那位女教师讲课时把男、女性器官挂图一一挂在黑板上，所有的同学都很认真地听，没有半点异样的表情和小声议论。在他们看来，讲人的生理解剖和生物老师讲青蛙、大象、猴子，没有什么分别，不值得害羞。美国人谈性而色不变，这也是一种文化。

我还跟听过一节艺术课，老师也是客座，专门辅导学生做陶瓷工艺品。作为一位专业人士，他极其热衷这个领域的教学，不但主动帮助学生解决实习基地的问题，学校里缺少的一些相关的仪器用品，他也会协助解决。他知道在哪儿买便宜，买多少更适宜这个学校的财政支出。这位艺术课教师自己也经商，专卖这类陶艺，他教授的同时学生可以为他做义工，帮他完成一些初级的工艺，省下他的时间和劳动力，其结果也是一种互助互惠，一种良性互动。

☆ ☆ 教科书与讲义

　　美国中学没有统一的教材，每个学校不一样，同样的年级不同班级也不一样；不同的老师选择不同的教材，讲课时主要采取发讲义的方式，有时一发一大沓。其实老师自撰讲义组织教学比照本宣科需要花费更多的劳动，包括资料的收录、组织，课堂教学活动的设计，学生方面的参与，教师方面的示教等。这种教学手段使得每一个教师都不可能采取和其他教师完全相同的教学方法，因为人是个体的，个体的创造性劳动具有不可重复性。美国教育贯穿着个性、特色。独立思考和自信心的培养，这和美国教育主管部门的管理理念完全相同。他们认为任何一个道理、一个概念，甚至一个事实、一个历史事件，绝对不可能只有一个答案并且是标准答案，否则就是一种"专制"。标准答案的制度是对知识的专制。因为中学升大学没有统一考试，也没有统一教学大纲，所以老师讲课各具风采。学校对教师的评估不仅要看学生考试成绩，还要看每年期末主管业务的教务长向学生发的调查问卷。这种调查问卷的设计是统一的，比如教师有没有迟到，授课的声音、语速、课后辅导，作业是否及时还给学生，发式是否整齐，衣服是否靓丽等等。每一项都有具体分数，总分足以反映教师的能力

和责任心。

我采访过的几个中学，教师只有午间休息室。他们从不在学校集体备课。因为根据州政府的教学大纲，每个老师自己设计教学活动。休息室里有沙发、微波炉、冰箱，供教师们中午在这里吃饭、休息、聊天，但没有桌子可以写字。每位老师在自己任课的教室里有讲台、办公桌、书柜、书架、投影仪。

学生们的教科书又厚又重，都是精装的，厚厚的书皮，纸张精美、华丽、挺括，每本书至少有三四斤重，甚至更重，一个书包装两本背起来就够吃力，因此学生们的书大都放在教室里。美国中学生的课桌都是铝合金的，没有抽屉；书、作业都放在书架上，上课时自己去取。老师对教科书的使用，只要求学生泛读，并不要求对每个章节都了解。有的教材如历史、社会学、种族学，每章开头都用几十句话把本章的内容简要明了地加以介绍，然后每一节的重点内容都用黑体字标明，最后有数段文字，告诉学生这些内容必须记住；书末几页是关键词，按字母顺序排列。虽然每本教科书那么厚，那么重，但学生使用起来十分方便。美国中学生的学习生活充满了青春的活力，读书始终是一种自觉的行为，考试也常是几套题，好学生可以选难的题，提前完成学分，提前毕业；普通学生跟着进度走；也有实在跟不上进度的学生，老师在考试中是放他一马的。他们有这样一种看法，即那些坐不住板凳、精神涣散、注意力不能集中的学生并非主观上不想专心学习，而是天资上有缺陷，或教育心理学意义上的某一种思维类型，不应抱怨和歧视。他们认为人与人之间成功与否的区别就在于能否focus on something（精力集中在一点上）。这种思维类型的区别就如同人的面孔、形体的区别，后天的调整只能尽一部分努力，不会有太大改变。这种观点很像我们中国人常说的三岁看八十，有点被动、消极，然而是事实。他们虽然这样看待不能好好学习的学生，但对这类学生绝不歧视。在一次美国史的考试中，一个不好好学习的学生，考卷回答得一塌糊涂；老师知道这个学生的学习能力很低，就给他一张美国国歌的唱片，说只要他学会唱国歌就多给他 20 分，结果他不但及格还有了好成绩。这个学生拿着成绩单喜滋滋地，和所有同学一样脸上挂着喜悦的笑容。老师对我说，对这类学生的鞭策必须建立在他尽可能理解的基础上，必须让他有成就感。对不同的学生应有不同的标准；学习成绩不仅表明他对教师讲课的内容理解了多少，更重要的是他学习的积极性调动了多少。和这位老师谈话我太受启发了。我们中国老师和家长往往太多抱怨学生不好好学习，其实有的学生就是思维不能集中过长时间，就好像劣质相机绝对拍不出质地好的照片一样。知道这一事实，对这类学生就应该宽容、包涵。我们不会抱怨一个女孩子长得不好看，再蠢的家长也不会那样；大脑的发育也和长相一样千差万别，那么，又有什么好抱怨的呢？

☆☆ 专治 "我不能" 的心理医生

　　在美国,心理医生是很热门的职业。从事这种职业的人是读完大学本科还要再读4—5年专业。心理医生也分类,非常细,心理治疗医生和心理医生并不是一回事。每一个领域都有自己的心理医生。美国医学科学的理念和中国有极大不同。中国人有病去看医生,医生肯定给你开药;而美国医生如果发现病人的状况是生活方式或情绪压力引起的,就绝不会给开一片药,而会把你介绍到心理医生那里。美国心理医生什么问题都涉及,同时又都十分专业化,婚姻、家庭、青少年等,分科十分明确,并且细到匪夷所思。比如青少年科就有专门解决不好好吃饭问题的医生,还有专门解决女性青少年怀孕后如何处理的医生等。他们的心理辅导所起的作用,是学校老师和家长所无法替代的。

　　我选择采访专治 "我不能" 的心理医生。这是一个专门解决青少年在发育成长阶段普遍存在的心理障碍的项目。来就医的学生有的是老师推荐来的,有的是家长领来的,当然也有自己来的。在美国看心理医生很贵,这个项目每小时收 80 美元。美国人大都有看心理医生的经验,这笔钱再贵他们也舍得花。

在美国采访通常很自由，想问什么就问什么，想看什么就看什么，可以直接进入；但一旦涉及第三者就比较费劲，因为这涉及隐私，尤其与医生谈病人，必须事先征得病人的同意。还好，这几位美国中学生的家长允许我在旁观察，假设我也是一个病人。

学生 A：我不能当着全班同学的面大声朗读课文。

于是心理医生给了他十几页问卷，让他填是或否；接着是长长的谈话；过后让他独自在房间里朗读，并且每次都录音，直到他本人认为声音足够大，和其他同学朗读时的声音一样大为止。再后把他母亲找来，让母亲听他朗读，到母亲听了认为够响亮时又把他父亲找来，然后依次加入他的妹妹、他的好朋友、他的老师、两个同学，最后再把他送到全班同学面前。这样学生 A 就解开了不能在全班同学面前大声朗读的心结。我观察完这个过程，心里不知有多么感动。记得我上小学时，班里有个女生上课回答老师提问时声音总很小，老师就不耐烦地挖苦她：你讲话声音大点不

美国中学是这样的

行吗？像蚊子似的。可这样一来，她的声音反而更小了，几不可闻。如果那时我们也有心理医生，该有多好。

学生B是家长领来的学生。这位学生的母亲抱怨说，晚上父母亲一看电视他就在客厅中间拍球，怎么说他也不听。

心理医生经过问卷访谈，断定这个孩子的父母亲对孩子不够重视；他之所以在父母亲看电视时拍球，潜意识中是希望引起父母的注意。于是心理医生建议他的父母每次看电视前都和他坐在一起玩一盘跳棋，共同聊一下今天最感兴趣的事；再和他一起选一个他爱看的电视节目，让他坐在父母亲中间，并且摩挲他的头发，抚摸他的肩膀。结果这个孩子很快就改变了父母一看电视就拍球的习惯。

学生C是自己来找心理医生的。他苦闷之极，因为他就是希望体操队里一个女孩能喜欢他，他的痛苦是我能不能让她喜欢我，像我喜欢她一样？心理医生经过问卷后就辅导他培养放弃的能力，因为放弃的能力也是人的重要能力之一。培养手段是在规定时间内做完数百道题，每道题有四个答案，只能选择一个，但时间不允许对某一个模棱两可的问题多加思考，如选择不了立刻放弃，看下一道题，只有这样才能做完。心理医生启示他：人生不可能想要什么就得到什么，即使是伟人也是如此。"我不能"的心理情结，是可以通过努力逾越的。情感是双边活动，你只能决定自己的心理动态，而别人的心理动态、情感取向，是你无法控制的。做自己能做的，不行就立刻放弃，放弃的能力和进取的能力一样重要。

☆ ☆ 世界史课程

　　下午 1 点，我在校务主任处签到。这是在华文基督教学校（Chinese Christian School）采访的第三天，是跟听副校长 Mr. Jimmy Leong 的世界史课，恰好他今天要讲中国史部分。

　　这所学校一切都井井有条。虽然我愿意看什么就看什么，愿意问什么就问什么，不见他们有半点遮掩、戒备，但他们一直有人彬彬有礼地陪同着我。今天陪同我的是一位十一年级叫艾琳的女孩，她出生在母亲会讲国语的家庭；但她父亲不会讲，所以她的国语讲起来仍然很吃力。这位女孩穿着校服，红毛衣，灰裙子，非常有礼貌，她引领我走进世界史的课堂。

　　教室里干干净净，一排排长书桌，每张桌子可以坐 4 个学生。我很惊奇地发现这个班级的 22 个学生中有 11 个戴眼镜，是平日里打电脑太多，还是看电视太多了呢？"当然不是作业太多了，因为他们每天作业不超过两个小时。"

　　Mr. Jimmy Leong 看上去挺年轻，或许不到 30 岁。他曾就读于这所学校，大学毕业后又考取法学院，从事律师工作，绕了几圈又回到这里教课。他对我说，"教学太有趣了！"学生对老师的称谓一律是××先生，×

×女士，当然所有学生都称他 Mr. Jimmy Leong。他是副校长，主持教学工作；然而这所学校的校长、教务主任都任课，不但任课，还轮班驾驶校车接送学生上学、放学。这种平等意识曾感动许多刚从中国大陆移民来美的学生，他们不敢相信校长能亲自开车接送学生，这在中国太少见了。

Mr. Jimmy Leong 走向讲台，雪白的衬衫，系着一条黑底银条的领带。他幽默地对全班同学说："今天讲中国史。后面坐着的这位女士是从中国来的，也许她比我知道中国更多；如果我讲错了哪部分，你千万别在学生面前给我纠正。"课堂气氛很活跃，然而又很规矩。我低头看所有学生无论男女穿的全是运动鞋，女生大都不戴项链、戒指、耳环等饰物。

老师用的是白板而不是黑板，在白板上用黑笔写字。他这节课讲中国史，然而整个一堂课讲的都是字的由来和组合。他用《圣经》上的语言来描述中国字的由来：造、火、晏、船、塔、义、来等等，由此引申出历史。关于中国字与上帝的关系，早在几年前就有过这样的演讲，是一位中国学者研究《圣经》的结果。这种解释确实有点神乎其神，虽然我似信非信，但听起来却很有道理。这是基督教学校，当然一切围绕着圣经。如果有时间，我想再深入请教 Mr. Jimmy Leong。

我听课最关心的是老师的教学计划和教学手段。下课后我拦住他，请求他把学生期末考试卷给我一份，并且索要一份学期调研报告的指导提纲。美国中学生几乎每一门课都有一个调研报告，要求在本学期内完成。这门课的调研报告要求写 10 页纸左右，题目自选，你对什么感兴趣就写什么，写 20 年之内的历史。

☆☆ 艺术课——甩大点

　　无论我到哪所中学采访，每当主管接待的老师问我，想听什么，想采访哪位老师，我总会最先说我想听艺术课。并不是我多么热爱艺术，而是我对美国中学艺术课的设计和教育理念感兴趣。艺术课在中国中学不外音乐、美术，音乐就是唱歌，美术就是画画；而美国中学的艺术课包括许多不同科目，有电视节目编辑、摄影、戏剧彩排、陶瓷制作、金属工艺品制作、铝制品制作、纸工艺品制作等等，好多选课就是利用废旧物品做工艺品。

　　这所学校安排我看的是绘画课。

　　一走进教室，所有学生都对我说 Good afternoon（下午好），然后他们很投入地画自己的画，严格地说是创作自己的画。绘画应该是用笔去描绘自己要表达的东西，但他们却是用刷子沾着水彩，在一张有两张《人民日报》合起来大小的白纸上甩大小不等的点，用六种颜色来甩。一定是我露出了惊讶、不敢恭维的表情，任课教师把我带到一旁，从书柜里拿出美国现代艺术画册给我看，一篇一篇翻到美国现代派代表画家 Jackson Pollick 的作品 Autumn Rhythm（《秋天的韵律》）给我看。这位美国知名的

现代艺术家的原作 9 米×5 米，就在旧金山现代艺术馆里陈列着，米色的衬底，黑、白、深米色的线、点，涂、甩在一起。看不出来那么简单的画是名画，会被艺术宫殿收藏。任课老师定睛看着我，用表情向我示意：你看，我让学生甩大点就是照这幅名画学来的。

　　我仔细看了一下这位老师。他的头发用发胶粘得一丝不苟，根根傲然直立，而且每根头发之间都保持着一定距离。他穿的白大褂用画笔涂着不连贯、也不知道是什么意思的图案。

　　教室里的长方形大桌子，桌面、桌腿上全是学生们自己画的画。是不是每个年级的学生来到这个班，就把桌面涂上黑色，然后在上面画自己想画的画？也有的桌面白色的，上面是帆船、海浪；有的桌面有蜻蜓，旁边是花草树。老师讲台旁有一个大圆盘，贴着每一个修过这门课同学的头像。这一定是从什么照片上剪贴下来的，很有顺序。学生们的照片是围着什么排列的？是不是围着这位老师呢？但中间是空的。教室的墙上错落无序地挂着学生们自己的画，不知是作业，还是谁愿挂就挂，因为看不出共同的主题。任课老师告诉我，开学第一天通常给学生的作业就是你想画啥就画啥。有一幅作品是土豆条、面包、冰淇淋、巧克力糖，这一定是小作者最爱吃的东西。

另一幅作品是很多照片贴在衬纸上，再蒙上面巾纸，每幅照片都清晰地露出眼睛，其他部分则看不清楚。这是一个很奇怪的设计，尽管我感受、体会不出其创意和效果的美感。

还有一幅作品是整个画纸涂着天蓝色，然后踩着不同颜色的脚印，脚型大小不等；还有大小不等的手掌印在画纸上，中间画着赤橙黄绿青蓝紫的彩虹。

虽然这些画的构思、创意我并不理解，也无法追踪这些学生采访，但我还是投入了极大的兴趣和热情。我对 Mr. Ham 校长说，我很想帮助贵校和中国的中学建立友好学校互换画展，每期 20 幅，贴在各自校园的走廊里，互相交流。校长欣然答应。任课老师又拿出好多学生作品给我看。我说他们的美术课一部分是基本技能训练，一部分是创造，创造本身也是一幅抽象画。

那些把纸铺在地上的学生都在高兴地甩大点，甩得很开心，比一笔不差地趴在桌上画开心多了。在采访期间，我发现美国无论老师还是家长，对学生们最感兴趣的事大多给予鼓励，极少制止。在我小时候，大人们把让我们孩子最快活的事看做是"造反"、"做妖"、"翻天"；而这里会在课堂上或课外小组给你充分的时间、地点去做。我小时候最开心的事就怕大人知道，而美国大人支持孩子尽情地做他们想做的一切，只要没有危险，不犯法。

有一位美国朋友告诉我，某一个学校艺术课无论男孩或女孩都脱光了衣服互相在身上画画，他们高兴地画呀画呀，满身满脸全是画彩。打听好地址一定要去采访这般情景的艺术课。

☆ ☆ 政府学是必修课

在高中期间，所有的美国学生都要选政府学。这是必修课。美国人的公民意识相当强，无论成人、孩子，都认为国家大事和自己的切身利益息息相关。本市、本州乃至全国任何一项法案讨论通过期间，都会看见居民的住房前草坪上插着一个醒目的大牌子，比如 201Yes，201No；对于削减教育拨款、紧缩开支的提案，无论自己家里有没有子女上学，都十分关心；至于竞选州长、参议员，老百姓投票前也是到处举着牌子说 Yes 或 No。有时在公共厕所洗手，水龙头开的时间长了，旁边的小孩就会过来提醒你：开小点，快关上。吃过的罐头铁盒回收之前，都洗得干干净净，放在回收的黄箱子里；旧报纸则叠得整整齐齐捆好放在回收的篮箱子里。很多顾客买菜带着自己的布兜，不用商店里的塑料袋，为了保护环境。这种公民意识、公民责任的培养，既得力于学校，也得力于家庭。

政府学就是教育学生了解政府职能、结构、功能运作，同时也了解美国政府的历史，包括竞选机制。无论关不关心政治，有没有政治抱负，都要出来当家做主人。民主社会就是倾听不同的声音。在政府学这门课里，学生们有好多社会调查的课题可供选择。比如三五人一个小组，去一个破

产的企业搞调查。他们会用一个学期的时间拟定调查提纲，设计调查手段，寻找相关资料，论证破产的原因。看着他们稚气的脸蛋，无论如何也不相信这些孩子能写出这样翔实、有理有据的调查报告，包括企业的当事人都会被感动。中国近年来常流行封闭式教学，学生不回家，不出门，就在学校里专心致志地学习；而美国却强调开放式教学，学生走出课堂，到社会上学习，开阔视野，还常把名流学者请进来，给学生上课。

柏克莱高中教政府学的老师告诉我，这门课的作业和考试就是交一份调查报告。先做提纲，每两个星期交一部分，每一部分都设计得相当严密，出去调查的问话艺术、资料查询的手段都经过严格训练；学期结束前的两个星期才出门着手调查，最后交报告。他给我看了一份有关公共交通的调查报告，问卷按设计必须让乘客用三分钟左右答完，因为调查时是登车随机访问乘客，时间太长了条件不允许；太短了，问题又说不清楚。问卷的设计看得出很动了一番脑筋，样本如下：

公交状况问卷

AC公交线

时间

（1）您认为 AC Transit Service 的服务质量（A＝最好，F＝最坏），请画钩：

A　B　C　D　E　F

（2）您乘车的目的：

_____ 去学校　　　　　_____ 看病

_____ 去工作　　　　　_____ 购物

_____ 社交　　　　　　_____ 其他

（3）在这条交通线上，如果有选择的机会，你愿意选择比乘本路车更好的：

    _____骑自行车   _____骑摩托车

    _____乘地铁   _____走路

    _____其他别无选择就得乘这路车

（4）为什么您选择乘这路车，而不用其他交通工具？

    _____方便，自己驾车难找停车位   _____快

    _____便宜，节省钱   _____其他

（5）您是学生吗？

    _____不是   _____小学，中学，高中

    _____大学   大专

（6）乘这辆车是否有过迟到的时候？

    _____Yes   _____No

（7）平均每周你乘几次这趟公车？

    _____0—2 次   _____3—5 次

    _____6—8 次   _____9 次以上

校车（每周）

    _____0—2 次   _____3—5 次

    _____6—8 次   _____9 次以上

（8）除了这路公交车，请填写你常乘的其他公交车：

_____

（9）为了上学您每周大约要花多少钱车费？

$18 $20 $30 $40

    学生们用了将近一个月的课余时间，收集了大约 1000 份问卷，写成的报告据说引起了市政府相当的注意，拿到市议会讨论并采纳其建议，加派公车，降低票价，不仅每年可为国家节省一笔数字可观的汽油费，还减轻了学生家长接送的负担，解决了沿线老人就医的困难。

    搞这份调查报告的学生及其家长、老师、校长，同时被邀请参加市长会议，并作为新闻在本地报纸头版头条刊发。

☆ ☆　少年领袖训练营

　　每年暑假，学校都会组织各种活动：音乐夏令营、读书夏令营、生物夏令营，等等。然而我最感兴趣的是少年领袖夏令营，这个活动是专为那些有政治抱负的少年设计的。

　　各个地区少年领袖夏令营活动的组织者不同，有的是学校组织，有的是学区委员会出头，也有由社会关心政治的人士出面的。

　　参加这项活动的学生，必须先提出个人申请，经过面试录取。他们大多学习优秀，社会参与意识强，各项活动表现得十分积极，有良好的记录，并得到家长支持。

　　训练营里有很多学习项目，其中主要训练讲演能力。在讲演能力训练上，组织者有相当周密、细致的计划，包括如何训练声音、手势、服饰等，并且公开卖票，听众多是政府要人。卖票也是训练少年领袖才能的方式之一。在美国，好多活动都要依靠募款，这也是各级竞选时的重要项目之一。这些中学生得亮着稚气未退的脸，学着大人的腔调，找有钱的人助选、募款。有时少年领袖训练营的活动和市长、州长或国会议员的竞选同时进行，那时他们会亲临现场，实打实地操作：讲演、拉票、设计文宣品。

　　我看见有的男孩子在电脑上设计有关广告，令人钦慕而感动。他们的家长也非常支持他们。因为电脑一定要配有专用软件，这些软件要花很多钱，而且设计本身也要花钱、花时间去学，就更不要说纸张和彩墨了。并不是这些热爱公益活动的家长都有钱，好多孩子的父母都属于低收入阶层，但他们就是想方设法支持自己的孩子。

　　政府职能部门非常支持少年领袖训练营的活动，为他们大开方便之门。州政府、市政府、联邦政府的交通部、商业部也都很支持这类活动，安排他们到各处实习。幸运的中学生会被派到联合国、白宫实习，并且按小时付薪水。

　　我跟踪采访的一组是在市长办公室当秘书：打印文件、接听电话、倾听市民的抱怨等等。训练营的老师告诉我，培养少年领袖的计划，第一步就是培养他们倾听不同的声音、疏解抱怨的能力。这类工作的职责很像我们中国的"信访办"。接听电话时，他们的坐姿必须恭恭敬敬，态度不慌不乱。这些有政治抱负的孩子，他们的雄心尽管不是 DNA 里复制出来的，但从小就有出人头地的愿望，想要领导别人的内心冲动时刻激励他们进取。

他们接听电话时一边听，一边记录。记录本是专用的，像中国医院的病历。听完电话后他们必须立刻起草复信。美国的政府部门在这方面的规矩是很值得一提的，所有电访信访都会得到回复，而且回信的左下角大都会写明抄送至什么部门，或某某人手中。

有一位市民在电话里抱怨，她家后院对着一个洗衣店，这个洗衣店每天都有污水涌流到马路上，而不是经由下水道排放……接听电话的实习生表情严肃，一口一个 Yes，放下电话后，立刻从电脑里打印出一封信。信的内容大致如下：

> 我们为有像您这样时时刻刻关心我们这个城市的环境保护的市民感到骄傲。这也是每一个守法公民对地球母亲的厚爱，是我们对下一代的责任和义务。如果我们这个城市的每个公民都能像您一样时刻关心我们这个城市，包括社区内任何一个微小的变化，那么我们这个城市一定会变成一个美丽的家园。
>
> 再一次感谢您的举报。此信抄送至×××部门，7 天之内，该部门会答复你解决该问题的步骤和方法。

可以想到，举报人接到这封信一定会高兴万分。其实这纯属一封千篇一律的公文信。美国是一个崇尚民主的国家，市民接到市长的复信是很平常的事。城里要建体育场、医院，事先都要征求市民的意见；市民若有特殊歧见，市长会亲自做工作。

少年领袖训练营的中学生们，工作起来一点也不稚嫩，因为他们一直学习政府学这门课，对政府的职能、架构一点也不陌生，工作起来当然就能很快进入状态。尽管是在实习，但他们实实在在能顶一个人用，正因为如此，才会给他们发每小时 9 美元左右的薪水。

☆☆ 流动图书馆

　　圣诞节到来之前，在以基督教文明为主体的美国，会有很多孩子把自己家中不用的东西清理出来，捐给穷人。

　　学校的一批学生家长自愿组织起来，把一些自己孩子读过的书捐出来，又开着车去收集其他家庭孩子不用的书，然后把这些书装在一个大面包车里，利用休息时间，按时间表送到穷人集中居住的地方。车一开到那里，他们就播放一张如同暗号的音乐带，穷人的孩子就出来。那些孩子都有借书证，办理借阅手续挺正规。使我惊讶的不仅是这种奉献精神，还有其运作程序。这些穷人的孩子读完借来的书，可以还到就近的本地图书馆，而本地图书馆会再周转还回去。这个过程太合作，太井井有条了。我最初爱上美国就是爱上图书馆，全州乃至全国图书馆联网，需要的资料可以随时从任何一个图书馆调来借阅，还书也可以还到就近的地方图书馆。

　　那些穷人的孩子也是谢谢、再见不离口。流动图书馆的牵头人克里斯蒂是一个以写作为生的女作家，3个女儿均在私立学校读书。那所私立学校十分注意培养孩子的博爱精神，学校的家长委员会也非常配合学校的德育教育。流动图书馆帮助政府在节日里照顾那些没收入或低收入家庭的子女，这类非营利的民间组织在美国比比皆是。这些组织年末报税时，政府是予以免税的。这对他们的爱心行为也是一种鼓励。

克里斯蒂平时生活很俭朴，然而为了办这个流动图书馆，她把自己的旧小面包车换成了新大面包车，又买了新书架。这个流动图书馆不只是收集旧书，许多中学生买了市面上的畅销书，自己看一遍也就捐出来。电视报纸还在大张旗鼓宣传《哈利·波特》时，这个不起眼的流动图书馆就已收到了4本。轮到克里斯蒂值班，她早晨7点钟就把上千本书从楼上一摞一摞搬到车上，分类摆好，然后再开着车去接愿意做义工的学生，和她一起为穷人社区的孩子服务。她那快乐的样子就像要出远门去旅游。其实，去黑人区是很不安全的。有许多黑人酗酒，无目的地伤害并没有招惹他的人。但是克里斯蒂对我说，上帝就是要把罪人召唤到自己面前，让他们成为好人。对她来说，流动图书馆的要义在于使那些没钱买书看的穷孩子养成一种阅读的习惯，汲取知识，成长为一个对社会有用的人。

美国中学是这样的

这个流动图书馆吸引了许多家长来做义工。他们还设计有奖阅读测验，把每一本书的内容都做成问答选择。这种问答选择很像一个迷宫，做对了可以一直做下去，做得不对就要回到起点重新开始，但对不理解的问题会进行提示，是一种很有趣的游戏。做完测验可到电脑上找答案，对了就会打印出一份奖券，奖券有分数，几份奖券加起来就可领一个新书包，所以流动图书馆的小读者越来越多。

参加这一活动的家长们社会地位有高有低，收入有多有少，但相处得十分和睦，真称得上是有钱出钱，有力出力。一位很年轻的单身母亲靠给人家看小孩生活，可在这支队伍里十分活跃。她用树枝扎成方框，糊上彩纸，里面装上灯泡做成十几个工艺台灯，送给流动图书馆作为奖品。还有一位从德国移民来的老妇人，没生过孩子，也加入了这支队伍。她把她刚收到的亲人从德国寄来的巧克力送给流动图书馆作为奖品。

克里斯蒂告诉我，办这个流动图书馆是一届届家长委员会留下来的传统。不同年龄的孩子读不同的书；与其让那些孩子不再读的书留在自己家书架上，不如把这些书集中起来办一个小小的流动图书馆。这当然不是什么奇举。美国的中产阶级家庭经常把自己不用的东西送给教会办的救济商店，帮助穷人渡过难关。穷人花几元钱就可以买一套衣服。

采访当天我接到中国大连一位很有钱的大款电话，问我美国有什么项目可以引进中国；我告诉他，你办个流动图书馆吧，和你儿子学校的家长联合起来。他说，中国有中国的国情，我在中国开着车，不收钱，去农村边远地区送书，人家会说我"有病"，再说书借出去绝对没有人还，又费力又生气；中国还没到那时候，行不通。他的话我信又不信。最后他对我说，你回来吧！你办个流动图书馆，我当义工开车；你说往哪开，我就往哪开。你挑头，我肯定跟着。

亲爱的读者，读到这里，你想不想和我一起办个流动图书馆，专给那些孩子，那些想看书又买不起书的孩子送书上门？说好了，我先捐出1 000本书，你呢？

☆☆ 与心理医生芭芭拉一席谈

　　芭芭拉是一位资深少年问题心理医生。关于我这本书的策划，她出了不少主意，许多资料也是她提供给我的。我一直想和她坐下来，安安静静地攀谈一次；可是她和我都各自有自己的一摊事，很难找到大家都闲的时间，就这么拖下来了。因此，等到真正坐在了一起，竟有松了一口气的感觉。

　　话题从美国青少年的辍学率切入。据统计资料，1999 年美国公立中学学生的辍学率高达 19.5％，为什么会出现这一现象呢？

　　我认为过分强调自由是一个重要的原因。美国教育太强调大自然是课堂，中学生对身边的人和事不感兴趣，课堂关不住他们，媒体也鼓噪青少年走出课堂，我认为青少年在成长时期不应该这样没有约束。有一阵子媒体炒得很热的一条新闻是：一个女孩弃学在森林里的一棵红木树上住了两年，为了保护红木不被砍伐，她所在学校的同学老师轮番给她送食物、衣服和药品；她在树上住，下面有一帮孩子搭帐篷轮番陪她住。美国人的物质生活太丰富了，所以追求新奇和刺激是许多人的特性。成人如此，中学生也如此。好好的课，说不上就不上了。学校和家庭对孩子从小太缺少坚

忍品质的培养。美国离婚率这么高，也和他们从小个人意志太强，想干什么就干什么有关。

　　我对美国中学教育人强调思考和灵活有不同的看法。有些基础知识是需要背的，比如计算公式和物理定义。美国的各类考试全是计算机评卷，试题应答方式也是以选择为主。随着家用计算机的普及，许多中学生写作业全用计算机，然后由计算机自动检测是否正确。关于拼读、背诵这样的基本训练，更是懒得去做。科学的飞快发展，反而使一些人丧失了相关的能力，因为他们不需要这些，可以用机器代替。少数聪明人的发明创造，结果使得大多数不聪明的人更加不聪明，甚至倒退。

　　芭芭拉非常同意我的看法。她告诉我，她小时候（她现在50多岁）老师也让学生背乘法九九表，如果背不下来，就打手板。美国的中学教育是这些年才变得如此松散的，尤其是加州。

　　我对少年妈妈的问题也提出了自己的看法。我实在不能理解，这些不到十几岁的女孩怀孕，为什么不强迫她们做流产，并给予惩罚？芭芭拉说在美国，任何人都不可以强迫另一个人必须做什么。那么为什么不造成一种强大的舆论，使她们怀孕后感到羞耻，没脸见人，自己主动去做人流？

我追问。

芭芭拉笑着对我说，你是不是在用中国 50 年代的文化观念来衡量美国人的行为？其实你们中国人未婚先孕的报道，包括少年怀孕也不是没有，前两天我就在一份报纸上看到有关北京走婚族的报道，中国人现在也变了，性行为不必是在一张结婚证书下才有的行为。就我的看法，少年怀孕主要的不利之处是她们在经济上不能独立，要别人来负担她们的生活，除此之外也没有什么值得大惊小怪。性行为是生理行为，只要他们懂得避孕，懂性的卫生知识，甚至还有利于他们的健康和身心发育，因为他们释放了自己。性行为就像咳嗽、气喘，不是用什么权威的力量就可以阻止的。如果他们青春期觉醒得早，只能随他们去。作为家长和老师，与其告诉他们坚决不许做，不如告诉他们做了后果如何，为了避免这些不好的后果，要采取哪些防范措施。这就是学校为什么会发放并教给适龄男同学怎么用避孕套的原因；如果这些措施都失败了，怀孕了，问题就变成怎么照顾好自己的身体，怎样哺育好小 baby。美国是以基督文明为主体的国家，普天下都是一家人，所以青少年怀孕不会受到歧视，反而会得到更多的呵护。

我还是不理解：这些少年妈妈不工作——当然她们不到工作的年龄，无法求职就业——就生孩子，政府给她们单独拨款哺养，让她们可以享受免费牛奶、免费尿布，各民间组织还给她们送衣服；更让我不理解的是，政府还给她们单独开设学校，设计特殊的学习方案，并配有医务人员做顾问，有保育员给她们看小孩，这一切也都是免费；相比之下，中产阶级还必须拼命工作挣钱来养自己的孩子，那么这些少年妈妈不成了功臣了吗？对纳税人是不是太不公平了？

回答是：美国纳税人诚心诚意这样对待少年妈妈，没有谁抱怨。因为美国人的理念是，这些少年妈妈的孩子是无辜的，他们来到世界上应该和所有其他的小孩一样得到关怀和爱护。纳税人奉献这份爱心，是他们分内的事儿，他们爱的是孩子而不是少年妈妈。

我对青少年吸毒问题也充满好奇：为什么有那么多青少年吸毒，以致每个城市都有青少年戒毒中心？而且他们不但自己吸，还卖，尤其是女孩，亭亭玉立好妩媚，为什么要这么做？她们有什么不能解脱的，要用毒品来麻醉自己？

芭芭拉告诉我，大凡青少年吸毒都是家长也吸毒、贩毒，孩子跟着学坏。美国人太注重自我，家长稍有不顺心，就分手离婚。孩子生活在单亲家庭，离异出走的父亲或母亲还会常回来看看；但若是大人被解雇，无法立刻找到工作，孩子的抚养立刻就成了问题。没有工作就没有收入，没有收入就交不起房钱，公寓就会赶他们搬走，就变得无家可归；即便有房子也是分期付款，三个月付不起立刻被赶走，银行会把房子拍卖，美国住房的开支是收入的一大半，所以美国人一夜间成为流浪汉是常事。生活的突变、大起大落逼得人要精神崩溃，家人又没有多少亲情，吸毒麻痹自己，就成为他们的选择。一旦吸毒就会很快上瘾，而且很难戒掉；大人醉生梦死，子女也就很容易跟着仿效。青少年吸毒不是他们自身的问题，必须追究社会根源。芭芭拉对美国中学教育也有不同的看法，但这个系统很难听取来自外边的意见。

关于青少年厌食症问题，尤其女中学生为了保持体型美，不吃东西，久而久之食欲减弱，低血糖，发育不良，身体健康每况愈下，对此芭芭拉也有一番看法。她认为媒体的误导应负一定责任。广告上的大美人多是苗条型的，作为青春偶像，她们很容易让爱美的女中学生形成一种错觉，似乎只有苗条才美，因而想方设法和她们保持一致，不惜损害自己的身体。

青少年厌食症治疗中心遍地都是，免费提供各种咨询。心理医生也提供这方面的治疗和服务。厌食症似乎成了女中学生的流行病。

☆☆ 八年级学生的中文课

　　随着中国日益强大，中文也引起美国青少年的垂青。许多华裔的后代由于在家讲中文，又在中文学校学中文，在学校外语课又选学中文，大学毕业后有美国同学没有的语言优势，常会被美国大公司优先录取，派往中国的合资企业。这些华裔的后代，受过西方先进的科学思维训练，成了中美科技、文化交流的使者。

　　学中文成为一种时髦，全世界的人都在关注中国这个 13 亿人口的大市场。当我问一些美国中学生为什么学中文时，他们几乎异口同声地说："为了去中国赚钱！中国 13 亿人，一个人身上赚一块，就十三亿！"他们都显得那么自信。还有一些中学生喜欢汉字的结构，他们说那本身就是艺术。

　　我采访过一位中文教师，据她说，她的学生经过学校设计的中文课学习，到九年级初中毕业时．可以看报纸、写信。

　　我也曾跟听过一节中文课，在美国这就算外语课了。任课的老师是从北京移民来的，60 多岁，说话的声音非常轻柔。她说她是基督徒，在这所中学教中文每小时才 12 美元，因为她没有执照。如果她考过执照，每小时就可以赚 25 美元。她还说她们班上学生中文程度高的能看报纸，低的就只能跟着上课，程度差别很大。

我有一个感触：既然中国越来越强大，为什么大陆的简体字中文课本打不进美国中学？这里的中文课大多使用繁体字课本，而且是台湾编的。既然美国中学生能想到中国有 13 亿人口，一个人头上赚一块就能赚十三亿，那么我们中国人为什么不想想，假如编一套简体字中文教材，一本书定价 20 美元，美国有两亿人，那我们能赚多少钱？

以下是中文课本第 34 课，题为《图片上写着"怎样写信封"》：

　　　下了一上午的雨，下午天晴了。

　　　帕兰卡跟丁云分别的时候，丁云跟她说过：到北京以后一定要去家里看看。今天，她给丁云的妈妈写了一封信，问他们什么时候有空儿，她想去看他们。古波也要给南京的朋友寄一封信，他们一起去邮局。

　　　六点多了，邮局的门还开着呢。邮局里人很多，有的坐着写信，有的等着寄东西。他们到了一个窗口前边。那儿挂着一个牌子，牌子上写着"邮局·挂号"；柜台里放着很多漂亮的邮票和明信片。帕兰卡跟营业员说："同志，我想买几张明信片。"营业员热情地回答："有，这儿有介绍北京的。请看，天安门、北海、颐和园、香山……我想您一定很喜欢。"帕兰卡笑着说："对，就要这些，我想让家里人也看看北京。"

　　　古波拿着他的信跟营业员说："我要寄航空挂号信。"营业员看了看信封说："寄本市的信没有航空的。"古波大声地说："不，这不是本市，是寄南京的。"营业员又看了看古波的信封，她笑了；帕兰卡一看，也笑了。她们为什么笑呢？古波的信封，上边写着他自己的地址和姓名，下边写着收信人的地址、姓名。营业员指着墙上的图片说："中国的信封应该这样写。"古波一看，图片上写着：怎样写信封？

　　　……

我问教中文的老师，我是否可以看一下学生们的中文作业，回答是肯定不行，这涉及学生的隐私权。18岁以下孩子的隐私权受监护人保护，必须征得监护人同意。

我软磨硬泡，最后总算同意我挑几篇。这是一次命题作文，题为《我的朋友》，这里只能引用两篇：

我最好的朋友是我的妈妈。你可能会问为什么她是我最好的朋友？平常孩子的好朋友多是学校的学生，我在学校也有很多好朋友，但是我妈妈是我最好的朋友。

我的妈妈非常爱我。她为了我和弟弟没出去工作。我需要帮忙的时候，我知道她一定会尽最大努力来帮我。我一需要什么她就会给我。我不高兴的时候，她会使我笑。我什么事都可以跟她说。她什么时候都可以听我的话。她常常预支我的需要，我不需要跟她说她都会知道我的需要和感觉。比如我跑步的时候，她会特别去看我跑，并在一旁为我加油。

轩轩是我的好朋友。她是我一生中不可取代的知己，我与她相识十年多了，由小学的儿时玩伴，到现在的亲密好友，这是一份值得珍惜的友情。

在我脑海中的轩轩样子并不特别，她有一双乌溜溜的眼睛，红润的小嘴，亮泽的长发；但她的外表并不代表一切，最重要的是她的为人和性格。轩轩的性格十分爽朗，她是个乐天派的人。无论遇到什么困难，她总能勇于面对，而且常常面带笑容。这是她最吸引我的地方。无论我心中有多少苦恼，只要她和我谈谈，一切的苦恼就会消失得无影无踪。

现在我在美国留学，已经一年多没有和她见面了。我常常会想起她，虽然她不在我身边，但我和她之间的友情，是不会改变的。

第三部分　校园内外（一）

第三部分　政府内容（一）

☆☆ 又唱又跳的追悼会

在柏克莱中学采访的最后一天，我参加了该校一位舞蹈老师梅丽的追悼会。几天来，这所学校一直沉浸在对这位老师的追思中。校园里到处挂着她的照片。她在这所学校工作33年，是学校的骨干教师，也是当地众所周知的社会公益活动积极分子。

一帮女孩在教室里点钱。这位老师去世的消息一传出去，已经毕业的学生、社会各界人士便纷纷捐款。MS基金会奖学金即时成立。33年来她教过的学生遍及全球，真可谓"桃李满天下"了。

一个普通中学老师的过世会引起这般重视，电台、电视台、本地和外地的报纸都发了消息，并得到广泛回馈，令我震惊。

下午4点，追悼会在学校能容纳3000人的剧场举行。墨绿色的地毯，墨绿色金丝绒的软椅，墨绿色帷幕的舞台，大厅里挂着梅丽一生不同时期的生活照片和舞蹈教学。演出的照片。更令人感动的是一大排学生们的绘图展览，主题是 expression（表达）。

一个男同学的画，基调是蓝色，他说这是梅丽最喜欢的颜色。在这片蓝色上，一个画面是老师插着翅膀在飞，还有一个画面是老师长着尾巴在水底游。那种变形夸张，是否对得起艺术的美感倒在其次，用我们中国人的观点看，肯定有损于所谓师道尊严，但他们的校长和老师们却啧啧称赞。校长骄傲地对我说，瞧，所有的孩子都这么爱她，另一幅作品我猜是来自华人的孩子。画面上一边贴着五星红旗，另一边贴着青天白日旗。不言而喻，他一定期望梅丽和他一块儿祈祷台湾早日回到祖国怀抱，实现统一。看到这里，我的眼泪忍不住落了下来。

舞台上摆着梅丽的巨幅画像，被鲜花簇拥着。司仪一宣布追悼会开始，一群学生就奏起欢快的乐曲。我正有点不知所措，旁边的人对我说，梅丽今年55岁，这个追悼会是按她遗嘱安排的。请什么乐队，买什么鲜

美国中学是这样的

花，在什么地点举行，邀请什么人参加，都是她生前安排的。这个气氛欢乐的追悼会是由梅丽在天堂担任指挥，参加追悼会的人都这么说。他们的脸上都没有流露出丝毫悲伤的情绪。人们不时地仰起头，对着天空，喊"Goodbye，梅丽"。接下来，是她教过的学生像汇报演出似的一个个上台跳起她生前教过的舞蹈，台下则报以一阵阵掌声。

节目表演舞蹈之间，穿插有她生前少年好友的讲话。绝对不是含着泪，而是追忆她们少年时光里的幽默和永驻的欢乐。台下的人笑得前仰后合。

我仔细观察周围的人，几乎没有一个人哭。为什么这么深得爱戴的老师猝死而没有人哭呢？大概是人们认为她去天堂了，就像送老朋友出门，去了一个更好的地方，届时他们也要去，后会有期。

最后是一个女孩的独舞。她一出场就在地上扑腾，前滚后滚两条腿垂直，以臂为轴心旋转，她的腿和正常女孩的腰一样粗。如果在中国，会有很多人耻笑她没深没浅，当然更不允许她在追悼会上这么跳舞，然而台下静静的，没有人因为她体型不好而阻止她对老师的怀念。她用自己热爱的方式表达，是她的权利。在这样的氛围里，入乡随俗，我也跟着台下观众欣赏她，觉得她非但不滑稽，不可笑，而且相当可爱。

☆☆ 吃午饭像参加鸡尾酒会

　　我被获准在柏克莱高中采访的日子，每分每秒都抓紧时间和学生在一起，接近他们，观察他们，体会他们，感受他们。美国中学生的思维模式和生活方式实在和中国中学生有太多的不同，而我的写作和思维是从不同点切入的。他们行为的不同不仅来自教育者、教育理念的不同，还渗透着各自的社会制度、文化观念、家庭的影响，所以，我要时时处处仔细观察。

　　学校通常每天从早晨 8：00 到下午 3：30 上课，中午有 45 分钟时间吃午饭。吃午饭的时候，大多数学生都不在教室，而是在操场上站着吃。美国人中午都吃三明治，面包夹着蔬菜、肉、奶酪，手里拿着一瓶果汁。看着这种景象很有意思；3 000 多学生那么熙熙攘攘地立着，边吃边互相谈着话，很少有人找个地方坐下。事实上校园里有很多椅子、台阶、小花园的栏杆，但就是没有人坐着。是不是这样吃饭很像大人的鸡尾酒会？美国人的各种宴会，正餐前，来宾们全是每人拿着一杯酒，就这样站着聊，没有固定的座位，可以自由地走来走去，见到老朋友不必说，见到陌生人也会打个招呼。由于是选课制，所以美国中学没有班级，当然也没有学生

干部，学生们的作业就投到老师讲桌前的一个盒子里，老师批完作业放在另一个盒子里。他们有事需要和老师联络，通常会在老师的录音电话里留言，因为这个电话老师通常是无法接到的。学校教师没有办公室，只有一个午休的地方；各教研组有一台电话，每个老师有个分机号码，在这儿设录音机。如果听到录音以为老师不在就不留言，那么几乎没有机会找到老师。美国人习惯这种交流方式，他们受不了时时有人盯着，事事有人管。当然他们也会用电子信箱联络。

当3 000多学生都站在校园里吃饭时，能看出这些男生、女生服装的颜色总体上以蓝、黑、白三种颜色为主，偶有绿色、红色。男、女生全都是线衣线裤，牛仔装、夹克衫，脚上的鞋子也都是运动鞋。几乎没有一个女孩穿时装皮鞋，也没有看见穿高跟鞋的。在一堆堆人群中，大多是男孩子和男孩子在一起，女孩子和女孩子在一起，更明显的是白孩子和白孩子在一起，黑孩子和黑孩子在一起，亚裔学生和亚裔学生在一起。那几天中午我比较注意看有没有恋爱着的男孩和女孩单独在一起吃午饭，但无论是在走廊式校园、图书馆，从来没看见过一对。有一个很漂亮的女孩叫Lee，是我在校园第一天认识的，她说她有男朋友了。我俩一块走，正好撞着那个男孩；那个男孩从她身边走过，轻柔地、绵绵地说了一声 love，她也娇滴滴地回了一声 love，很像接关系时的口令，就分手了。我对 Lee 说，你为什么不和他一块吃午饭？Lee 抿着嘴，挺娇羞地说 No（不），我不想那样儿。

我看过很多资料谈论美国中学生怀孕、抽烟、吸毒，但在操场上却没有看见一个人吸烟。

我对一个要好的美国朋友 Dave 谈起美国中学生恋爱的事儿。我说美国中学生恋爱并不像媒体报道的那么普遍，在柏克莱高中我就没见过一对男女同学牵手、亲吻。Dave 对我说，那你肯定是去篮球场看游泳，上游泳馆看篮球。几个美国朋友异口同声地对我说，美国中学生恋爱是普遍的，学校从来不禁止，只是教育、引导他们别怀孕。他们建议我去听社会学课，其中包括一系列关于性知识教育的课程。

☆☆ 一点也不紧张的高三生活

　　美国学生没有考试的压力。平日里学生成绩记分根据若干部分评定，作业占一部分，小测验累积占一部分，期中考试占一部分，期末考试占一部分。每门任课老师自己设计评分标准，只要学生自己主观努力，肯定能拿到毕业证书，而且也肯定能如期进入大学。美国大学入学不要求统一高考，只要有成绩单申请就可以；去不了好大学，社区大学和私立大学都可以申请上。美国公立大学的财政拨款是按人头计算，所以，学校每多招一个学生，就能多拿一份拨款。如此学校对每一份申请都十分重视，每所学校都会努力提供财力资助信息，千方百计帮助申请的学生能合格地入学。如果你哪门功课成绩不合格，学校还会给你保留申请资料，以待你去本地成人学校补习达到合格。

　　高三的学生轻松地打篮球、看电视，周末去夏令营。国内的高三学生整天在做习题，课程编排全为考试服务；考试可能考什么，学校老师就教什么，家长就买什么课外辅导书。但凡有个高三的孩子，全家人大气都不敢喘，全得当后勤，因为高考的那一天，那一张试卷，实实在在地决定着他一生的命运：考上大学，考不上大学；考上好大学，考不上好大学，对

他这辈子是不一样的，不一样到影响他在什么城市工作，住什么样的房子乃至娶什么样的老婆，甚至有了孩子送什么样的托儿所、幼儿园，上什么样的小学。所以国内高三学生那么紧张，没黑天、没白天地学习；家长也那么紧张，是考试制度鞭策他们这样不得已而为之。

美国高三毕业生不紧张也是由他们的考试制度决定的。他们从不把考试作为教育目标，而迷失了教育方向。考试只是测试学习进度和能力的工具，以测验结果作为改善教育方式和内容的参考。

美国没有统一考试，因为教材多样化，教学内容的差异性很大。每个州不一样，每个学区也不一样，每一所学校不同的老师设计不同的教案，不同的计分标准，考试无法有一个统一的标准答案。这是许多中国台湾、香港、内地的华裔家长们常常共同抱怨的话题。许多留学生费了九牛二虎之力为孩子办了出国签证，又千方百计再把孩子送回中国上中学。用中国人的教育理念来看，美国孩子太不懂规矩、太轻松、太没有学习的压力了。中国人太看重基本技能训练，看不上美国学校那种寓教学于游戏的教育手段。

美国高三学生如果想上好的大学，可以申请参加一种叫 SAT 考试。申请参加这种考试需提前 8 周报名，考试后 3 周可以收到成绩单。这种考试一年举行好多次，每年全美约有 200 多万学生参加。有的学生在毕业前一年就考，考不好，再重考一次。

SAT 考试不是必须考的。如果你想让自己有更大的说服力，证明自己的优秀，你就考。SAT 主要是让大学招生办有较统一的标准来比较申请者的能力，希望借此预测考生在大学一年级时可能的学业表现。名声越好的大学越倾向于将 SAT 的成绩作为接收新生的标准，那些普通的没有竞争能力的大学则不太在乎。

Scholastic Assessment Test（学生成绩评核测验），1994 年前叫

Scholastic Aptitude Test（学生能力测验）。后来中间改了一个单词，把 Aptitude 改成了 Assessment。尽管如此，就考试内容而言，仍然侧重能力测验。能力测验的目的是分析应考者是否具备某方面的学习能力，而不是评核学生某一学科的知识水平。考前准备不会影响考试结果。但许多补习班仍打出旗号，宣称考前练习可以提高分数，其实很大程度上是进行考试应变技术的训练。

SAT 考试分两部分，第一部分考试时间全长 3 个小时，试题类别包括数学和语文，分成 7 部分，分别是两节 30 分钟及一节 15 分钟。最后一节是不计分的 30 分钟模拟语文和数学题，作为下一年考试的参考卷。总分为 1600 分，每节分数由 200 至 800 不等。除了一部分数学题外，所有试题均以选择题的形式给出，总分以一个方程式计算，开卷就有 200 分。

SAT 的第二部分是只有 1 小时的专科考试。有些好的大学要求出示 SAT Ⅱ 的成绩，以便了解你在这方面学识的程度。

学生申请 SAT 考试是依据自己将要申请的学校的要求。有的大学历史系一定要求你有 SAT Ⅱ 的成绩，而有的则不要求。高中毕业生临近毕业前半年就开始和自己将要申请的大学系主任联络，SAT Ⅰ、Ⅱ 的成绩都只是参考，而不是保证。一般的学校更看重整个高中逐年的学习成绩单，以及是否有任课教师的推荐信及获奖（如体育、表演等）记录、在社区做义工的记录等。

因美国高中毕业生能否进入大学不单取决于考场一搏，所以他们的生活仍然和平日里一样。有一项调查报告指出，美国高中生有 20％每天看电视超过 5 个小时，只有 30％的学生每天花两个小时在家复习，学校里没有在毕业前为了竞争而加油的气氛。美国教育界自己也承认，现今的考试制度太没有挑战性，考好考不好都照样能上大学：名牌去不了，可以去私立大学，实在不行去社区大学。去社区大学学费便宜。如果家庭没有收入，不仅可免去学费、书费，还每月给 300 美元生活资助费。在社区大学所学的学分也可以转到名牌大学。在这样一股又一股的活水中，美国高中生怎么能紧张，怎么能头悬梁，锥刺股地刻苦呢？

☆ ☆ 家 长 会

在国内中学里，一提明天开家长会，所有的人都会想到，肯定是家长听，老师讲；老师讲的也肯定是围绕校方的规定和教学计划，要求家长如何配合，等等。

美国中学家长会的内容和形式却大不一样，在教育活动中的作用就更不一样了。这里家长会的召集人是家长而不是校方。许多从中国新移民来的家长参加这类会往往一声不吭，他们还不能立刻适应民主社会在这一层面上的运作。当其他家长对学校的各方面，如教学计划、教材、教师素质提出各种质疑和建设性意见时，中国家长往往泥胎般地一动不动。他们害怕惹事，怕遭到报复。因为他们以往的生活经历告诉他们，提意见、提要求是调皮捣蛋，而调皮捣蛋不会有什么好下场。

事实上，在美国，家长会的监督工作是整个教育活动中重要的一环，目标是良性互动。没有监督的权力肯定腐败，绝对的权力往往导致绝对的腐败。美国社会之所以蓬勃发展，经济、科学、军事、教育都居于世界领先地位，就是它的系统在互相制衡，没有任何人可以一手遮天，为所欲为。

美国家长会是一个民选的机构，以学校和学区为单位。几乎每个学校、每个学区、每个州都有家长会，是热心教育的家长自愿组成的，目的是提高教学质量，保护自己子女的权益，加强家长与学校的合作。通过这个组织，家长们可以知道学校的最新发展，各类情况变化的最新信息；学校也能及时了解家长们关注的事情。家长会不是和学校对立的组织，他们监督、督促校方的工作，同时也付出实际行动支持学校的工作。每个家长都利用自己的专长或经济实力来支持和改善学校的教学条件，如更新图书馆藏书、设立各类奖学金、在学校做义工、举办各类业余讲座等，包括由家长牵头汇同社会名人举行各种义演、义卖，筹款给学校。

学校里的体育设施经常是家长捐助的。有一位学植物的家长送给学校一批种子，帮助学校建立一个花坛；他还利用休息时间来学校剪枝、除草，和学生们一块参加义务劳动。整个花坛都是在他的设计指导下建设的。没有家长的这种无私奉献，学校的许多工作就无从展开；然而家长们所有的义务奉献行为都是经过家长会讨论、论证后才实施的，是一种有组织、有计划的活动。

我在图书馆看到有两架藏书，上边的一层足有上百册，是一位家长捐赠的。他的孩子上了大学，这些书就留给了学校，学校每册作价25美分卖给学生，所得的钱给学校图书馆。捐献是美国文化很重要的层面。有一位女生得了白血病去世了，她的妈妈就在学校附近修了一个街心花园。这个花园是碗形的，一层层很是繁复，种满了各种颜色的玫瑰，还摆设着供学生们学习、聊天用的桌子和椅子。

有的家长没有钱又没有一技之长，就奉献自己的劳动。学生放学的时候，常有家长在路口举着写着 stop（停）的大牌子，护送孩子们安全过马路。

在美国，教育活动全部是公开运行的。学区的教育委员会人选由民选产生，家长们喜欢谁来管就让谁来管。家长们可以自由出席教委会的会议，参与讨论有关的事项，会议的时间、地点、内容也都是公开的。如果家长们的意见不被接纳，家长可以向上一级教育局申诉；如果申诉无效，而家长们又坚持不肯放弃，还可以收集选民支持，用签名的形式将问题列在全民投选中要求公决。在教育活动中发挥最大监督、影响力的是家长，而他们之所以在教育活动中那样跃跃欲试，发出各种响亮的声音，是因为制度尊重、容许、欢迎、感谢他们的参与。

美国许多教育政策的改变，都是家长们游说、诉讼的结果。

如果一个学生在学校受伤，家长会就会出头收集资料论证学校和教师的责任：设施的不安全、校方行政管理不当，等等，要求校方做出金钱赔偿。正确的追究责任，可以保护学生的利益，杜绝以后同类情况发生。打一场这样的官司，家长会常常要请律师。

家长会有资格查阅学生档案，对学生的成绩单、评语、健康体检，总之任何资料都可提出质疑、纠正。

家长会还可以对教材质疑。加州圣荷西（San Jose）市的家长会在1995 年便曾提出将马克·吐温的某部小说从英文阅读书目中清除出去的建议，原因是该书用了大量对非洲裔美国人不太恭敬的字眼。

美国中学实行选课制，每一门课都必须由家长签字。家长会支持家长们拒签他们认为中学生不应该听的课，尤其华裔家长，对性的观念很保守，他们可以拒绝自己的子女上性教育课。学习怎么戴避孕套，是中国传统文化所不能接受的。学校并不因为开了这门课，就得每个学生都上；家长会会出头保护这类家长们的权益，尊重他们的愿望。

子女们知道家长会的各项活动，他们相信父母是关心自己并知道自己的学习能力的，这样就能增强他们关心学校和对老师各种教学活动的信心，就有兴趣和父母交流学校、课堂内外的人和事。如果学生们不喜欢学校的老师和课程，家长们会知道他们不喜欢的理由，并发现学校存在的问题。他们不会浪费对学校管理直接发言的机会。

美国家长会是不断完善的民间机构。

☆☆ 牙齿矫治得整整齐齐

　　在校园里，在课堂上，几乎所有美国中、小学的学生，一张口都会露出一排整齐的牙齿。这些男孩、女孩刚一换恒牙，家长就会带他们去矫正自己的牙齿。美国矫形科十分发达，所有社区都有牙科矫形专科医生。一般小孩子刚一长恒牙，就给他们拍 X 光片，确定牙齿排列的状况，根据诊断结果进行矫治。他们明白、相信，并且愿意遵循这个道理：儿童的牙齿必须经过矫治，否则不会有一排整齐的牙齿。初换恒牙的男孩、女孩，牙具上都有一个钢丝箍。几乎每个这个年龄段的孩子都有机会得到牙齿矫正的治疗，无论其家长穷富，社会地位高低。

　　在美国，无论成人还是孩子，每半年都要去牙科医生那里检查一次。牙科医生会万无漏一地拍一张全口的 X 光片子，在这张片子上找出蛀牙及其他牙科疾病；不论有没有牙病，都要半年洗一次牙，用超声波把牙缝间的积垢除去，然后给牙齿抛光，并且发给牙线，教病人怎样用牙线剔牙，清除食物。有的诊所还会发给病人牙膏、漱口水，当然这些东西的费用都划在诊疗费里。医生对刷牙也有具体的指导。由于家长对牙齿保健十分重视，所以孩子们的牙齿大都洁白、干净、整齐。全口牙齿矫正至少要花

2000 美元，对美国人来说也不是小钱，但是家长对这笔钱是舍得花的；牙齿矫治的过程并不舒服，但孩子们明白这对自己的容貌美观和身体的健康有利，所以也十分配合。

美国儿童在乳牙脱掉前牙疼，一般家长也会像对待恒牙一样带孩子去见牙医。牙医给这么小的孩子治疗乳牙也十分认真，补牙、牙套一应俱全。如果有一颗乳牙掉了，牙医就会把临近的两颗牙用不锈钢套框住，把这空隙留给恒牙长出。当通过 X 光片看出恒牙牙坏已经形成就要长出，而乳牙尚无脱落时，就毫不客气地将乳牙拔掉，有时甚至将五颗乳牙一齐拔掉，目的是为了让恒牙顺利地长出来。

美国牙医对臼齿主张一律拔掉，原因是这最后的两颗牙没什么用，如果不拔掉会把前面的牙齿挤得倾斜，又容易感染细菌。拔牙算手术，牙医十分注意消毒和无营业税操作。

美国青少年的牙齿保健五花八门，不只是勤刷牙、勤漱口，在治疗上也有许多新技术。黄牙可以漂白，有一点缺损可以补得十分天然本色，和真牙一模一样。他们太注重美了。美国许多工作聘任人员也要求五官端正，牙齿整齐，体重标准。

把青少年的牙齿矫治得整整齐齐是美国的生活品质决定的，是文化也是文明。整个社会和医疗事业为青少年牙齿保健投入了大量人力、财力。在美国，牙科毕业须再学两年才够格成为儿童牙科专业医生，并且学完之后还要再考行医执照，合格后才可行医。

儿童牙科的设备、环境也凸显了为儿童服务的用心良苦。在儿童牙科医院里，全是淡粉色的治疗椅；医务人员不像成人医院那样穿白工作服，而是全穿花衣服；候诊室就是娱乐场，各种玩具供小患者娱乐、游戏。电视机里播放着动画片，各种儿童用品的厂家与商家把自己的产品，用很小的单位用量做样品，免费赠送，以达广告之效用，如护肤芳香剂、糖果、饼干，等等。诊所为了树立自己的形象，还有用医生头衔命名的小礼物，是小患者一进来就赠送的，如，牙齿状的铅笔刀。印着诊所地址、电话的塑料小杯，铅笔、圆珠笔也都印有诊所地址、电话。

美国牙科医生不但技术精湛，服务态度也极其和蔼可亲。这些都经过了严格的训练，单和病人打招呼在医学院里就要训练一个星期；至于怎么和病人沟通治疗方案，怎么交代病情，怎么了解医疗保险问题，那份耐心和周到让小患者不但不怕治牙，而且去一次还想去第二次。

☆☆ 孩子们最爱的节日——万圣节

　　每年 10 月 31 日 Halloween（万圣节）是美国孩子们最盼望、最欢乐的节日。在这一天，大人小孩可以随意把自己打扮成自己想要装扮的角色。无论你想装扮成凶悍刁蛮的魔鬼，还是装扮成纯洁可爱的天使，都没有人在意。重要的是这一天每个人都可以尽情地释放自己的想象力，让自己成为一个与现实生活中截然不同的角色。这一天无论你是否参与进去，都会情不自禁地觉得举国上下一片欢腾，这种欢腾的气氛不是人为制造的，而是发自每个人内心的：释放生命的向往，抒发想象的美意，更新生活的激情，一切的一切都是那样自然而然。

　　由于正在写美国中学生报告，今年的万圣节我当然要和中学生们一起度过。

　　通往校园的路上，家家门前都摆着一个大南瓜，南瓜上刻着鼻子、眼睛、嘴巴，里面点着蜡烛。许多商店、办公室也用南瓜色（即橘红色）装点着，有的把南瓜形状的小拉花挂在棚顶上，有的把坐姿的塑像摆在门前，也有的把尸骨悬挂在门口正中。无论是平日里文质彬彬的医生，还是为人师表的老师，今天都化妆成童话世界里的人物；走在街上、地铁里，

谁都不会觉得奇怪，也不会惊讶，因为这一天大家都生活在童话世界里。

这所中学的校长头顶上斜系着绿色彩带，衣服和裤子是胡萝卜色，她的脸也涂着胡萝卜色，她把自己打扮成了一根胡萝卜；然而她仍像平日一样严谨地主持着日常工作，一丝不苟，井然有序。有一位男教师进来，穿着婚礼上用的白纱裙，戴着花冠，胸前挂着两个夸大数十倍的塑胶乳房，扭动着腰身，故作婀娜多姿状。校长抬起头来不无诙谐地对他说，可惜你今天还是必须去男厕所。有一位年纪很大的女教师，平日里非常注重体态，走路十分轻盈，从背后看像是少女般的，连同她说话的声音。今天她装扮成白雪公主，一身的白连衣裙，挎着一篮子糖果，每个学生过来，她就发糖果。还有一位刚刚失去亲人的男教师，用红色涂满脸腔，装成伤员，东倒西晃地走路。从每个人的装扮看，选择什么角色和他在生活中的心情有关。这一天，他们离心情更近。

学生们这一天嘴里不停地念着歌谣：

Trick or Treat（诡计或款待），

Smell my feet（闻闻我的脚），

Give me something good to eat（有好吃的只管拿来），

If you don't（如果你拒绝），

I don't care（我也不在乎），

I'll pull down your underwear（那我就扒下你的内裤）。

　　夜幕降临，这是万圣节的高潮，人们通宵达旦地欢呼、欢腾、欢笑着。孩子们扮演着形形色色的明星人物、动物野兽、魔鬼、巫婆，提着纸口袋沿街敲门。按照美国人的习惯，每户人家都要准备好各种糖果迎候孩子们来敲门，很像中国的拜年。但中国拜年进门须说祝福的话，而这些美国孩子，你打开门，他们的第一句话就是 Trick or Treat，意思是说你是想好好招待我，还是让我给你一个恶作剧？所有打开门的人，无一例外地都表示愿意好好招待。

　　有一条街被用来集中搞庆祝活动。住在这里的人都是中产阶级，没有钱的人是无力支付这种庆祝花费的。有一户人家门口架着篝火，那篝火是电火苗，然而十分逼真，许多假肢，假的人体器官——耳朵、手掌、脚、胳膊，被架在篝火上焚烧，看着让人觉得阴森、毛骨悚然，明明知道是假的，却不敢多看一眼。孩子们敲开了一家的大门，门一开，一位彪形大汉，头戴一个胶皮面具，面具上满是血，还有刀伤，那把刀还嵌在头骨缝里。美国人太追求刺激了。孩子们来到另一户人家里，一叫开门，屋里鬼哭狼嚎，各种撕心裂肺的声音，接着从天棚掉下来一个骷髅，一把抓住来者，又是一阵惊叫。那些机械人定时升降，抓住来者又放手。也有的家庭很温和，扮演小丑，衣服穿得花里胡哨，头发有红有绿，大鼻头有馒头那么大，穿一双小船一样的鞋，走、跑都不能抬脚步，只好向前滑着走。

　　校报的记者跑前跑后，抓拍镜头。

☆☆ 尊重学生的隐私

　　美国人常挂嘴边的几句话中包括 none of your business （"没你的事"或"此事和你无关"，意思是拒绝回答你）和 this is my business （这是我的事，同样也是拒绝你涉足当事人的隐私）。如果有人对你说 this is my privacy，就是指绝对的个人主权空间，比如卧室、盥洗间，都是隐私重地，还有电话。去美国人家里做客，成年人绝对不会轻易去主人卧房，这点深浅分寸，不注重隐私权的中国人也能做到；然而美国中学生，那些顽皮的、活蹦乱跳的少年，他们去同学家玩，也绝对不会去主人家卧房的。当他们要用厕所时，会问一声，May I use your bathroom？（我可以用一下你的卫生间吗?）电话铃响了，即使主人不在家也没有人接听。美国人把电话看成很重要的隐私，外人是绝不可以接听的。我采访时有时听到电话铃响，主人又不在家，很想帮主人听一下，那几个中学生马上阻止我：It is not your business. （这不是你的电话，没你的事。）在别人家更不可以随便用电话，如果实在有十万火急的事，一定要征得主人同意。

　　这种尊重隐私的生活习惯，在美国人是从小就被培养起来的。社会主流文化彰显个体生命、人权、独立人格、个人主义的社会价值，所以他们

从小就学会了在未被尊重、不被看重时发出反抗的呼声。我在策划、操作采访的过程中，曾接到中国新移民家长打来的电话，向我披露、抱怨、哭诉他们的孩子太难管了。这是不同背景下家长角色的最大冲突。中国家长认为听话就是好孩子，他们觉得父母在孩子心中应占有最重要的位置；而美国家长认为他们为人父母是孩子生命活动中的一部分，尽管也重要，但仅是一部分而已。他们对孩子只做他们能做、应该做的那部分，所以对孩子有一种随他怎样就怎样的感觉。孩子12岁要去非洲做交换学生一年，他们说 good（好），于是小孩自己就去非洲。我问这位家长，你不怕他被杀、被害了？他的父亲耸耸肩。是不是美国人头脑太简单了，怎么都活得那么轻松？相比之下，中国家长哪个不是扒心扒肺为儿女"孝尽"？我的一位好朋友，为他女儿能来美国，所有的申请书都是自己亲笔填写，就连女儿考托福报名登记，都是他亲自操办；他女儿学英语，他不但买好磁带，而且给她转录好放在桌上。其实不是他女儿非常想来美国，是他非常希望有个在美国读书的女儿。这完全是两码事。按美国人的思维，把这两件事混为一谈是不可能的，因为他女儿内心没有动力。一个美国孩子问爸爸，我上大学学什么专业？家长回答，你的酷爱就是你的专业，有了酷爱就会一心扑在这个专业上；而中国家长常会主动帮孩子设计，或谈些更实惠的眼前利益，用利益驱动内心。

美国中学生在选择志愿时，家长是不可以做主的。有一位要好的中国朋友，原来在国内大学当老师，他的一儿一女都非常聪明，学习又用功。儿子考上斯坦福大学，毕业年薪81万美元；女儿刚上医学院时，他喜形于色；可她念了两年想改学昆虫专业，他就很生气。因为在美国当医生，社会地位高赚钱多，眼看到手的功名要泡汤，他当然要对女儿发怒。女儿哭着去上学，老师问怎么回事，女儿说了实话；老师立刻找到学校保护学生权益的专职人员填了表送往有关机构。没几天，我的朋友就接到了法院的传票，女儿被监护。这事后来相当麻烦，费了很大周折，由当地华人服务社出头才了结。

所以美国家长对孩子说话从来不吆喝。这种文明不仅来自教养，也有来自法律的约束和监督。

有一位自称在中国学教育心理学的硕士带着她中学生女儿去看牙，因为看牙不能一次完成，所以前台注册小姐需要向她预约下次来看牙的时间。这位为人母的教育心理学硕士当时没有问她女儿什么时间方便，就说某天某时；前台小姐非常吃惊，说你为什么不问问你的孩子？中国家长对这种事大多没有意识，把孩子当成私有财产，用不着问就能决定。这个家长走后，美国牙医和护士对她的教育背景非常怀疑：她是教育心理学硕士？My god！（我的上帝呀！）

有一位中国留学生夫妇离婚了，他们都很爱自己的女儿。父亲有一天看见超市上大螃蟹减价，他知道这是女儿最喜欢吃的，就买了两个送到女儿和她母亲的住处。由于是路过她们的家，他也没有事先打电话。女儿一开门，十分吃惊地说，你为什么不事先打个电话来？她已成了地地道道的美国孩子：不管你是谁，要来就要事先约会。

世界离婚率最高的群体就是中国留学生。离了婚的留学生夫妇最大的感慨就是他们的孩子都美国化了。有一位王先生，女儿过生日时准备接她出来吃饭，7次打电话请求见面，而每次女儿都说，谢谢爸爸，我很忙，有时间我再打过去。这类对话是许多家长都经历过的："对不起，妈咪，我正在看电视，11点我再打给你好吗？""对不起，妈咪，我刚回来，很累，明天再打给你！""对不起，妈咪，我正在整理房间，下午再打给你。"

把个人权益看得高于他人，这是美国人的精神脊梁。中国孩子到这里来了以后也变成了这样。

在学校里老师尊重学生隐私，学生的分数绝对不可以当众发表，更不能张榜示众，每次考试后老师发回试卷，都是正面冲下，送到本人手中，学校也从来不排名次。教师在期末总有附加分给学生，比如物理课，你多做一个实验就能多加20分；假如再写一篇实验报告，就再加20分，这样，学期结束时差不多所有的同学都会对自己的总分感到满意。

☆☆ 沃尔道夫学校的家长手册

在美国，任何机构，都会有一本小册子，全面介绍该机构的性质、服务项目、各部门负责人的电话、被服务人的资格及收费标准等。这些明了清晰的信息，是服务机构与服务对象互动的准则与规矩，双方互为督导，互相识别。

学校的家长手册，就是校方在学生家长为学生申请入学时呈送的第一份"必读物"。每所学校设计的家长手册大都不同，文字的幽默、优美体现着编写者的水平和智慧，也是校方与家长的行为依据。

这里摘要译出沃尔道夫（Waldorf）学校 2001 年度的家长手册。

● 年度要事及活动安排

9 月 1 日　开学

9 月 6 日　劳动节，学校放假

10 月 2 日　Michaelmas 节

10 月 8 日、11 日　秋假

11 月 3 日　家长会

11 月 5 日　家长会

11 月 13 日 家长摆街会（注：指学生家长把烹饪的食品、自制的工艺品拿来校园卖，然后把赚来的钱捐给学校）

12 月 12 日 冬季音乐会

12 月 17 日 本学期最后一天

12 月 20 日～30 日 圣诞节假日

1 月 3 日 新学期开学

1 月 17 日 MLK Jr. 节，停课

2 月 21～25 日 教师会议，停课

2 月 28 日 学生返校上课

3 月 25 日 春季大扫除

4 月 14 日 本学期最后一天

4 月 17 日～28 日 Easter Holiday，停课

5 月 1 日 复课

5 月 6 日 摆街会

5 月 12 日 春季音乐会

5 月 29 日 Memorial Day，停课

6 月 9 日 本学期最后一天

6 月 11 日　八年级学生毕业典礼

● 校园指南

（在这节里把学校所有部门工作人员和负责人的联络电话、电传、网址，依次排列如下：）

学校办公室 电话（略）

课后辅导处 电话（略）

学校秘书 姓名（略）电话（略）

招生处协调员 姓名（略）电话（略）

招生处助理员 姓名（略）电话（略）

财务处协调员 姓名（略）电话（略）

高中处协调员 姓名（略）电话（略）

发展处协调员 姓名（略）电话（略）

发展处顾问 姓名（略）电话（略）

（注：发展处相当于公关处、对外交流处，美国学校募捐是学校财源的重要部分，该处负责把有声望的企业家引来学校讲演，并向他们介绍该校的建校思想，感动商家支援建校。美国家长经常有听课要求，发展处也负责帮助安排听课。）

● 教职员名单（略）

校长　　姓名（略）　　电话（略）

校务长　姓名（略）　　电话（略）

一班　　姓名（略）　　电话（略）

二班　　姓名（略）　　电话（略）

（注：美国班级全有电话，教室里的电话供老师与急救、保安人员联络。）

● 董事会名单（略）

义工名单负责募捐义工名单（略）

负责学校摆街会义工名单（略）

学校图书馆义工名单（略）

校车接送学生义工名单（略）

● 学校日程表

7：30am，学校开门，如果家长自己开车送学生来学校，可在学校主楼西门等候。

8：15am，学校校车到校，低年级学生下车后可以从主楼东门进入自己的教室，高年级同学在楼外排队，等候老师引领进教室。从8：15分起到8：25分，校园内有值班老师监护学生。

（注：美国法律规定，学生从进入校园起，每时每刻都须有成人监护，无论他们是在游戏还是吃饭。教室里没有老师，学生自己不可以待在那里。）

8：25am，上课铃。

10：30am，晨点和休息。

12：35am，午饭和休息。

15：10pm，放学。

15：25pm，校车送学生回家。

☆☆ 欢度圣诞节的中学生

　　过完感恩节，美国上下就进入欢度圣诞节的气氛里。这是西方一个最热闹、最有吸引力的节日。市区几乎所有的街道都会看到被彩灯装饰的松树。有钱人集中居住的高尚区，家家户户门前都挂满了节日饰物：有的用大红颜色的绒布彩带叠成蝴蝶结；有的用松枝做成花环；有的人家还用红色彩带把楼梯围起来。圣诞树的设计各式各样，有的用金色做主调，所有的挂件、小球、礼品盒等，全用金色，十分辉煌耀眼，富丽堂皇得让人不可靠近，必须仰视它的傲然挺立；有的用银色做主调，所有挂件都是银色，银色的飘带缠绕着树干、树枝和树叶，银色的小铃铛儿倒挂着，风一吹就会丁当、丁当，清脆悦耳地响个不停；也有的人家喜欢用红绿两种交叉的颜色。圣诞树下摆着亲人、朋友寄来的礼物。这些礼物无一例外是大盒子塞满各种软软的、彩色的纸条，里面装着一个小物件：一双袜子，一支蜡烛、一块香皂，甚至一个苹果，一个橘子等，实在称得上是礼轻义重。

　　没有收入的美国中学生，在这个节日里表现得热情又矜持。老师和家长会一再提醒他们，在欢度节日的时候，首先应该想到那些穷人家的孩子，

那些无家可归的孩子。无论是课堂里还是周末在家里，都会看到他们在为那些穷人做些什么。

在街头，在最热闹的商店，会看到一队队、一群群自觉自愿的中学生站成一排，唱赞美诗，呼唤关怀爱心。他们的旁边会放一个个亮晶晶的金色小筒向过往的人募捐，这些钱将被送往穷人庇护所。

有的学校会组织学生戴着红色圣诞帽在商店门口摇铃，这是基督教传统的圣诞活动，许多退休老人也干这活儿。他们以铃声做信号，提醒购物的人们千万别忘了穷人，帮助穷人是富人的责任。

在一个美国朋友的家里，我参加了一次 12 个家长的聚会，每个人都带着自己的孩子，每个孩子都带着一些八九成新的玩具，聚会的目的之一就是，让孩子们把这些玩具用美丽的彩色礼品纸包起来，再扎上彩带，送给家庭暴力庇护所的孩子。这类活动是由家长委员会召集、组织的。美国家长参与学校的活动，他们和老师相当齐心、合作。几乎学校的每一项活动，无论是运动会、文艺表演，还是整理校园的义务劳动，都有家长参加做义工，甚至学校每天供应午餐，也有家长轮流义务发放。这并不是学校对家长的调动，而是美国人公民意识的体现，而这种意识的培养从小就开始了。

这次聚会的召集人克里斯蒂是一位女作家。她家是富人。她丈夫经营一家电脑公司，分布在法国、德国、日本、印度；她却在圣诞节教育自己的孩子自己动手做礼物送给祖父、祖母和其他小朋友。他们全家在一起绘制贺年卡。在一张彩纸上，她画了一双眼睛，她丈夫画了一颗红心，她的大女儿画了一个盒子，小女儿画了一扇窗户，她的侄女画了一扇门。这张贺卡寄托着他们各自心中的故事和祝愿。收到贺卡的人会费一番心思去猜、去想，试图搞懂他们全家的祝福，也是一件蛮有情趣的事。她领着小女儿把后花园的柠檬摘下来，裹上一层带浓香的调料，再用红绿相间的彩带拦腰扎成十字形。这份礼物将由孩子们送给喜欢烹调的外祖母。她又领着孩子用各种彩纸拼成图案，用火柴盒做成各种工艺品，寄给远在德国的祖父、祖母。

☆☆ 阿丽娜的卧室

　　阿丽娜出身中产阶级家庭，家中住房四室二厅。阿丽娜的卧室有 10 平方米左右，两个书架，一张矮床离地不到半尺，一个小书桌和中国学校里的书桌差不多宽窄，墙上有壁柜。

　　一进屋，就有一种眼花缭乱的感觉。墙上、棚顶，挂着、贴着、镶着各种艺术品。乍一看不知道是什么风格，也不知道是什么民族文化；但仔细端详，原来都是些"垃圾艺术"。美国学校里的艺术制作课，老师就引导学生利用废物做工艺品，从幼儿园开始直到高中毕业，甚至许多大型现代艺术展览也是这类玩意儿。

　　对着门口摆着一台织布机，是她们上课时自己设计、制造的。织布机上不定期地有织物的半成品，篮子里的毛线有红的、黑的、粉的、绿的。阿丽娜的妈妈向我炫耀，她卧室里的壁挂是阿丽娜织的，门口的脚垫也是她织的，颜色是按赤橙黄绿青蓝紫搭配的，像一道道绚丽的彩虹。活儿干得有点粗糙，但构想与设计仍足以让我折服。一个初中二年级的女孩，自己造织布机，自己设计图案，自己动手织布，比起国内我那宝贝外甥，上高三了，母亲公出不在家，牙膏上的铅封自己怎么也弄不开，竟然一周没

刷牙，不知强出多少。阿丽娜还有一个很吸引我的小制作：8 根小棍用线连着，从天棚上垂下来，角度个个不同，然而彼此却能达成平衡，不倾斜向任何一个方向。必须懂得、掌握某种力学原理，才能做成这个工艺品，所用的小棍则是他们平日吃冰淇淋用的小筷子。美国老师上物理课就是做试验，考试也侧重操作，通过亲手做才能真正弄懂那些原理。

从棚顶垂下来的还有用可口可乐的罐头皮做的飞机模型。墙上挂的泥塑、彩陶，全是她上艺术课的作业，现在当成作品摆在家里。

桌上的小台灯，用木条订成灯罩框架，四周贴着纸，纸上贴着花和蝴蝶。这也是她的作品。电气部分也是她自己安装的。这个手工台灯实在比商店里买来的好看，我当场就拿出相机拍了下来，对自己说回去一定也做一个类似的。

阿丽娜连床也是自己做的，这太让我惊奇了；这张床是日本式的，可以折成三叠，不当床时立起来可以当沙发。她的学校有木工车间，电刨、电锯全有。这是一个学期的作业，老师给了 A。床上铺着皮褥子，枕头旁、被窝里摆着一大堆布制小动物。美国小孩从生下来起就自己一个房间，妈妈常常给他们买布玩具陪着睡觉，长这么大了，还离不开那些玩具。

她的书架上有 108 本书。我认真数了，因为我不是单纯来做客，而是来做研究的。是她妈妈建议我数的，她知道我在写美国中学生报告，她还帮我数并不时给我以提示。108本书里80％是自然科学书，几乎全是生物学方面的。美国的少儿出版物不但印刷精美，资料也全。比如蜻蜓，一写就是一本，从繁殖、生长、发育到习性、特点，中国大学本科教材也不一定讲那么多。其他如青蛙、蝴蝶、海豚、猫啊、狗啊什么的，也都类似专科大全。其他20％多半是童话。和美国大多数中小学生一样，阿丽娜也喜欢读内容浅显的童话。童话绝对不是一种简单的少儿读物，尽管它使用的全是少儿语言。一目了然，一下就知道结果。

还有几本科学幻想故事，但没什么文学名著，更没有说教的政治书籍和课后辅导教材。

值得一提的是，她的书中有一半左右是德文书。德文是她的外语。她的妹妹8岁，书架上也有一半是德文书。她们从小就开始学另一种语言，学校和家长一贯这么主张。

阿丽娜学过长笛、中笛、短笛、小提琴，她和妹妹共用的钢琴放在客厅里。她墙上挂着的照片大多是经过剪接处理的，画面上很少有人，多是某一场景。这么大了她还玩积木，满地积木。那些积木很复杂，大人也要摆好长时间。

她的衣橱里所有的衣服都是宽松的线衣线裤，没有一件高档的上衣，更没有中国女孩喜欢穿的连衣裙。美国女孩好像不穿连衣裙。她们参加party时只穿一个式样的露肩膀的裙子：上下一样粗，没有腰身，长得拖地，质料多数有点闪光，但绝不贵。阿丽娜也有一两件这样的裙子。

然而她却有很多首饰：戒指、耳环、手链等等，当然没有一件是真值钱的，但风格各异；还有许多小珠子、小贝壳之类，一串串地装了一兜；还有好多化妆品，口红啦、眼影啦，大人有的她差不多都有。她高兴时常在眼睛两边各贴一颗小星星，但那是在家，而不是上学。她就读的学校是私立学校，只有200个学生，相当保守。美国大多传统、保守的人，对自己的子女要求相当严，尤其是基督徒家庭。那些新潮、前卫、露这、露那的，对正派、正直的美国家长来说，是很难被接受的。

☆☆ 他们的礼物使我吃惊

　　这是采访迈拜克学校（Maybeck School）的最后一天。负责接待的安娜送给我一套校服，是代表校方送我的礼物；学生们也跑来，递上一份又一份礼物。这些礼物的共同特点是全都是他们自己亲自动手做的。小木盒是他们木工课的作业，上面绘制着各种奇特的图案；陶制品则是他们陶器课的作业；但给我印象最深的还是一个男孩送的一盒石头。纸盒是他自己糊的，上边粘着各种形状的小动物，栩栩如生；那盒石头没有一个重样，每块石头都标着名字，我真的不知道这些不起眼的石头都有各自的名字。这些石头是他去不同的地方旅游收集来的，有的来自美国太平洋岸边，有的来自印度的高山，有的来自加拿大边界，每一块石头在他记忆里都是一个小故事。纸盒里有 12 本小影集，都与这些小石头有关。这些影集是他用许多录像带剪接成的，收集资料肯定花了他许多心思，创意也十分新颖。一个 14 岁男孩能出此构思真是难为了他。活这么大半辈子还从来没有人送给我一盒石头当礼物，我是这样欢心，并且智慧上也受到启发。

　　另一个男孩送给我一本小画册，像手掌那么大。这是他为父母亲结婚20 年纪念日创作的作品。他告诉我，那是一个隆重的日子，为了准备这个

日子，他们全家提前半年练爬山，每周日都爬一次，半年练下来就可以一举登上高高的峰顶了，而纪念仪式当日就在峰顶上举行。在这半年的时间里，他一直在默默地编辑一本关于马的小画册，所有的有关马的资料他都尽量收集，还带着相机去抓拍马的各种动态。交付出版商自费出版也是他自己联络的，为此花去了2000美元。这2000美元全是他暑假里在麦当劳打工赚的钱。父母结婚纪念日那一天，他们全家邀请了20多位亲朋好友一起爬山，当爬到山顶，大家准备席地而坐的时候，他捧出这本精美的小画册，每人送上一本。所有的来宾都惊喜地喊着、叫着，恭喜这对婚姻美满的夫妻养育了这么一个有才华有志气的儿子。我捧着这本小画册，感慨万分，一时不知该说什么好，因为在我心底有太多难以言表的赞誉之词争着抢着往外跑，结果全卡在了那里……

64开的小书，共159页，收集了各种马的解剖图谱、生长期照片及生活照共450幅，每册定价59.5美元。

一个中学生能编出这么一本书，其智慧和勤奋当然令人感佩，但美国图书馆也功不可没：有那么多资料供他选择，而且他一定参照了这类书的编写，有这类体例供他模仿。这本小画册简直就是一本工具书。当我惊奇地赞叹他怎么能收集这么多资料时，一位美国老师对我说，马比较接近我们的生活，这些资料并不太稀奇，有的学生编恐龙画册那才叫新鲜呢！

书的扉页是一匹大白马，灰色的马鞍带着银色的扣子，一条后腿着地，两条前腿半蜷着，振蹄欲飞的样子。从目录上看这本小书分若干章节，而且每一章节分得十分细。首先是马的起源、马的历史、几种主要的马在地球上的分布。这一页有几种马的照片，右上角有一张世界地图，标明了它们的产地。这张小地图一定是在计算机上绘制的。下一页是马的解剖图和马的骨骼，这是一项十分细心的工作：光马的毛皮就有15幅图，有不同的纹理和颜色，还有马的脸和鼻子、蹄子。我真没观察过马有那么多脸谱，更不知道马的脸谱和蹄子有着关联。马的运动一章描述小马驹生下来几个小时就可以随马妈妈走动。一匹大马和小马在本页正中奔驰，右上角马在跳跃，左下角一匹马在草地上散步。马的饮食这一章告诉读者，通常马是不吃肉的，每天要吃的食物是体重的2%，一般是28磅左右；而且马的饮食还要注重维他命的均衡，要给胡萝卜、苹果、硬果，这样马才健康。苹果、胡萝卜要切成小块以便于咀嚼和吞咽。马的行为一章说马的耳朵如果往前倾是表示马在集中注意力，不集中时则一个耳朵朝前一个耳朵朝后；马在草地上打滚是锻炼身体，清洗皮毛里的脏东西，舒展肌肉；当一匹马用鼻子闻另一匹马时，是一种沟通和交流，像我们人类握手、拥抱和亲吻，摆动尾巴时也是。母马和公马交媾前会有一段十分细腻的沟通：母马走近公马，公马把舌头缩回去，深吸一口气，然后贴近母马去闻它的味，等母马找到感觉，准备好了才交媾。看到这里，我实在不好意思去问：这一段，是你自己观察的还是在哪本资料里找到的？美国中学生的性知识教育是开放的，他们谈性就像谈吃饭、喝水一样，家长也不遮掩。马的生长繁殖一章写道，通常马可以活到25岁，3～4岁就可能怀孕。小马大约需要11个月在母腹里孕育，出生时长约43英寸（109厘米），体重107磅（49公斤）。小马驹出生1个半小时就能站起来，2周后就能上路，5周后就能笔直站立，8周后就可以断母奶而吃草，5个月后就变成成熟的大马。这一章有6幅马每个生长期的照片，而后是每一种马的照片以及特性。生活习惯的介绍。这里有太多我从前不知道的知识，由此我受到启发：我们是不是也可以编一本，或者是一套这样的丛书，放在口袋里。这是多好的创意啊，而编者可以就是中学生。美国中学生能编，中国中学生肯定也能，关键是要有人指导、支持。

他们送给我的礼物中还有一副自己做的扑克，背面全是制作者的摄影作品，那是青蛙系列。制作这副扑克的同学问我，能不能在中国帮她销售这副扑克，我答应可以找人问问。真不知道会有这么多种不同的青蛙，她在哪拍到的？美国中学生对生物有太多的兴趣和好奇，是不是与他们居住的空间太宽阔有关？

☆☆ 这是什么玩具，吓死我

三个女中学生围坐在一起玩游戏，一个人体模型横卧在桌子上。这个人体模型和真人差不多大小，塑胶做的面部、四肢很逼真很形象，腹部和胸部里的所有脏器都可以拆卸下来。这些都没什么，我们可以说这不过是青少年学习生理解剖的一个很生动的教具而已。

可是设计者的想法远不止于此。游戏开始时每个参加者各持一盒假钞票，每张模拟 100 美元价值。3 个文质彬彬的小姑娘，各捏一盒假钞票，灯一亮，就开始给"病人"手术：切下一块肝，锯掉一块骨头，等等。如果切得不对，或者拿掉的骨头有误时，红灯就亮，就等于犯规，必须停止，下一个接着来。那个眉目清秀的小姑娘动作轻，拿掉了"病人"两块颅盖骨，而没有牵动周围的部分，一下就赢了 2 万美元。据说这笔钱数和真实手术的数目很相似。她惊呼起来：做一例手术能赚这么多钱！在旁边陪着她玩游戏的父母就抚摸着她的肩膀说：你看多好。好好努力，将来长大当医生。美国孩子最向往的职业就是医生、律师，因为那意味着一种赚钱很多又受人尊敬的高尚生活。在美国，手术是治疗手段中采用最多的方法，占 40%。美国人接受手术比接受静脉输液更痛快、更容易。他们这方面的技术实在是太先进太精确了。许多老年人关节僵硬了就去换一副不锈钢关节，然后他们就和青年人一样健步如飞。有一位老妇人是我读书时的房东，她嫌乳房太大，就去做手术修整，先把乳头部分切下来放在一边，待将多余的部分切除后再安回去，看上去也只有一道小划痕而已。至于美容手术更是美妙精致，几乎所有有身份、有钱的女性都接受过美容手术，精湛的手术也确实在一定程度上留住了她们的青春美貌。美国中学生的人生理想往往与收入和社会地位有关，父母也这样引导他们；但真正医学院毕业的学生实在为数不多，因为医学院的学费贵不说，收的学生也很少，淘汰率太高，学习任务繁重，混是混不下来的，所以很难。毕业后执照还要不断更新，还会淘汰一些人。

还有一种小孩做的游戏：一个瓶子里装满了眼珠，用液体泡着，游戏者拿出来一层一层地剥：角膜、巩膜、虹膜，看着让人非常不舒服。人体器官是生命的一部分，应该和整体生命联系在一起，这是对生命尊严的敬重。我看着孩子们这样玩，心里发紧，对玩具设计者的创意实在不敢苟同。我对他们的家长说，这太残忍了，一点也不美；回答往往是 I think so.（我也这样认为。）美国青少年的暴力文化与他们的玩具关系密切，不光是解剖玩具，电脑玩具也是如此：一打开电脑就是星球大战，地球人和太空人相互射击残杀。

有些生活用品也用人体的一部分。比如墙上的挂钩就用一只手的五个手指。那只手活灵活现，看着非常不舒服。有的饭店的凳子就做成没有上身的腿加一个凳面，很多家庭也用这类凳子。

在狂欢的万圣节，更是拿生命器官开玩笑。有的在家门口摆着一盆火，人体模型架在上面烧；有的把血淋淋的假头颅倒挂在门口；至于将残肢断臂扔在门口的更是比比皆是。虽然明知是假的，还是吓得我晚上睡觉时必须用被单蒙上头。

我敢说美国的暴力文化和这种不尊重生命器官的集体无意识有很大关系。拿生命器官做游戏实在是对生命的不敬不重。学习生理解剖是为了了解我们自己，如果因此而导致自我亵渎，那可真是又蠢又笨又粗野事与愿违。

事实上，不只是我这样看，相当多的美国家长、老师对此都持否定态度，可美国是自由社会，追求新、奇、刺激成风，买卖中不靠花样翻新招揽顾客，就连玩具商也难以生存。这也是实情。

☆ ☆ 参观少年管教所

这所少年管教所坐落在硅谷，硅谷是美国人均收入最高的地区。美国税收一部分归国家，一部分由地区自理，所以纳税多的地区各种福利也会比其他地区好许多。硅谷少年管教所得到的拨款人均每月近 4000 美元，相当于人民币 30000 多元；这笔钱用于支付住宿、伙食、教育、医疗费，医疗费又包括心理医疗、犯罪心理治疗、案例特症医疗，还有请专家讲课。

少年管教所不挂牌子，也不公开机构的性质，内部管自己叫 Advent School，对外人来说他们就是一所学校；在教育局的名册上，它被划在 Alternative School 项下，alternative 的字面义是两者选一，意即在这所学校里你应该选择是好好做人还是继续学坏。

获准采访这类学校非常难，因为美国文化、法律非常注重保护隐私权；这类学校为了保护不良青少年的隐私，通常是不愿意接受采访的。是加州佛教慈济基金会的 Amy Chen 帮了我，她的师兄师姐在这里做义工，教学生电脑、太极拳。通过他们我有幸认识了在这所学校任教的美籍墨西哥裔教师 Grace Hermandez 女士，她给我开了绿灯。

在 Morgan Hill 山脚下，幽静的小村里，两座小房子紧紧相连，旁边有一个小花园，还有一个游泳池，湛蓝的池底，水又干净又透明。小花园里有几对长桌长凳子，平展、整齐的草坪和所有美国庭院没有什么区别，房后还有一艘游艇。这样的庭院绝对不惹人多看一眼，多问一句。

这就是教育工作者的创意。他们希望少年管教所的孩子生活得像在家一样。这些孩子之所以小小年纪就有犯罪记录，根源就是缺少家庭的温暖，缺少母爱、父爱，缺少正常孩子应该有的家庭生活气氛和严格的家庭教育。缺啥补啥，在少年管教所里首先补的就是爱和温暖。这两座小房子，一座是教室，一座是宿舍；我一说宿舍，Grace 女士就纠正，说那不是宿舍，是卧室。宿舍指很多人集体居住的地方，而这里是 home（家）。他们很在意这个字眼的准确性。

这座少年管教所关押 14～18 岁的未成年罪犯（我用"少年管教所"这个词是为了中国读者理解上的方便，美国人自己叫 Advent School，下文再提到这所学校还是叫它 Advent School 吧。）其中包括 17 个女孩，年龄在 17～18 岁之间，刑期一年。这些女孩全是吸毒、贩毒者。她们的父母大多也吸毒、贩毒，有的根本没父母，或父母被关在监狱里。入所前她们大多住在监护人家里，或者和外祖母、祖母住在一起。

一走进教室，Grace 全身都泛着微笑迎接我。她身上没有一点我预期中那种长期和犯罪分子打交道所培养起来的铁面无私的庄严，她真的很有母爱，很慈祥，甚至还有一点偏袒这些孩子的感觉。17 个女孩都很整齐，穿的衣服也不是囚服，各式各样和普通中学生没有半点分别，有的染指甲，有的戴耳环。除了两个黑孩子，其他 15 个全是白孩子。我跟听的这节课是讲如何找工作，由他们请来的一位职业中心的老师主讲，因为她们刑期已满。这位老师讲课很随便，提问题不用举手，随问随答。第一排有一个孩子在画小人，用红笔涂颜色，画完了传给后边，后边的人看了接着往下传。我坐在最后排，看看 Grace，她视而不见。另一位助理教师也是一副毫不在意的表情。我身旁的女孩一条腿就搭在桌面上，整个大黑鞋底朝向讲台，可谁都像是没看见，倒是我心里痒痒地不安：这是少年管教所，这孩子怎么可以这样呢？同时她的这个姿势非常影响我集中精力观察和思考，因为我心里不住地在嘀咕，为什么不管她呢？问题是，其他孩子也是这样东倒西歪地坐着，有人不住地抠指缝里的泥，有人下地来回走。

我环顾教室。这个教室里有 10 台崭新的电脑，1 台复印机，2 台电话，5 个书架，书架上摆着教科书；两张大办公桌，一张是任课老师用的，一个是助理教师用的（美国无论什么学校，老师都在教室办公），前面是绿板而不是黑板，绿板上写着：We are all one family under the same sky.（天下一家。）让我惊喜的是门上贴着四个中文大字"恭贺新年"，我猜这一定是慈济基金会的老师送给他们的新年祝福。门中间挂着一面红旗，下面飘着彩带，每条彩带上系着小红花，写着 love others（爱他人），后面墙上写着 you are your own best all（你是你自己最好的财产）。32 英寸大彩电也是在教室后面，还有一个立式矿泉水饮水机，旁边放着一堆一次性纸杯。无论是从教室的环境，还是师生之间的关系看，真的没有一点管教所的味道。这里开设的课程和普通中学没什么两样，不过没有艺术课；除了英语课老师站在讲台上，其他教学全是一对一，因为 17 个学生程度不同。获得的学分转到其他学校也全都有效。从早晨 8 点上课到下午1 点学生全待在教室里，下午一点后安排其他活动，晚上睡觉有 4 个看守人，全都是女的。

教室旁边的小房子只住 6 个女生，原因是这类少年管教所规定，一个卧室只允许住两个女生，而这里只有 3 个卧室。其他女孩住在另一座房子里。

Grace 拿着钥匙打开卧房门，我吃惊地看见地毯上沙发上东倒西歪坐着一群孩子。两个女孩干脆躺着，腿高高地跷在大软垫子上，一位男士正站在中间给她们训话。我实在忍不住了，问 Grace，她们这个样子哪像个犯人？你们为什么不让她们坐起来，Grace 笑着，学做一种姿势给我，目光直视前方，两只手放在大腿面上，说应该是这样吗？"当然是这样。"我毫不客气地回答；她又笑眯眯地说，我们希望她们觉得自己像是在家里一样。

厨房里摆着新鲜水果、蔬菜、牛奶、鸡蛋，孩子们轮流值班，自己做饭，自己洗衣服。这里有洗衣机。每个月发给她们7元零用钱，做饭、打扫卫生会另外得到工资，算打工。这座房子里有两部电话，允许她们每月与家里通一次电话，周末父母亲可以在规定的时间探视。游艺室有保龄球、台球，可以随便玩，但必须在规定的时间；后院还有篮球场，那是体育课用的。

参观完她们的卧室，我确信这真是她们的家。Grace就愿听这句话，因为这是他们的宗旨和目标。我不是假装讨好她，这里真的和千千万万美国女孩子的卧室一样：花被子、花床单，床上放着小熊猫、小狗、小猪之类的布制小动物，墙上挂着一个个精美的镜框，镜框里放着她们的家人、朋友，还有她们自己童年时的照片；衣橱里是各式各样的衣服，桌上有录音机和一大堆磁带，包括各国流行音乐。除了不能随便出入，不能像正常人那样享受行动自由以外，可以说她们生活得很优越、安适。这里的管教人员对她们也没有任何歧视。我问Grace，她们会不会给工作人员添麻烦？"当然会！"Grace的回答十分肯定。关在这里的孩子全是吸毒者，而戒毒很难；毒瘾犯了，她们就又踢又闹，又哭又叫，这时只有像妈妈一样把她们抱在怀里，哄她们，开导她们，并且用药物帮助她们。我又追问如果实在过分可不可以打她们，给她们戴手铐？"不可以。这里不是监狱！我负责教学，上午和她们在一起，下午另有一位项目负责人。"Grace答应寄给我关于美国对犯罪青少年教育的资料，这是我十分感兴趣的；然而回来的路上我想，每人每月拨款4 000美元实在是太奢侈了，要是在中国，这可以供养多少贫困儿童上学啊！中国的孩子全是好孩子，既然天下一家，为什么不那么干呢？

☆☆ 丰富的早餐

　　美国的家庭主妇是非常会爱孩子的，且大多经过严格的家庭教育训练。美国离婚率很高，但凡能够经营下去的婚姻大多非常美满。作为家庭主妇，为孩子们准备一天的食品肯定是一件快乐而惬意的工作。想到这一层，我的采访提纲上又多出了一项新内容。

　　美国几乎每一位身为人母的女人都精通营养配餐，张口就能说出某种食品的营养成分：多少热量，多少维他命B，多少钙，等等。她们特别注重孩子的早餐，绝对不对付，因为她们认为对孩子的成长来说，一天中最重要的是早餐。

　　含蛋白质食物不可少　牛奶、鸡蛋是早餐顿顿要有的。牛奶富含维他命D，无论穷和富，天天都得喝。鸡蛋含有丰富的蛋白质，另外吃面包应抹上黄油，这也是蛋白质含量高的食物。被采访的这位家庭主妇喋喋不休地说，早晨不吃含蛋白质的食物，一天脑子会不清醒。蛋白质对脑细胞的营养太重要了。她说她做学生时有体会，备考和考试期间吃不吃鸡蛋大不一样。她一天吃4个鸡蛋可以坚持到下午2点，头脑一直清楚；不吃鸡蛋，非常容易饿，而且下午脑子一片混乱。

吃全麦食品是一种时髦　在阿丽娜家，三个女孩和父母围坐在餐桌前，面前用的不是盘子，而是一个椭圆形的小木板，板子上放着黑色的燕麦面包。面包用小烤箱烤过，脆脆的有点酥，她们用小刀抹上蜂蜜和黄油。吃蜂蜜也是美国人早餐的重要部分，因为蜂蜜富含氨基酸和多种酶，这是其他食物没有的。全麦食品不光是面包，还有麦片，可以加点葡萄干用牛奶冲着喝，如果喜欢，再削上几片香蕉，因为香蕉不但含维他命还含钾。吃马铃薯也不错，因为马铃薯也富含钾，可炸成薯条，蘸着西红柿酱吃；也可切成细细的丝，用油煎成饼再撒上胡椒粉。

水果沙拉有讲究　美国人吃水果大都在饭后，而且是早饭后。把几种水果切成小块，放在小碗里每人一份，如：西瓜、苹果、草莓、香蕉，苹果通常不削皮。中国举行外事活动，喜欢把水果装成大盘摆上来，显示盛情；美国人遇到这种情况会不知所措，无所适从。他们吃水果沙拉还有一个理由，就是38种食品结合在一起才能提供人体一天的营养需求，所以他们吃豆，往往把好几种豆子放在一起煮，吃蔬菜也三种以上一起蒸着吃，而不用油炒。美国人主要食用橄榄油，理由是橄榄油含有好胆固醇，可以抑制坏胆固醇。

维他命是健康食品　美国家庭每月用于购买维他命的钱平均不少于200美元，全美维他命产业年收入可达13亿美元。多种维他命的大瓶子是美国人早餐桌上的老脸色，人人都用；有谁患伤风感冒，往往不去吃阿司匹林而是去冲一杯维他命C冲剂，因为维他命C有增强免疫力的功能。如果孩子偶尔巧克力吃多了，家长就会让他们服维他命B，帮助把糖转化成能量，被身体利用，不然糖储存在体内会变成脂肪，增加体重不说，还影响健康。美国人认为每天光是饮食满足不了身体的成长需求，必须吃维他命，事实上维他命被当成了一种健康食品，不仅大人、孩子都吃，猫、狗也吃，连马也添加维他命，拌在草里一块喂下去。

营养知识普及到每个人　美国商店里所有食品都必须标明有效期，卖过期的食品是犯法的。水果稍有一点变质就必须扔掉。有一次我看见一个超市里好好的樱桃稍有一点黑就扔掉，真可惜！面包当天晚上卖不出去，也必须扔掉。所有美国孩子从懂事起，一拿起食品，都会先看什么时候过期，然后看营养报告。凡是有包装的食品都必须标明含热量多少，蛋白质多少，维他命多少，脂肪多少，以便每个人根据自己的营养需求作出选择。美国家庭主妇做饭看食谱，像中国药剂师配药似的，用量器去量每种食物。

中午给孩子带饭一定有硬果　美国孩子中午带饭大都是三明治，两片面包中间夹着肉和蔬菜，还有一片奶酪。家长认为这最符合营养要求；面包是碳水化合物，肉含有蛋白质，蔬菜含有维他命B和C；但是他们还不放心，还要让孩子带上一小袋硬果，如花生、杏仁、果仁，因为硬果富含维他命E。至于果汁或水，那更不在话下。

美国孩子吃饭的饭盒都有三个格，一个装米面类食品，一个装肉蛋类，一个装蔬菜。他们必须时刻记住：每天吃的食品中，蛋白质、碳水化合物、维他命要均衡。

☆☆ 爸爸给我准备的午餐

　　校园里的绿树墙后是一排排石桌，石桌上铺着纸桌布，整齐地放着每个同学从家里带来的午餐、一次性刀叉、餐巾纸及各种饮料。这种形式的聚餐叫 Pot lock：每人带一份菜，集中在一起，可以品尝各种风味，像盛大的宴会。美国是个移民国家，旧金山地区有 20％的亚裔人口，其中华裔分别来自中国香港、中国台湾、新加坡、马来西亚、越南和中国大陆。他们每人带的午餐都不一样，但有一个共同的特点，即都是爸爸亲手准备的，因此聚在一起同时也有显示父爱的意味。

　　美国很多学生生活在单亲家庭，但法律规定 18 岁以下的孩子，无论监护权在父亲还是在母亲一方，另一方必须承担一半的责任，违者将会受到法律的制裁。有的孩子每周一三五住在父亲家，二四六住在母亲家，像走马灯一样换来换去；有的周末去某一个地方与父亲或是母亲团聚，还有的只有暑假、寒假才能到外州去看望自己的父亲；当然也有一些孩子，尤其是黑人的子女，根本不知道自己的父亲是谁。

　　学校里组织这种"父亲给我准备的午餐"活动，目的之一就是召唤为人父者，常和孩子保持联系，别忘记自己教育后代的责任。这类活动很有推动力，通知一发出去，所有的孩子都会主动和父亲联系，请他们回家给自己准备一顿午餐。人心都是肉长的，再没有家庭责任感的男人，听到自己孩子的稚嫩的声音，都会心动并付诸实施，如此增进父子间的交流。

其他召唤父亲回家的活动，社会和教育工作者也搞得五花八门。比如电视台就曾搞过"我和父亲长得像不像"比赛，规定必须父亲与儿子一块参加。为了夺冠获奖，参赛的父与子精心设计，精心彩排。有的穿同样颜色、同样款式的衣服；有的戴同样边框的眼镜；还有的精心设计同样奇特的发式。这类活动相当调动情绪。许多男人在准备参赛的过程中，甚至还和自己的前妻重归于好，因为父子彩排的时候，孩子的妈妈当然是观众，并且是最有发言权的首席观众。一来二去，触动了某根神经，就又好上了。

一个叫Ken的黑人男孩，父亲几次进监狱，母亲坚决不让他再登这个家门；可是这类活动像纽带一样把一家人拴到一起，她必须让丈夫回家和孩子联络沟通，一次又一次，她对丈夫的怨恨不知不觉全淡化了。约好时间，丈夫晚来一小会儿，她都会等不及，主动打电话去催、去问。结果他们三个人重新变成不可分割的三位一体。

还有一位电脑工程师，常年派驻外国分公司，逢年过节才能回家小住几天。学校组织这类活动，人家孩子的爸爸都能和孩子一同出席，唯有自己不能和孩子同在。儿子在电话里的一次次召唤如同一次次敦促，最终他辞掉了国外的工作，改在本地就近工作。

美国的教育工作充满人道主义精神和人性关怀。各种社会问题都有相关的学者精心研究、策划，并给出相应的解决方案。当然由于这个社会太强调自由，尽管政府投入了那么多人力物力，仍然存在许多无法在短时间内改变的社会问题。

☆☆ 明年我做全职妈妈

　　在硅谷采访，我遇见一位台湾来的女人，四十多岁，是电脑工程师，但她用大部分业余时间来卖一种健康食品。我很奇怪：她有那么稳定的工作和收入，为什么还要开拓第二职业，而且她很有心思地对我说，明年我就辞掉这份工作，准备做 full time mother（全职母亲）。她说我的儿子明年 13 岁，他 16 岁就可以考驾照，考了驾照以后就可以自己开车到处走，那时他就不再需要妈妈了，而妈妈也就很难享受做母亲的快乐，和被儿子需要的感觉了。说这话时她显得既温柔典雅，又冷静自守。在美国这个金钱主导一切的社会，人人忙着赚钱，机会和机遇不断调动着人的潜能，以致很少有时间来享受人间亲情。她的孩子一生下来就送回台湾让母亲带着，因为她每天早晨 6 点半就要开车去上班，而幼儿园 9 点才接日班的孩子入托；晚上公司老板又有任务要加班，是不可以说"不"的。她别无选择。整个孩子童年是和外婆一起度过的。上小学时接回美国，以免日后英文过不了关，不能融入美国主流社会，可孩子接回来后自己还是带不了，因为她本人必须返回学校再修学分，美国的任何一个职位都不是一劳永逸的，只有不断地给自己充电，才能不被这个竞争的社会淘汰。儿子现在已经上中学了，如果还不花时间和他做朋友，只怕要悔之晚矣。美国小孩很自立，中学就开始打工，支付自己的零用钱。一旦他感觉不再需要妈妈了，那我这儿子不就白养了吗？她的诉说娓娓动人，她的担心不是杞人忧天。我听说过的美国孩子一到 16 岁就走人的故事太多了。美国孩子本来就不喜欢在父母的羽翼下生活，有了驾照，可以开着车到处打工赚钱，就更是"天高任鸟飞，海阔凭鱼跃"了。

　　有一位越南华侨黄先生，在另一个城市和朋友合开摩托车厂，儿子今年上高二，和同学合租房子住，平日很少回家。黄先生过生日，儿子匆匆赶来相聚，却一会儿看表，一会儿打手机，一会儿拿出手掌型电脑查 E-mail 来信，然后站起来就走。黄先生说：儿子，今天是爸爸的生日，你多待会好吗？回答是"I'm busy"（我很忙）。本来，黄先生希望儿子今天和他待一下午，因为他一年多没看见儿子了；儿子告别时，黄先生的眼睛湿了，对旁边的人说："他小时候，我让他骑在我头上，他拉屎拉得我满脸，我和他妈却开心地笑。他晚上不睡觉，我就一宿一宿地抱着拍他。可现在……"但他也只有伤心叹息而已。在美国为人父母很少大声斥责儿女，因为斥责也没用，因为美国文化中压根儿就没有孝道；至于社会广泛宣传的爱，是博爱、泛爱和顺便爱一把。许多华侨老人住在公寓里，儿女不来看望他们，他们也无所期待，当然更不抱怨。

华裔及亚裔家长比较容易感叹、哀婉，而一般美国人大都会自然而然接受这个事实。羽翼丰满的小鹰应该搏击长空。美国中学生搬出去自己租房子住再搬回来，无论什么原因，无论长住短住，父母亲大都会要他们交房钱、水电费和电话费，而且一般孩子也很主动，不等父母开口要，就会主动给，好像是天经地义的事。父母让孩子做家务，大多都付工钱，而且时间也很固定。比如每星期二吸尘，一定要在规定时间内完成；如果想改时间，一定要事先通知父母。

其实，美国女人对孩子长大离家而去不是不难过、不伤怀，只不过家家户户都如此，心理容易平衡而已。美国孩子生下来就与父母有距离地相处，自己住一个卧室。美国母亲极少抱孩子，多小的孩子都用小车推着，做饭时搁在一个小围栏里，该睡觉了就扔到床上，哭绝对不哄，关上灯，哭累了，就睡着了。所以，美国孩子翅膀一硬就开始独自闯荡是题中应有之义。这和他们早期教育有关。他们的家庭伦理就是大大地不同于我们东方。

☆☆ 我最想得到的礼物

美国人无论大人小孩，只要你给他东西，他们从来不会说不要；大多数人会做出又惊又喜的样子，表示这是自己早已盼望的，太喜欢了。如果你对美国人给的礼物推让说不要，他们不会认为你是客气，而会认为你不喜欢，会立刻收回。所以美国人赠送礼物，你一定要立刻收下，并且报以热情。

美国中学生在圣诞节会收到许多礼物。此时有的孩子会制作一个礼品单，在"我最想得到的礼物"项下大大方方地写出自己的心愿；想要赠送礼物的家长、长辈会在礼品单上画上钩，写清楚，这份礼物由我给他买，其他的人就别再选这个了。家长也鼓励孩子这样做。我们老板的女儿阿丽娜看见我，就对我说，I give you an ideal for Christmas gift（我给你一个关于圣诞礼物的主意），并扳着手指告诉我，她喜欢指甲油、眼影之类的小物件；她姐姐喜欢圣诞袜子带铃的，颜色红或绿；爸爸喜欢旅行用的牙具袋；我表妹喜欢打太极拳穿的黑上衣；妹妹喜欢积木。孩子的爸爸看见女儿这样描述自己喜欢的礼物，在旁边笑眯眯地说：Great! Great!（太棒了！太棒了！）我们中国家长看见自己的孩子向客人要礼物一定会制止，

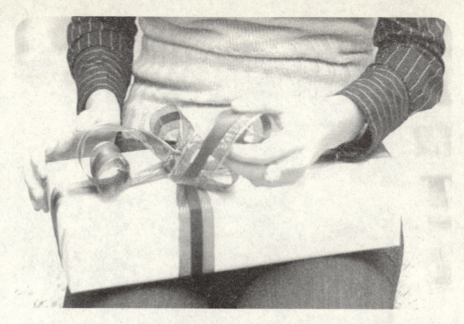

可是他们的家长却不会这样做，因为反正要送礼物，送的正是孩子喜欢的不更好吗？有的家长还把孩子喜欢得到的礼物用计算机打得漂漂亮亮地送到他们喜欢的商店收款处，同时写信或用电子邮件通知关系亲密的朋友、亲属，告诉他们：你们如果想送礼物就到那家商店收款处查找。

商店收款处非常喜欢和顾客建立亲密的关系，自然愿意帮忙，因为美国人居住的地方通常距离商场、商业中心都很远，送 Shopping List（购物单）来的顾客肯定不只是买一样东西。

坦率地、明明白白地告诉朋友自己喜欢什么礼物也是美国人的文化。有的美国朋友结婚，也会在请帖上写明白，如果你想送礼物，请去某商店收款处，在 Shopping List 找一件价格适合你的。

美国人标榜先锋前卫，人都认为自己的思维非常开放。他们愿意一切信息都是公开的。有的作家想到一个好选题，就会在朋友聚会时公开自己的创作计划，以防别人撞车。中国作家则不同，一旦有自己中意的选题就怕别人知道，模仿。

中国家长教育自己的孩子，别人给东西不能伸手就接过来。如果别人给好吃的东西，小孩拿过来就吃，大人会觉得没有脸面，更不要说列出一个礼品单让亲属、朋友选择了。这是东西方文化太大的差别。

☆☆ 做义工

在美国做义工纯属个人行为，是个人自觉自愿地向社会奉献爱心。在中国也有义务劳动、扫雪，帮助军属做家务，帮助五保户等，但大多是政府部门组织的集体行为。

美国高中生入大学之前肯定在自己选学的领域里做过相关的义工，尤其是医学专业，无论学生成绩如何好，必须要在大医院里做满一定时数的义工，才会被院校接受。

中学生做义工不是由学校来组织，而是自己去联络。各大医院、社区各类服务机构、红十字会等，都有一个部门专门登记接待来做义工的，但通常要先训练数个小时。

有一个美国男孩家境颇好，他每月两次去给老人院的孤寡老人修脚、剪趾甲。他的父母非常支持他，并为自己的儿子能这样做而深感骄傲。

义工的组织成千上万，涵括各种门类。除了到预防癌症中心接送病人去化疗、药疗以外，还有专门给盲人读报纸、帮助低收入家庭的小孩补课等。还有的中学生专去 Food Bank 做义工，所谓 Food Bank 就是每天晚上商店关门前，必须把当天没有卖掉的食品扔掉，这是美国有关法律规定的。中学生们往往兵分几路去社区的商店、点心店，把当天卖不了的面包、点心收集起来送给教会，然后教会又由义工分发给穷人。

美国所有民间组织全靠义工来支持。他们出于关心国家的公民意识，强者帮助弱者，有钱人帮助没钱的人，有同类苦难的人帮助同类苦难的人。戒酒俱乐部、戒烟俱乐部、戒毒俱乐部等，就是那些想戒掉自己坏毛病的人聚在一起组成的，支持和辅导这类人的当然是医生、教师。中学生来这做义工主要是帮助做一些行政管理上的事。有的医院在妇产科专设一个房间，里面放着各种婴儿生活用品，全是好心人捐给生了孩子没钱买衣

服的穷人的。中学生义工把捐来的小衣服熨烫平整，按不同颜色分类，摆放得整整齐齐，连小袜子也折得服服帖帖，小皮鞋擦得锃亮，按尺寸、颜色分类摆放在架子上。路过这间房子，真不知道他们在做什么。

还有的中学生在职业介绍所做义工。职业介绍所不但介绍工作，还向去面试的人提供许多主意：怎么和老板讨论工资；怎么展示自己的才能；如何打扮自己以适应某一工作需要等。这里备有很多不同类别档次的衣服，供找工作面试时穿；而且一旦你找到工作，一个月内还可以向他们借衣服穿。在这里做义工的中学生也收集富人捐出来的衣服，并负责开收据，因为所捐之物估价后可以抵税。借给穷人穿的衣服也作登记，以便找到工作后还回来。有时他们还给来找工作的人建议，该怎么搭配。有一个黑人要找打扫卫生的工作，一个男孩就颇有见地地说，你应该穿这件蓝色T恤衫，配上那条白裤子，显得又干净又利落。见来了另一个要找秘书工作的白人少女，男孩又帮她挑了一件连衣裙配上高跟鞋，还有一个同样颜色的皮包。

中学生们申请当义工，不是来了就干，而要经过某个中心的训练，然后才可以录用。做义工不仅是劳动，同时也是接触社会，培养和不同人打交道的能力。

保护生态环境的义工组织很得中学生们的欢心。保护老虎组织的人一到星期天就穿着印有老虎的T恤衫走向街头，摆上各种文宣品，提醒人们老虎就要绝种了。一次某外国代表团访问美国，其中一位女士穿着貂皮大衣，就引起了美国中学生的抗议。他们举着大牌子在会场门口站着，也不管客人有多尴尬。

节约用水的民间组织也吸引了不少中学生去做义工。他们的工作是在社区里挨门挨户地送表格，表格上罗列着各种计算结果：如果用杯子接满水刷牙用多少水，如果水龙头开着刷牙会浪费多少水；淋浴用多少水，用浴缸洗澡用多少水，如此等等。

摆街会上，中学生更是活跃的一群，不仅帮助义演，还义卖，卖爆米花、柠檬水等，捐给自己学校的校报或自己的演出队。

☆☆ 和父母亲一起做家务

　　暑假前，学校的学生顾问和家长委员会联合举办暑期母亲学校。开课就考试，厚厚的试卷突出的是"成功母亲"的主题。每道题有四个选择答案，在规定的时间内交卷。不一会儿计算机评卷公布结果：大部分只答上了三分之一。身为母亲，教育工作者对她们进行培训是十分必要的。

　　暑假里中学生有三个月的时间不上学。他们有的去外州、外国做义工、旅游、传教、演出，有的则留在家里。留在家里的和父母亲较之平时有更多相处的机会，分担家务是暑假生活的内容之一。

　　暑期母亲学校的主讲指导说，孩子们刚开始学习做家务时，不要指派他们单独做什么，要和他们一起做，在享受做的过程中分工合作的快乐，同时教给孩子应该注意的地方。比如擦地板，父亲擦这个房间，母亲擦那个房间，然后比一比，谁擦得干净。把所有的家务都从头到尾合作一遍，然后问孩子，这些家务中，你最喜欢做哪一项，最不喜欢做哪一项？为什么？再让他选一项自己喜欢做的；不喜欢的，如果家里没有其他人喜欢做的话，就参与轮着做。总而言之，在家务分工上要充分民主，不要简单化、指令化。

　　他们还教给家长不要吝惜赞美之词，孩子取得一点一滴进步都要鼓励、赞美、肯定。这种正面的推动力量对于正长身体、长知识的青少年来说太重要了。做得不好的地方也不掩盖，坐下来，仔细分析孩子的兴趣和能力，发展他们的理智，让他们懂得这世界上并不是所有的事都靠兴趣，大多情况下，人们要用理智来支配自己的行为、生活和事业都会有不得不做的情形；鼓励孩子从小养成责任和义务的理念，以及即便没有兴趣也能圆满完成的资质。这样，做家务就成了迎接人生挑战的预科。

　　有的孩子不愿倒垃圾，母亲就开家庭会议，问所有家庭成员：谁愿倒垃圾？结果没有人愿意，那么只好轮流倒；接下来就用这一事实教育孩子：无论在家庭里，还是在生活中，人都会面临推诿不掉的"不得不"的义务和责任。对此只能做好，而无法回避。有谁能忍受垃圾成堆的生活呢？

　　大多数美国家长都通过家务劳动给自己的孩子零用钱。打扫卫生通常一个小时发给 10—15 美元。雇了自己的孩子就无需雇别人，父母亲和孩子账算得都很清楚。

☆☆ 惊人的数字使我不敢相信

每 1 000 个 15—19 岁的女孩中有 102.7 个怀孕！这是 The National Data Book Statistical Abstract of the United States 2000 120th Editon 提供的数字。尽管这是一本政府每 5 年发布一次的权威统计资料，我还是似信不信。一贯办事严谨的我，足用了一整天的时间，在旧金山市图书馆查阅了所有我能找到的统计资料，一天下来眼睛像是蒙上了一层雾，因为各种统计资料的字体都非常小，加之愿意较真的我把各项数字都重新用计算机核对了一遍。很多人看不惯我的这种工作作风，指责我"什么都不信！"其实我不是什么都不信，而是什么都不敢轻信；我都要用自己的头脑，去分析，去判断。每 1 000 个女生中有 102.7 个怀孕，我当然吃惊，不敢相信；但一天下来，事实告诉我，这个数字没错。

女中学生怀孕本来是个很严重的社会问题，可是美国教育工作者和家长非但不赞成采取惩罚措施，反而倍加呵护、关怀。女青少年，尤其是中学生怀孕后，会被送到一所专设的少年母亲学校集中学习。学校除了给她们安排普通课程，还加设孕期卫生、保健，孕期性生活指导，包括孕期怎么和自己的 sex partner 沟通相处的课程，虽然使她们怀孕的男孩大多或抵赖，或装聋作哑，或若即若离。少年母亲学校还给 Teenage father（少年爸爸）开课，指导他们怎样关怀为自己怀孕的女孩的身心。

　　已经生完孩子的少年妈妈可以带着孩子来上学，学校给她们开设了托儿所，托儿费全免。一个 20 多个学生的班级，每天为她们服务的工作人员至少 4 个：一位任课教师，一位助理教师，两个给她们看孩子的保姆。那些讲孕期保健或指导孕期性生活的通常都是客座教授，专门从医疗机构请过来，讲课费当然都很贵。教室里摆满了印刷精美的文宣品，全是免费赠送，内容主要是怎么哺育婴儿。

　　政府为少年妈妈免费供应喂养孩子的奶粉、果汁和尿布，每月还发给她们基本生活费，并提供最廉价的、她们负担得起的居所。黑人 15—19 岁的女孩每 1 000 人中有 184.4 人怀孕；西班牙裔、拉丁美洲裔、葡萄牙裔的平均为 162.8 人；白人为 71.6 人。统计资料没有显示亚裔。亚裔

美国中学是这样的

家长对孩子的管教通常比较严格，没有任何一个中国家长允许自己在中学读书的孩子在家里和异性同学关门在一起，更不会睁一只眼，闭一只眼，让自己的女儿和异性胡混。曾有家长因为女儿夜不归宿，一个嘴巴打得她口鼻出血，并且叫号让女儿报警，所以中国女孩子极少有中学期间怀孕的纪录。没有惩罚是美国教育制度的缺陷，多年来种种不满、抱怨，以致声讨的声音盈沸于耳，然而这种制度像是钢筋水泥灌铸的，丝毫不为之所动。一个怀孕少女的费用每月约需 4 000 美元（政府投入），这些钱用在这些不争气的孩子身上值不值？许多纳税人不满意政府的做法，然而美国是以基督文明为主体的国家，倡导"天下一家"，因此应该关爱所有人，故少年母亲花纳税人的钱理所当然。有关全国性组织和教会但逢圣诞节、复活节，还会一点也不歧视、不讥讽地专程给她们的小婴儿送去礼物。

这样做也确实有正面效果。有一位西班牙裔的女心理医生当年曾是少年母亲，中学期间生了三个孩子。和她有性关系的男人比她大 37 岁，一起生活了 15 年后她又重回学校读书，直到修完硕士学位，拿到医生执照。这段生活经历在心理上没有给她留下丝毫阴影和创伤。不能不说，这里充满爱心的社会大环境包容了类似的纯属个人的行为。

以上提到的黑人女孩怀孕的比例是就全国平均统计而言，其实在黑人集中的贫困地区，这个比例还要高得多。有些黑人女人整天啥也不干，就靠孩子的人头来领政府救济，且一个孩子一个爸。有些孩子根本不知道自己的爸爸是谁，因为他妈妈自己也不知道。

反之，在基督教学校里，几乎没有一例女中学生怀孕的事。她们的行为约束来自内心，因为学校天天教《圣经》。她们从小学开始心里就有信仰，不用父母管教就规规矩矩。也有的贵族大学，直到毕业全班女孩都还是处女。在这方面，她们的父母往往是她们的榜样。许多中国的新移民家庭，家长打工赚钱，不嫌其贵、舍近求远地把孩子送进基督教学校（基督教学校是私立学校，学费每年 5 000 美元左右，有的更贵，而公立学校免学费，免午餐），就是希望自己的孩子学习美国文明中好的东西，不沾染那些坏的、混乱的东西。

☆☆ 人人重视的节日——母亲节

　　每年 5 月的第二个星期天是 Mother Day（母亲节），这是美国男女老少都非常重视的节日。身为人母的妇女这一天大都会收到子女寄来的贺卡，送来的鲜花，或者被儿女接出去吃顿晚餐。

　　母亲节这一天走在街上，到处都会看见有人捧着鲜花，手里提着的大袋子上印有"✄"的图案。饭店里这一天不提前预订是很难找到座位的，无论是高档的豪华餐厅还是偏僻小巷里的经济小馆，均是座无虚席。

　　其实，母亲节庆祝活动如此隆重，铺天盖地，是商业炒作的结果，甚至可以说是商人在主导着母亲节的庆祝规模，刺激做子女的一定要在这一天掏出钱来，为母亲献出爱心。美国大部分家庭的母子关系都和中国家庭不同。比如美国老人有病肯定首先挂电话 911，找急救中心，而后再通知子女；中国老人有病则会首先找子女，由子女来安排他们去哪家医院看病。中国许多女孩出嫁后，每周会至少回来看母亲一次，离得近的甚至会天天回家吃午饭；这在美国几乎是不可能的，因为美国没有午休，吃午饭只有 15 分钟，而这 15 分钟老板是不付工资的。美国老人有病即便找子女，子女也不可以请假，否则很可能丢掉工作，因为老板给每个人最大的

工作量，一个人请假，整个系统就不能运作。很多美国人手术都是自己开车去；像中国那样，一个人手术，外边围着一大家人，这在美国是没有的事。平日里美国母亲过生日，往往开门见花，是子女用电话向鲜花店订好送来的，却不一定能见上面。如果让中国移民谈自己来美国后的心酸事，子女只有在母亲节才带着鲜花来看他们，肯定是其中之一。但是既然生活在这片土地上，面对着这种文化，他们也只好认了。说起来，一年一度的母亲节能见上子女一面的母亲算是幸运的，还有母亲节也不来看母亲的，只打个电话，或者发个 E-mail 的呢！很多子女母亲节来看母亲，就像首长视察灾区人民，抱着一束花，屁股连凳子也不沾，放下鲜花说完祝福母亲的话，给母亲一个拥抱，然后就抬脚走人。美国母亲大都会用手轻轻拍一拍儿女的肩膀，说声谢谢，然后脚站在门里，一步也不迈出门槛，儿女刚出门，立刻把三道锁一道道扣严，然后该干什么就干什么。美国孩子和母亲之间很少像中国那样，彼此依恋到那个程度，事实上美国任何人际关系都不像中国人那样难以割舍。夫妻郎才女貌，共同拥有事业、房产，稍不和谐，宁可损失几万、几十万美元，也要分手。美国中学生一上大学，肯定离家远走，去另一个城市开拓自己的新生活，只逢年过节给母亲寄个贺卡。我曾问过一位寄居老年公寓的华侨老妈妈，"你儿子来了不到五分钟就走了，你不生气，不伤心吗？"她非常平静地笑着对我说，"惯了。我来美国 20 年了，这老年公寓里的老人都这样。"有的老人非常有钱，子女也不巴结父母，因为美国子女不寄希望于父母遗产；反过来，有的父母有多少钱也不留给子女，而是捐给社会。这就是美国。

母亲节若全家一起吃饭，得各付各的钱，爸爸也得付自己的那一份，母亲的那份则由儿女平分。中国人听起来像是笑话，在美国住久了，便也习以为常。

据说母亲节起源于美国。说是有一位叫安娜的女士，终身未婚，与母亲感情甚好。1903 年 5 月，她的母亲在费城去世；两年后她知会她母亲生前所在的教会，在她母亲的忌日（5 月的第二个星期天）为她举行一个纪念仪式。在这个仪式上，她以母亲最喜爱的白色康乃馨布置整个教堂，象征母爱的纯洁和永恒，后来人们在母亲节这一天送康乃馨就是这么个由来。经过安娜的努力，1906 年的弗吉尼亚州首先宣布母亲节为公定假日，再扩展到其他州；1914 年 5 月 8 日，国会通过议案，指定 5 月的第二个星期天为美国的母亲节，此决议经美国总统威尔逊签署生效。值得一提的是，安娜晚年曾对记者说，她极其不满如今母亲节被商业主导，认为这有违她的初衷。事实上，母亲的慈爱与教诲应是我们时时记取的，这也是《圣经》所一再强调的，将其商业化是在给这一人类的神圣主题抹灰。

在母亲节这一天，每所中学的学生都会在教师的引领下为母亲制作一个手工艺品。有的用树枝弯成花环，用彩带系在一起；有的在画纸上涂抹各种心形图案，并且在上面写上 love（爱）；也有的会用自己平时积攒的零用钱，给妈妈买一件小饰物，来表达自己的爱心。妈妈接受礼物时，肯定会给孩子一个吻。

☆☆ 洛拉图斯高中学生精心设计
"梦幻汽车"

    哈岗学区洛拉图斯高中 9 名学生设计的"梦幻汽车",在今年全美中学生科学竞赛中获得第二名。这也是该校学生在这样的比赛中又一次取得优异成绩。

    美国的高中为培养学生的科学兴趣以及独立思考、创新精神,都会开设一些实验性的课目。橙县富乐顿学区富乐顿高中的科学项目全美闻名。该高中与大学的科学家和有关教育机构合作,为学生的进一步钻研科学创造环境。哈岗学区洛拉图斯高中的科学项目则以学生自己动手设计、制造太阳能汽车、飞机著称,该校的代表队曾代表美国参加国际太阳能汽车大赛。

    美国公共交通不发达,大多数人都有自己的汽车。中学生 14 岁,有的州 18 岁可以考驾驶执照。"有了驾驶执照才有了腿。"美国人常这么说,因为美国人少,生活空间跨度又大,无论上学还是工作,好多人都在几个城市间穿行。气魄宏伟的高速公路,是所有人求学、求职、谋生、谋乐不可缺少的。美国人离不开高速公路,离不开汽车。

美国中学生对汽车的热爱，源于汽车之于他们生活的极端重要性。他们能驾驶汽车之日，便是向世人宣告自己成人之时。能设计汽车那是更值得骄傲的事，接受挑战是这些孩子的个性。

　　由克莱斯勒汽车公司赞助的"梦幻汽车"竞赛，旨在鼓励中学生以全新的视野透视汽车工业的发展前景，并利用基本材料设计出未来有市场发展前途的汽车模型。参赛的队伍不仅要拿出令人耳目一新的汽车模型，而且要在机械动力、材料运用、市场预测等方面写出专题报告，其过程就如大汽车公司设计一辆新汽车那般复杂。

　　洛拉图斯高中今年参赛的汽车模型为200马力的电动汽车设计。他们将这一车型定名为"凤凰"。该车为两门两座的跑车，以节省能源和减少污染为设计的主概念。参赛的华裔学生郑索飞表示，参加设计的几名同学用了许多时间和精力，但也从中学到了不少知识。

　　该高中指导教师福兰兹表示，学生在竞赛中面临其他学校的竞争和挑战，但该校参赛的几名学生在设计和制造汽车模型的过程中都表现不俗，更重要的是在这一过程中领略了汽车工业的竞争与乐趣。

美国中学是这样的

☆☆ 史蒂文的衣橱

　　史蒂文上了高中，妈妈告诉他清理衣橱，嫌小的衣服一律捐送给救世军商店（注：那是专售有钱人送给穷人衣物的商店，每件仅售1美元左右）。男孩子的衣橱可比女孩子简单多了。史蒂文的爸爸是大法官，妈妈是律师，而且是全美国有名的律师，可是他的衣橱里却没有一件名牌，各种用途的鞋倒有很多。他说妈妈对他什么时候穿什么鞋十分注意。他有爬山的鞋，鞋底满是深深的洞和凹沟，平面上则有凸起，这样登山可以防滑；有打篮球的鞋，白蓝相间的皮面，鞋底有浅沟，也防滑；有网球鞋，鞋头宽大鞋底柔软；有沙滩鞋，胶底尼龙面，面上有小小的孔；也有成人穿的那种皮鞋，正规且体面；再加上平时上学穿的普通鞋，总共竟达38双之多，其中有四双崭新的，从来没有穿过。他的内裤全是白色的，共有12条，他说妈妈一次就买一打，每天洗澡换一条，一周洗一次衣服，所以需要这么多。7件全棉短袖圆领T恤衫，均为白色，只是图案各个不同。7件长袖全棉厚线衣分翻领。圆领、高领，以蓝色、灰色为主，没有图案。9条牛仔裤，两条是新的。他的衣服几乎每种都是7件，因为妈咪让他每周洗一次衣服，多出来的则是外婆送的。袜子一大盒，全是白色厚线袜，即便夏天他也穿这种袜子。除了太阳帽、草帽，史蒂文没有其他帽子。各种颜色的浴巾也是 7 条。他有 4 副风镜，两副游泳镜，4 个枕套。美国人的枕套其实就是一个口袋，敞着口，没有绣花，什么装饰也没有。两套床单、一个大网眼的线毯也很朴素。

史蒂文的衣橱里没有冬装，因为旧金山四季如春，用不着。

奇怪的是，他的衣橱只有一件衬衫，那是因为美国人不穿西装时极少穿衬衫，而中学生极少场合穿西装。就是那件黑色的布衬衫也不是买的，而是参加学校合唱团的服装，和一条同样质料的长围巾配套。围巾的图案是一条黄紫相间的断断续续的线，把一件普通的衬衫装点得十分漂亮。

他还有一件很时髦的风衣，里面有厚厚的夹层。这大概算是他最高档的衣服了。

史蒂文的衣服都是妈咪买的，游泳镜、风镜等则是自己去麦当劳打工赚钱买的。他说等他过了 15 岁生日，就会每周打 20 小时工，那时所有的衣服他都将自己花钱买，当然圣诞节和生日妈妈送的除外。

第四部分　校园内外（二）

☆☆ 美国中小学教育一团糟

——一位美籍华人教师如是说

去中文报亭买报，见一位操浓重北京口音的男人正在和销售员讲话。他看上去有 60 多岁。我在他后面拿了一张《侨报》，他回头问我：你也是北京来的？在美国两个中国人这样打招呼通常是指，你不是台湾来的？我对他肯定地说，我不是台湾来的。这样我们就你一句，我一句聊起来了。

他在美国 20 多年了，现在是一所中学的老师。我太高兴碰见一位讲中文的老师，这样我们可以一起好好剖析一下美国中学教育。多么难得的采访对象！

他摆手对我说，不用采访了，就一句话：一塌糊涂！美国就是国家太富了，学校设备、校舍太精美了，他们从来不重视基础知识的基本技能训练。他们的中小学校教育无法和中国的中小学教育比，每年国际数学竞赛都是中国学生名列前茅。

"其实，我们不用近代的教育理念和政策，就凭我们那套孔孟之道就足以和美国的教育抗争，并毫不费力地打败他们。

"我们中国教育中的师道尊严，十年寒窗苦，头悬梁、锥刺股，都是

非常好的东西。"

他带着强烈的情绪否定美国的中小学教育。我打断他，"那我非常想知道，美国这么富强，科学这么发达，和教育无关吗？"他说，"美国富强、昌盛有多种因素，他们大学以上教育的科研设备太先进、太完备，这是任何国家也比不上的。"

我告诉他我正在搞关于美国中学教育的调研，很想和他约个时间好好谈谈。他说："你知道一团糟就可以了。"我说："美国小学、中学很注重培养创造力。"他反驳说："基础知识不知道，基本技能不过硬，什么创造力？奇谈！"我看得出他是十分崇尚中国传统教育理念的。确实美国没有师道尊严。我亲眼看见高中物理老师和学生摔跤。一个小孩带着小狗上学，老师不让带进教室，怕影响其他同学，校长就把小狗抱到自己办公室，下课后又把小狗抱回来送给那个小孩。我记得我们上小学时，在走廊看见校长，转身就跑；而在美国学校里，如果学生病了，几天没上课，老师就会抱吻他（她）。

我很想和他再谈谈，他说必须上班了，他这是在午休。我们彼此交换了电话，并约定下次再谈。

美国中学是这样的

☆☆ 天堂般美丽的华文基督教学校

　　校园天堂般的美丽，教学活动天堂般的井井有条，教师和学生天堂般的 nice（漂亮）。我这样对引领我参观的校长赞美这所学校时，他谦虚地、笑眯眯地不住点头，说 Thank you, thank you。

　　这所校园由许多排彼此相连的平房构成，每排之间都有一个平整的绿草坪，连接彼此的通道加了顶，无论出多大的太阳，下多大的雨，师生们在校园里穿行都不会被晒着或淋着，很有中国江南庭院建筑的风味。每个教室都有前、后门，当然这在美国没有什么稀奇。美国法律要求所有建筑都必须有前门、后门，以备发生火灾时紧急疏散。后门有一个小院，学生们常在这个小院里举行集体活动。这里有花有草有围墙与其他教室隔着，很有家庭气氛。当然大型活动时学生会去操场。

　　走廊里每隔不远就有一个银亮亮的圆形垃圾筒，光亮、干净得没有一点污点，里面套着黑色、柔软、质地厚实的塑料袋，卷过来的边沿处用松紧带套牢。这些垃圾筒整齐地装点着校园，竟像是些艺术品。厕所里飘散着清洁剂的柠檬清香味，墙上的大镜子可以把人从头照到脚。这些厕所的功能远不止于用来方便，还是化妆、整理自己面容和衣着的地方。走廊里靠墙的壁柜是给每个学生放东西的地方，另一壁一个个小架子上放着印刷精美的文宣品，有家长通信，有各种活动的时间表，还有宣传基督教的资料。这些文宣品全是免费的，但没有人多拿一份。

广阔的操场可供 4 个班同时上体育课，4 对篮球架高高挺立。学生们上体育课时要换不同的衣服，篮球有篮球服，排球有排球服，足球有足球服。体育课的更衣室，男、女生是分开的，通长的大房间，用白色尼龙绸隔成一个个小区间。学校办公室有一个窗口，接待所有来访者，女秘书脸上永远挂着微笑。美国所有的学校都是公开的。学生家长也好、有关专业人员搞调研也好，只要需要，都可以来学校参观听课。

高大敦实的黄色校车停在校园外。大部分学生放学都乘校车到指定地点，然后由他们的父母接回家。开校车是教师轮流当班，学校没有专职司机，校长也排在值班表上。平等意识体现在诸方面。首先是称谓。所有校长、老师，学生们均直呼其名，尽管与此同时也彬彬有礼。毕业生名册上所有教职员工的名字也是按字母顺序排列的，只不过照片下面有段文字说明某某是校长，某某是主任。校长在正常情况下全都兼课。眼下的校长 Mr. Ham 就兼两门课，一门政府学，一门英语。校长办公室在学校各办公室中是最小的一间，一张桌子，对面只能容下两把椅子；办公桌很窄，很像中国 20 世纪 50 年代办公室的三屉桌。

这所学校有 800 多名学生，全是中国人的孩子，70 多名教师也全是中国人；然而他们的公共语言却是英文，中文在这儿是外语。这里的老师大部分是第二代华侨，也有的是第三代；他们的举止爽快得像美国人，然而他们的思维方式、待客之道，却离不开中国文化的根。在其他美国学校采访，给了许可证，你愿意去哪儿就去哪儿，没有人问你；英语系主任和我谈话，自己站起来买杯咖啡自己喝，既不问我，当然更不谦让。而在这所华文基督教学校，发展部的 Debby Leng 每天都安排一个学生陪着我，每天中午都会给我一份免费午餐，而且每走进一间教室，学生都会全体起立，问客人好。这是我们中国人传统的待客之道。

每间教室的墙壁上都挂着一块绿色衬布，上边贴满了学生的作文，全是打字的，非常整洁。学校一律穿校服，女孩红毛衣、灰裙子，男孩蓝裤

子、灰上衣。

　　远近闻名的华文基督教学校校友会是非营利的民间机构，隶属教会。由于他们不伸手要州政府的一分钱，全部自筹资金，所以他们不受教育局管。他们按教育部的规定设计，按自己的理念办学。学校教育资金部分来自教会，但更多的来自社会捐款。发展部的 Debby Leng 女士是受过专业训练的外交人才，每周都去参加活动，为的是当"猎手"，瞄准有钱的人，请他们来学校参观，感动、说服他向学校捐款。在美国捐款可以抵税，商家很愿意将其投入到教育事业。

　　这所学校里充满了美国学校通常都有的那种活跃、活泼的气氛，但看不到其他学校在所难免的怪模怪样。毕业照上学生们整齐地一排排坐着，没有谁趴着，跪着，或躺着。这所学校正吸引着越来越多的正统、老派、传统的美国家长，包括一些欧洲移民，舍近求远，把孩子送到这里就读。

　　这所学校给我的印象是太好了，称得上是教育的楷模。无论是美国中学还是中国中学，都可以从中学到许多东西。我十分用心地征求 Ham 校长的意见，问是否愿意和中国的中学建立姊妹学校关系？他热情地答应了。如果真能达成彼此交流，这是多么大的一件好事！我是指对我的祖国的任何一所中学。

☆☆ 华裔女孩获全美高中辩论题竞赛冠军

　　华裔学生通常给人的突出印象就是——杰出，好像做什么事都很棒：又会念书，又参加课外活动，又要打工，周末还要从事义务服务工作，而且学业成绩都顶呱呱，好像天生就必须事事比别人行……

　　获得斯坦福大学 1999 年 3 月主办的全美高中生辩论邀请赛冠军的季恬然，也是这样的一位佼佼者。她说，"其实对我来说，只是做自己想做的事情，而我又刚好有能力把它做得很不错而已。"她承认自己很幸运："因为我也看到一些朋友，他们活在这种框架中，还要自己去达到这样的要求，实在很可怜。"

　　她表示她从观察中发现，华裔父母好像有一个观念，觉得成功是可以复制的。"他们到处去问，想要找到一个公式，以为只要是把孩子的成长过程套进去，就可以确保必然的结果。"但其实呢，"只是造成孩子的负担罢了！"季恬然强调，其实每个人都有自己行与不行的地方。她奇怪这些父母为什么不愿意花点时间，听听孩子真正的心声，让他们做他们自己想做的事？"这样他一定可以把它做得很好。"她补充道："而且，难道一定要表现杰出才值得一说吗？每个人都有自己的特质，每个人都是一个独立

美国中学是这样的

的个体，没有什么好比来比去的，不是吗?"

身为辩论好手的她，当然非常清楚何谓竞争。以参加比赛的过程为例，从两三百个来自全美各地的好手当中，一路过关斩将，拿到冠军，中间的辛苦可想而知。比赛时，所有的思路都必须在瞬间化作最有条理的言语表达。无论是站在正面或反面的立场，都必须想出一套最具有说服力的说辞，只要一有闪失，就会是惨遭淘汰……"其实竞争的部分我并不喜欢，我享受的是在辩论的那45分钟，让自己的脑子飞快地旋转，在很短的时间内让自己平常的准备发挥到极致。"她说，"能不能拿到冠军，不是我去参加比赛的目的。能拿到第一名当然还是很高兴了!"

不过她强调，有时候，做得好的事不见得是好玩的事，"像我就从来不觉得参加辩论赛好玩。"她说，和朋友去逛街、聊天，都比这个有趣多了。"可是既然做了，就要把它做得最好!"

就是这股自我鞭策的力量，让季恬然不断向自己的能力挑战，所以她每天的生活都像陀螺一样，转个不停。

☆☆ 中国小混混——美国高才生

　　大飞、二飞是亲哥俩，是上海有名的小混混。他俩在初中就混，整天不上学。他们的妈妈出国了，先去非洲，后又转去美国；爸爸和另一个女人做生意，整天不着家。两个孩子无一日不打仗闹事，惹得四邻不安。邻居对他们俩都躲着，说他俩是有娘养无娘教，没救了。

　　他们的妈妈在美国挣扎了一番，嫁给了一个傻子，拿到了永久居留权——绿卡，小哥俩也随之移民来到了美国。

　　两个不爱读书的中国小混混，在美国中学里和美国同学一起读书，却不到半年就成了高才生，尤其数学成绩明显比美国同学高出一筹，思维敏捷，计算精确，让美国教师啧啧称赞。

　　大飞、二飞在国内回回考试不及格，为什么到了美国，使用另一种语言，学习环境完全变了，反而成了优秀学生呢？带着好奇心，我采访了这小哥俩。我之所以怀有如此强烈的好奇心，是因为许多新移民的子女，在中国时都是普通高中的学生，有的根本没有可能考上大学；而到了美国，不仅上了大学而且上了名牌大学。有一位先生的孩子，在北京一所普高就学，而且是劣等生；到美国后上了斯坦福大学，大二期间又找到一份年薪

6万美元的工作。他辍学工作两年，又返校读书。这类奇迹发生在很多中国新移民家庭中。

我对大飞、二飞的采访直切主题，因为他们和我同样来自中国，都讲普通话。相通的语言使我们一开口就立刻感到亲切，好像我们曾经在哪认识。

记者：你俩在中国不喜欢上学，为什么到美国后却成了优秀学生？

大飞：我在中国不是不愿上学，是学校有的课我不愿学，有的老师我不喜欢，太多的作业让我头疼，尤其考试用标准答案，一个问题必须用限定的那十几个字回答，多一个、少一个都不行，把人灵活的大脑变成了记忆机器。不是我性格叛逆，是我受不了。而美国中学实行选课制，自己不喜欢的课可以不选；必修课有几位老师可以选择，进度也可以自己选择。

想快点学完就认真地、拼命地学；如果想悠着点，可以放一放，先选取一些自己爱学习的课程。有的功课一时学不好，可以中途退掉，下学期再重新选学。美国学籍管理的灵活性，使我在学习的过程中没有自己不得不学的感觉，而在国内爱不爱学都得这样学下去。我在中国常逃学，但逃学是为了读书，不去上课，在家看自己爱看的书。

二飞：我在美国学习成绩一直优秀，不是我比在中国努力了，是美国中学生考试主要用选择题。那种选择题只要明白，是比较容易做的。明白就在选择题上画钩。而在国内，大考、小考，模拟考试，全是标准答案，那种标准答案必须一个字不差，这就要求死记硬背，背错一个字也不行，即使你明白也无法阐述自己的理解。标准答案本身是不标准的，世界上任何一个概念都绝对不可能只有一种解释，更别说多一个字少一个字。在国内读书时我不是不明白，我就是懒得死记硬背，所以学习成绩一直不好。不是自己吹牛，我绝对不比那些成绩优秀的学生知识面窄，甚至比他们明白；但我不愿背书，所以考试总不及格。在美国考试题理解了就画钩，学习很轻松。中国的老师希望你记住什么，而美国教师希望你懂得什么。在美国，物理考试考磁性这一章，老师拿一块木板、一块玻璃，让学生证明磁铁的吸引力；如果学生拿磁铁去吸钉子，就得 A，就这么简单。在美国升学不用考试，就看平时成绩积累，所以学生学习没有压力。我们在中国时天天做题，一个学期下来，光用去的纸就有 11 斤重。我不夸张。

☆ ☆ 他们最瞧不起的人是自己的家长

——不止一个华人家长这样对我说

　　知道我正在做采访，准备写一本美国中学生的报告，一位华侨母亲找上门来，她问我："我女儿、儿子算不算美国中学生？你就给我写写他俩。他们三岁来美国，中国话不会说几句，今年中学毕业。"

　　关于这两个孩子的故事我早就听说过，本来是想把他们作为素材写进一个电视剧本的，没想到他们的妈妈找上门来，让我写他们，非得挤进这本书里。

　　"他们最瞧不起的人是自己的家长！"这是不止一个华侨父母对我讲的话。讲这话时，他们的目光是茫然、无望的，没有期待，百般的无可奈何。

　　老梁夫妇来美13年，从身无分文，到自己开餐馆当老板。当年老梁的父母帮他移民时，他在中国当工程师，本不想在自己各方面都很稳定的情况下到一个陌生的国家开拓新生活。他对自己、对别人都这样说："我来美国主要为我女儿能在这里接受很好的教育。"老梁给女儿取了个美国名，叫 Dolly。

Dolly 在这所学校城学习成绩不错。和美国孩子比，她的数学总是领先。中国孩子数学成绩大多比美国孩子好。本来在学校里成绩好就是鹤立鸡群，可中国孩子在这里总是觉得鸡立鹤群。这种感觉不只是本人有，旁观者也如此，理由是他们文化的根使他们融入不了美国文化，而这些中国小孩由于没有母语文化的系统教育，既不属于中国文化也不属于美国文化，所以每当他们既不能被美国孩子认同，又不能回归中国文化，总会把心里的愤愤不平向父母宣泄。学校办筹款晚会，美国家长慷慨解囊，有钱的多捐，没钱的少捐，而中国家长却不愿参与，做子女的当然不高兴父母这样做；有的中国家长想尽办法偷税漏税，在美国长大的孩子受不了这种不守法的行为，常常当面质问父母：如果大家都不交税，高速公路谁来修？那些引以为荣的大草坪谁来花钱修剪？中国家长开完罐头盒随手扔，把纸盒、报纸当垃圾，在这里受教育的孩子也会看不过去，因为他们在学校受到太多的教诲；森林保护、资源回收、地球母亲的负担等等。他们瞧不起自己的家长，自有他们的道理。他们所受的道德教育和父母亲的行为所体现的道德水准相去甚远。

他们瞧不起自己的家长还有另外的原因。比如，美国经济政策刺激消费，鼓励提前消费；美国人都用信用卡付账单，无论有没有钱，先花了再说。美国中学生的父母没钱也会给孩子信用卡去维也纳参加音乐会，或参加夏令营；而中国孩子家长无论如何也舍不得，他们主张有钱存上，所以家长和孩子无法沟通。又比如，学校里的家长会，中国家长代表孩子去参加，由于语言有隔阂加之美国教育理念和中国大不相同，通常只能出示面孔静坐，根本无法代表孩子发出任何声音；比之那些发出响亮的呼声为自己孩子的权益作抗争的美国家长，确实无法让自己的孩子瞧得起。中国家长的抱怨是中肯的，但原因绝对不那么简单；他们的失望是值得同情、理解的，但是他们的失望是没有悟性的。情况绝对不是像他们哀叹的那样，孩子到美国就变了，变得没有人情味了，倒不如说他们的人情扩大到了整个人类，而不局限在有养育之恩的父母身上。事实上美国青少年为社会做义工，为地球母亲呐喊，尤其是参加公民权益法案的讨论，也常常是中国新移民父母所不能接受，并常加干涉的。看到他们激动的神情，口吐白沫地上街演讲，中国孩子的家长就会担心他们惹麻烦，因为这不是自己的国家；但随父母入了美国籍的孩子却认为国家大事就是自己的事，他们的参与就是一个方面人群的呼声。家长和子女之间的冲突也由此产生。

中国孩子在美国瞧不起自己的家长这是真的。这种文化的冲突很难调整。抱怨是双方面的，不仅来自父母亲一边，也来自子女。

☆ ☆ 新移民的孩子

　　美国是移民国家，然而主流社会却一直以白人为主体；虽然美国标榜自己是民族大熔炉，融合了各种族的文化，其实不尽然。各族裔之间存在着显而易见的文化冲突：白人歧视黑人，黑人又歧视其他族裔，包括少数族裔之间的相互歧视、敌对并不鲜见。

　　一个十分明显的事实是：白人住在白人区，黑人住在黑人区，华人住在华人区；华人又分香港华人、台湾华人、中国大陆新移民。华人中三六九等是按拥有钱的多少来划分的，富人住的地方，穷人是挤不进去的，因为房价太贵。新移民家庭，两手空空来到美国，他们最初安营扎寨的地方，肯定是肮脏、混乱、常发生暴力的地方。新移民的孩子在美国读书，在校园生活中所遇到的挑战，所承受的语言障碍、种族隔阂、文化冲突和暴力威胁的压力，绝对不次于他们的父母。

　　旧金山地区的学生讲 64 种不同的语言，其中母语是中文的占 38％，母语为西班牙语的学生占 35％，母语为英语的仅占 28％。

　　双语教育（Bilingual Education）是美国国会在 1967 年通过修订中小学教育法时所强调的举措，是专为英语不佳的新移民的孩子提供的服务。

初期每年拨款
750 万美元。
1974 年美国国
会通过《双语教
育 1974》法案，
更加明确、具体
地要求联邦政府
拨款，为英语能
力不足的学生提

供特别的双语教育，包括开发以母语教学的双语班。同年国会又通过教育
机会平等的法案，据 1995 年资料显示，联邦政府在双语教育方面每年拨
款 80 亿美元，主要用于聘请双语教师和资助有关的辅导。双语教育是对
新移民孩子的过渡期扶助，让他们逐步融入美国的教育主流，最终目的是
让英语能力不足的学生可以与其他说英语的学生一起学习。旧金山学区在
华埠专门开办了为新移民的华裔子弟而设的学校，初到美国的孩子从这里
开始向美国主流社会的过渡；等到学生们适应了美国生活，学习成绩达到
了一定水平，学校再负责将他们输送到普通的公立或私立学校。

关心、重视新移民子弟的教育问题，联邦政府是有政策、有策略、有
步骤、有计划的，并设有专门的监察监督机构。联邦政府拨款，州政府具
体运作，各州的教育局均有双语教育部，统筹管理双语教学，各学区更设
有双语教育办公室，以及由家长组成的双语教育委员会。

据报道，全美新移民的孩子大都集中在 5 个州：加州、德州、纽约
州、科罗拉多州、伊利诺斯州。最新资料统计显示，1994 年至 1995 年
度，全美的公立学校学生中约有 260 万人英语能力不足，比过去 10 年增
加 76%，分布在全美 43% 的学区。有 1/6 的教师教过新移民的孩子。加
州的学生中有 1/6 是在美国以外出生的移民子弟，有 1/3 的学生在家里不
用英语沟通，尽管他们中有的家长在美国出生。洛杉矶公校系统每年招收
新移民学童 3 万人。

大量新移民学生涌进公立学校，冲击了学校的各项规范，改变了学校

的教学环境。学校行政管理人员和教师都感到有压力。有相当多的美国本土出生的家长反对将资金分散到双语教学上，因为他们的子弟不需要双语教育，而公立学校经费持续下降，学校校舍没钱整修，教学设备没钱添补，但雇用双语教师的薪酬却不减。新移民孩子的家长初来美国，英语不好，而且得为基本生存奔波，在为自己的子女争取平等受教育的机会时发不出响亮的呼声。这样一来，主流社会反对双语教育的浪潮就一波高过一波。

一位经济学教授指出，去年政府用在移民和非法移民方面的开支高达420亿元，其中最大的项目是中小学教育。10年内政府要多付出6665个亿。这类研究报告的披露使新移民的孩子在校园里成了受气包，因为美国本土学生认为是由于他们的涌入，瓜分、侵占了自己的教育经费。

美国校园暴力屡屡发生，学生对老师施暴是常事。给分数不对了，当众批评他了，都可能成为血案的缘由。广播新闻或报纸不时就来一大幅照片：某某学校又发生血案。新移民的家长虽然经常耳闻这些惊人事件的发生，但很少相信会发生在自己的子女身上。然而事实并非如此。华裔学生性格内向，加之父母总叮嘱少惹事，忍着点，结果遇到不公平的对待也不敢反抗，反使坏学生对华裔学生最敢欺负，最敢勒票。旧金山的洛威尔高中40％是华裔学生，校外的黑人少年专以勒索、打劫华裔少年为乐。有些坏学生对新移民学生的凌辱不仅在下课、放学以后，在教室里、课堂上也时有发生。他会无缘无故地用身体碰撞你，然后看你的反应，你装作不理都不行；接着就用语言污辱你，甚至殴打你。华裔学生如没有被打死，就很少有人投诉、报案。有这样一个事件：一位华裔学生在校园里被黑人欺负，他的家长为了躲开那个黑人就给他转了学；他到了新学校天天都带着枪，怕再有人欺负他；可是有一天枪走火，结果把他的朋友击倒在地。

在旧金山中学，不同族裔学生互相扭打、厮杀的事常有发生，主要原因是法律太宽容青少年犯罪，杀人不判死刑。1985年至1995年，被杀的青少年增加了150％。

☆☆ 中文教育赢得了被认同的地位

　　中国人在美国有两百多年的移民史，中文教育正随着中国人地位的提高而一步步发展、完善。早年中国人来美国，大多是想赶快赚钱，赶快回家。当时美国社会对华人是非常歧视的，虽然有的华人在美国有了子女，但叶落归根的念头仍然根深蒂固。他们兴办华文书馆，讲授四书五经，目的是让自己的子女回到中国时仍然是个中国人。此外所有的课程设计，也都考虑到回国后能与中国的教育合拍。但此后，随着中国社会大环境对本地侨社的影响大为减少，第二代土生的华裔不再像第一代移民那样有着强烈的落叶归根情结。他们中大多数只会说中文，不会写中文。

　　20世纪60年代，新的移民法颁布，大量华人流入美国，华文报纸、杂志、华文学校也应运而生。美国的华文教育、媒体大部分被台湾政府和本地侨社掌控。台湾政府一直试图抓住海外华人作后盾，支援华文学校是其海外文宣工作的重点。他们投入大量资金，免费赠送课本，兴办中文电视台、广播电台。许多华人集中的地方，如纽约、洛杉矶、旧金山等，都是台湾人兴办中文学校。他们使用的中文课本沿用繁体字、旧式拼音注释；教科书的内容也大多是仁、义、礼、智、信和二十四孝之类的故事。

　　改革开放以来，中国有 32 万留学人员来美，其后大多在美定居。这些人在开拓自己生活的同时，也承担了中美文化交流的使者角色。他们往返于中美之间，交流技术，传播文化，由中国大陆新移民主办的中文学校如雨后春笋般在美国大地上一家接着一家出现。

　　目前美国的中文学校大致可分为侨团主办、教会主办和学区主办这几种类型。侨团主办的又可分为两类，一类以台湾移民为主，授课用国语；另一类以广东侨民为主，授课用广东话。教会所办的是以传教为主，目的在于用中文向中国人传教。

　　华人集中的学区，中学里开设中文课，是作为外语选修课的一部分。由于把中文列入中学外语课，选修的就不一定是中国人的后代，相当多的美国男孩也选学中文课。中国改革开放后，作为拥有 13 亿人口的大国，是所有有志赚钱者都瞩目的一个大市场。许多美国中学生常说，13 亿人口，就算从每人身上赚一块钱，你算算多少钱？

　　随着中国国际地位的提高，其对世界潮流的影响力也在加强。美国中学生学中文，要去中国考察长城、长江，去旅游，去研修，去做交换学生的热情日益高涨，并且互相感染，互相影响。

1993 年前，中文学校只面向华侨子女，他们通常在放学后来学中文；如遇考试期间，或者功课紧张，他们就不得不主动放弃，老师也会理解并且没有任何抱怨。

然而，怀着民族感情的旧金山中文教育工作者经过艰苦努力，终于让本地学区认可中文为外语的 20 个学分。加州公立大学要求每个新生必须修满 20 个学分的外语，中文得到了认可，大大鼓舞了中文学校的中文教育，也鼓舞了选学中文的华侨后代。无论是谁，只要在本地中文学校选修中文，通过当地所要求的考试，就可以把这个学分记录在自己的成绩单上。中文教育不再是可有可无，忙时不学，闲时才学的课程，它成了一门主修课。目前旧金山有 4 000 多名学生选修中文课程。1994 年，美国大学入学考试 SATLL 增设了中文。全美各地的中文教育工作者都在努力让本地学区承认中文算作外语学分（因为美国每个州都有自己的法律）。

在美国，中国人的政治地位，很大程度上取决于中国在国际上的地位。海峡两岸不统一，在美的中文教育受到直接影响，两岸的隔阂造成中文语言的障碍，令华侨子弟无所适从。比如台湾地理课本上北京就叫北平，注音符号也另是一套。

20 世纪 80 年代以后，中国大陆来美的新移民中也有些人办起了中文学校，但师资显然不具备专业水平。因为在美国受过专业训练的人都会在主流社会找到年薪七八万美元的活儿，只有那些没有文凭的人才会干这些又操心又赚不了太多钱的工作。有相当多的三流电视剧的四流演员充当中文教师。然而，中文教学并不是会说中国话的人就可以上讲台的。

据资料统计，现在海外有 3 000 多万华人。中文教育的开发、中文教材的编写和供给，对于中国的教育工作者，编辑出版部门是一个既能赚钱、又能造福炎黄子孙的大工程。无论是从教育观点出发，还是从文化传播观念出发，都应该引起关注，并加速将人才、财力投入这一领域，收获将是不可估量的。

☆ ☆ 会讲中文的美国男孩

这是一次奇遇。

我在加州基督教会牧养的华文基督教中学采访，那里的教师、学生基本都是中国人。他们或是在美国本土出生，或是新近几年移民来美国，但，其中绝大部分根本不会讲中文，交流、沟通全用英语。

然而有一个奇迹，而这个奇迹是全校唯一的白人男孩威廉创造的。他和中国学生一起上课，能讲十分流利的汉语，比这里所有长着中国人面孔的中国人讲得都好。

我当然不能放过这次采访的机会。当校长把这位高高大大的 17 岁美国男孩引荐给我时，他愣了一下，我也忽悠一下想起了什么：是，没错，一年前我曾和他通过电话。我的一位教师好朋友多拉曾经对我提起过她一位同事的孩子不但能读，而且能写相当流利的中文。有一天他正好去他妈妈的单位，多拉让他和我通电话，在电话里聊了半小时，我几乎不敢相信这是一个外国人在讲中文，而他才 17 岁。我们相约安排一个合适的时间见面，但此后，我忙他也忙，我有时间，他没有时间；他有时间，我却又没有时间，一直没有安排好。

　　这个叫威廉的男孩挽着我的手，告诉我他中文名叫杞立安，那正是多拉曾经告诉过我的。我问他为什么学中文，他说，我太喜欢中文的字形、笔画，看起来像艺术品，写起来很有韵味。

　　他告诉我他学中文 9 年了。我问他，你和中国同学相处比和美国男孩有什么不同？他耸了耸肩膀说，我不觉得有什么不同。"那么将来你这口流利的中文准备派什么用场，是当外交官与中国官员打交道，还是和中国做生意？"他很天真地回答："我不知道。"美国人的思维很多情况下以兴趣为核心，视兴趣比利益更重。利益驱动收获辛苦和成功，兴趣驱动收获兴奋和快活，在美国人的心中快乐比什么都重要。我对他开玩笑：你这样喜欢中文，将来会不会娶个中国太太？他说 May be（有可能）。

　　杞立安的父母我见过，那是半年前，我受好友多拉之邀去看一个美展，票就是杞立安的母亲赠送的。那是一个美国妇女缀布拼花挂件展，用各种布料拼成不同创意的图案，像一幅幅大被面挂在墙上。其实中国妇女也有这个传统，用各种碎布拼成垫套、被面什么的，只不过我们是废物利用，她们是用新布剪贴。杞立安的母亲保守、正统、严谨，也会说些中文，而且发音纯正。美国是各民族文化的大拼盘，疯狂、浪漫有之，保守、传统的也大有人在。大多保守的旧式家庭都愿意亲近中国文化，接近中国人，他们往往对孔孟之道十分赞许，认同并遵从仁义礼智信。杞立安的母亲请我们吃冰激凌，埋单时统付，而不像其他美国人，自己付自己的。她自己经营一个教育书店，曾去非洲考察教育两年。我建议她去中国考察，她说她一定会去。

这个高大的美国男孩十分内向，话也不多，问一句答一句。他对中文的兴趣好像来自基因，也实在说不出什么。他在这所有 800 多名中国师生的学校里读书，和他们相处得很融洽，很和谐。他爱这所学校，爱这里的老师和同学，这里的中国老师和同学也爱他。

分手时，我问他还有没有要对我和中国读者说的话，他提笔用中文流利地写了几行字，从钱包里拿出一张他的近照，并留了电子信箱的通信地址。下面是他的赠言：

亲爱的中国少年朋友，地球村已成了一个大家庭，无论什么国籍、种族、肤色的人都可以成为朋友，现代化的交通、通信工具缩短了空间距离。杞立安，一个会写中文的美国男孩，愿意和中国的读者交朋友。

☆ ☆ 谦恭儒雅的毛克勤

　　采访这所学校的最后一天，陪同我的学生叫毛克勤。他 17 岁，1.7 米左右的个头儿，中国话讲得十分流利，待人的举止十分谦恭、儒雅，以至于让我联想起 20 世纪 30 年代中国电影《林家铺子》、《马路天使》里的人物。他父母亲是台湾人，台湾人比大陆人承继了更多的中国传统文化。他们没有经过革命，特别是"文化大革命"的战斗洗礼，所以他们保持着中国文化中的礼仪，懂得谦卑、谦和、谦恭、谦让。我知道他的举止一定是从他爸爸的爸爸的爸爸那里传下来的。他那稚气的脸庞，身在美国而又魂系中华的文化情结，让我对他兴趣盎然。

　　本来他陪我听的这节课是化学课，可是我却抑制不住地去翻他写的那本《Servus Austria》，一个 16 岁男孩的奥地利游学笔记。毛克勤用半年多的时间写成了这本书，由台湾商智文化出版公司出版，制作十分精美，用了两百多幅照片。这本书的内容、版式、封面，都在引逗我，以至于我根本听不见化学老师都在讲什么。

　　我对身边的毛克勤说，咱俩出去吧，干脆我采访你。

　　这个百分之百中国血统的男孩，有着传奇的生活经历。他现在寄宿在

亲戚家里，在学校里是众所周知的优秀学生。他每天自己开车上学，处理生活中的大小事情，十分的自立又自信。

他是独生子，没有兄弟姐妹。从出生起，父母亲因为工作忙，就把他寄宿在保姆家里。他曾先后寄宿在三个保姆家。两岁零十个月的时候，母亲去维也纳大学读书，他便随母亲去了奥地利。不久，由于父母亲在异国的生活太紧张，无法照顾他，又把他送回台湾由舅婆照顾，半年后又把他接回奥地利，送到一个从上海移民来奥地利的太太家里，这样他每个礼拜可以和爸妈相处一天。他上幼儿园，学德文，背德文。上幼儿园大班时，父母亲带他去欧、亚、美洲转了一圈，决定返回台湾开设第一家奥地利餐馆，这样他又在台湾上了幼儿园大班和小学一年级。后来他母亲卖掉餐馆来美国，他也跟着来读小学。在美国期间他和爷爷奶奶住一起。念完了二、三年级，父母亲又返台，其时他差不多把中文忘光了，给母亲写信竟然把妈妈写成女马女马。妈妈大吃一惊，决定把他接回台湾接受中文教育，这样他又回到台湾。在那里他读了小学五、六年级和初中。高中一年级时，父母亲安排他去奥地利住宿家庭学德文，次年再来美国。

毛克勤才 17 岁，却有着大多数中国人无法相信、无法理解的经历。他的父母亲是怎样一对夫妇，有这样的心肠，或者叫这样的胸襟，把自己的亲生骨肉一点牵挂也没有地从地球这边抛到那边，而且是抛来抛去？

毛克勤的身上看不出有什么毛病，让人觉得这孩子很有家教。他待人既彬彬有礼又十分矜持，比之在父母身边长大的孩子成熟多了，而且有见地，自信。

他告诉我他去年去了上海。他对今日的上海赞叹不已，对中国大陆突飞猛进的经济建设深感惊讶。他说他有一个理想：在美国受高等教育，将来在亚洲发展自己。他甚至还告诉我，他老了会在什么地方养老。他说话的时候不时提起他的女朋友，说得一本正经。他 12 岁开始谈恋爱，不但没影响学习，反而促进了他学习上的竞争，因为女朋友学习成绩十分优秀。她现在在台湾，他们每天通 5～10 分钟电话。

毛克勤的生活费用全部来自父母，但他高二就提前选修了大学的课程。美国高中为优秀学生提供大学课程，他们可以花 99 美元，买一套软件，自己在家学习，通过考试就算学分。

我和校长 3 点钟有个约会，不得不暂时停止了这次采访，否则我们会谈得更多更细。他很愿意和我聊，答应我和校长谈话结束后再来找我。

我从校长办公室出来时他果真在门口等着我。他满头大汗，刚和同学打完球。我们彼此留下电话，答应电话里再聊。他转身跑向操场，顽皮而骄傲的动作，向我昭示：这是多么生动、可爱的生命！

☆☆ 中文是第二语言

　　教室里坐满了都是十二年级的学生，然而这些出生在美国的中国孩子却大多不会讲中国话。他们在这所学校里选学中文课是当外语课算学分的。这些孩子中有的父母都是台湾人，这类家庭的孩子对中文教育非常重视，在家讲中文，成绩也好。有的则不然；母亲是中国人，父亲是白人，这样的家庭用英文交流，孩子学中文就挺困难，因为他们没有语言实践的机会。还有的孩子是第三代移民，父母亲全在美国长大，本身就不会中文。所以该校中文课的教材、教学计划、教学手段均列入外语教学。

　　任课的老师穿着一件灰上衣，白衬衫，蓝裤子，戴一条花纱巾。中国大陆女人穿衣服比较喜欢色彩有对比，追求反差美；美国女人则喜欢颜色一致，如果穿灰外套就会穿一件浅灰色的衬衫，不会穿白衬衫。后来我有一个机会和她单独在一起，她喜欢唠嗑。所谓唠嗑，是说很不见外，很亲近地拉家常，问长问短：你家在哪？你先生……你孩子……美国长大或住久的人绝对不问身边的事，在一起工作几年了都互相不打听。

　　她用英文讲解中文。她的英文很好听，是标准的英式发音。直觉告诉我她是大陆一位知名的语言学教授，我似乎在广播里听过她教英语。她的

声音和一般人绝对不同，那是很少有的一种声音，带着语言律动的美。她和这里的教师微笑起来也不一样。美国人也好，在美国长大的中国人也好，他们脸上的微笑是从心底里透出来的；而中国人来到美国后，受周围环境的影响，看见周围的人都微笑，也微笑着回敬，但那种微笑是挂在脸上的。她的一举一动、一言一行是那样彬彬有礼，但有别于在美国出生长大的中国女人，也有别于在台湾生活成长的中国女人。

她是这所学校里很受学生欢迎的中文老师。她告诉我她是基督徒，在这所学校教中文，是神的旨意，是在侍奉神，因为这里教师的薪酬比其他学校低，每月只有 2 000 美元。

该校使用的中文教材是繁体字，是从中国进口的。16 开的大开本，字号很大，行距很宽，和国内的语文书印刷质量大不一样，精美、华丽且纸质很轻。

十二年级学生修满中文课的语文水平相当于中国初中二年级。教学计划是这样期待的，但学生们的成绩参差不齐，差距相当大。美国各科考试都很容易放学生一马，特容易得 A，即使得 F 也可以给一个好成绩。

这堂课教师讲"因为……所以","觉得……很有意思","想，不想，想不想","和","都","也","了"。学生们造句都非常贴近生活。用"了"造句时就说"吃了饭就去看球"，"我们去看足球赛了"。用"想不想"造句时，学生们举手争相回答。一个学生说："你想不想去看电影?"另一个学生说："你想不想跳舞?"学生们提问："今晚和今天晚上有什么区别?"老师就用英语解释。我发现用一种语言解释另一种语言，词语本身的韵味就跑掉了。母语和第二语言之间的距离是无法调整的，因为语言的意义不在于其字面，更主要的是其中的文化。

在美国出生长大的中国孩子，其思维方式和国内的孩子大不一样。他们的作文课用英文，大多是读书心得，中文课的命题作文也非常贴近身边生活。根据我自己的感觉，其十二年级学生的作文水平和思维方式相当于国内的高三学生。

目前美国高中毕业生的 SAT 考试，中文被列为外语中可选择的考试语种。这是对中文教育的肯定和促进。

☆☆ 两个中国小牲口

　　"他们都美国化了。"这是本文主人公的口头语。这位愿意别人称她黄太太的中国女人没有丈夫，也就是说，她身边并没有黄先生，但她却不愿披露自己的真名实姓。她愿意别人称呼她为黄太太，也许只是一个孤寡女人对自己的心理保护。那好，就让我们称呼她为黄太太。

　　黄太太目光呆滞、木讷，一点精神头儿也没有；她逢人就说，"他们都美国化了。"她是被她的一双儿女气成这个样子。这两个孩子分别叫大毛、二毛，出生在中国北京，刚移民来美时一个3岁，另一个5岁。如今两姐弟高中毕业，一个中国字也不认识，中国话也只会眼前的生活学习用语，稍微带点儿感情色彩就不能沟通。他们刚拿到高中毕业证书，就愤愤地把全家福照片上的每个人头依次剪下来，把黄太太的头像放在她的床头，自己的头像放在自己钱包里，衣物则全扔到垃圾箱里，各自带着一床睡袋，就走了，搬到了哪里却没人知道。是被哪所大学录取了，还是到另一个城市去做工了，黄太太问不出来，因为姐弟俩都不想再和这个中国母亲保持任何联络。他们临别前和母亲说的最后一句话是："把那18美元还给我！"他们整理东西时黄太太碰坏了儿子放在桌上的手电筒，独生子说那手电筒值18美元，让她赔。

20世纪70年代末，中国刚刚开放，黄太太的婆母在台湾托人弄景办了一份邀请信，请他们全家来美国异地团圆。当时海关没有如数放行，黄先生带着一双儿女走了，独留下了黄太太。黄太太处处自信并自有主张，她叮嘱先生千万别回来，一定要在美国让两个孩子受教育，上大学，将来出人头地，光宗耀祖。黄先生和孩子刚来美国的时候，每一张寄回中国的照片，黄太太都拿着到处炫耀。

一个不会讲英语，又没有一技之长的中国男人，要带着两个孩子在美国生存下去，其艰难是可以想象的。他在中餐馆洗碗打杂，每月赚800美元，交了房钱，再用来吃饭，根本剩不下什么钱。两个小孩当然没法去幼儿园，又不可能有小朋友，就整天关在家里。美国法律又不准12岁以下的小孩独自在家，他每天上班前都要把窗帘落下，生怕邻居看见，因为美国人是很爱管闲事告状的。他必须恫吓孩子说："你俩在家不许大声讲话，警察听见有人在家就把爸爸抓走，你们就没有爸爸了。"他说这话是真的，如果警察知道有12岁以下的孩子独自在家，肯定会拘留家长，并且把孩子监护起来。大毛、二毛就在这样的环境中长大，不敢大声说话，没有小朋友，也没有母爱。一直熬到上学了，他们的妈妈才获得签证来了美国。

黄太太来美国后找不到工作，没有收入，唯一可能的就是去台湾人家中当保姆。她每周六天都吃住在别人家里，只有周末才能回来，也只有这一天才能和孩子们在一起。艰苦的日子逐日煎熬着这一家四口，黄先生终于垮了，他得了肝癌，由于美国医疗费昂贵，他又没有医疗保险，不久便撒手人寰。

四口之家变成三口之家，黄太太常常冒起回国的念头。这里实在太艰难。然而她走时没给自己留退路，家具卖了，虽然不值什么钱，然而破家值万贯；先生去世了，两个孩子又不会讲中文，回去怎么才能和中国衔接上呢？再说就这么一点钱也没赚到就回中国也太没有面子了。为了面子，她愿在美国待下去，遭洋罪也认了。

大毛、二毛在学校享受着低收入家庭的种种待遇：免书费，免午餐费，免学校汽车的月票费等等。教会组织知情后常把一些富人孩子定期捐出的旧衣服、食品送到他们家去；圣诞节期间，附近的邻居会把做好的节日全餐送到他们家门口。每当这时，黄太太都会感激涕零，然而这两个孩子却为总是受到别人的恩惠而不自在。他们幼小的心灵里埋藏的自尊心受到伤害，他们开始为自己投胎在这个家庭而抱怨。

在学校里，美国同学当然把他们当成中国人；而由于母亲没有钱送他们去中文学校学中文，他们对中国文化知之甚少。黄太太一周六天去别人家当保姆，他们母子间也不能用中文沟通。美国同学业余时间学钢琴，周末露营，暑假去西班牙；他们的父母没有钱，无法加入美国生活的秩序。姐弟俩既不是中国人也不是美国人，于是怨恨自己的出身，怨恨自己的父母亲把他们带到美国。他们的怨恨越来越多，甚至怨恨自己黄皮肤、黑头发，视母亲把他们带到人世间是苦。

"这是两个小牲口！"知道他们的邻居都这样说。这当然也与从他们有意识以后，父母亲没有机会给他们起码的道德教育有关。他们不懂得父母的养育之恩，也无法和父母亲沟通，因为姐弟俩不会讲中国话，父母亲又不会讲英文。他们高中毕业后离开母亲出走有其可理解之处，让人听起来可怜又可恨的孩子其实是一个牺牲品。黄太太能说什么呢？她只能自我解嘲地说："他们都美国化了。"其实美国孩子和父母亲的感情挺缠绵的，他们自立，不靠父母，但绝对不会视父母为冤家；他们爱父母，惦念、关怀他们，富有人类共通的爱心。

太小来美国的中国孩子，如果父母亲不懂英文又进不了美国主流社会，两代人之间肯定会产生隔阂。这里采访的是比较极端的一例。在这篇采访手记中，我不愿再花费笔墨描述黄太太的儿子打她的经过，那是太令人心酸的情节，而毕竟这种情况不多。

☆☆ 请帮我在中国出本书

"如果你方便，能不能帮我们把这些日记印成书？听说中国印刷很便宜……"

一个又一个家长这样求我。他们不了解中国出书的操作程序，以为有钱就可以印书。可那是美国，中国不这样。但是我还是耐心地听取他们的请求。

美国孩子以 14 岁为界线，15 岁以后就可以获准得到驾照开车、打工赚钱，所以家长们大都在孩子 14 岁时送给他们成长日记。成长日记通常由母亲细心编写，他们希望印刷得精美，在孩子的成人典礼上送给孩子，也送给教师和亲友。我看见家长们一本又一本的手稿，很感动，也很震撼：美国女人一旦结婚有了孩子，许多都不工作，孩子长大过了 14 岁才再就业；也有的在家工作，或做 Part time（计时工）。因为美国法律规定 12 岁以下的孩子不可以独自在家，否则邻居发现会报警，家长要受罚，而请人来看也要付钱，所以很多美国妇女这一期间以理家养育子女为主，对丈夫和子女倾心尽力。

送到我手头的这本日记是用花布糊的封面，深蓝色的衬底，映着粉红

色的梅花。第一页是妈妈挺着大肚子，望着窗外，脸上挂着微笑的照片，那是她分娩前在产房里拍摄的，而后的几张是从录像带上转拍的。美国产院生孩子时，大都会送给你一盘录像带，上面完整地记录着产程，家属在外边等候时也可以看。有一个婴儿刚从产道露出来的画面。那一页密密麻麻地写着妈妈的感受：肚子痛、腰痛、喊呀、叫呀！栩栩如生地描绘。往下是女儿第一次洗澡的照片，第一件衣服、第一次穿的鞋、第一次戴的帽子、外婆第一次抱她时的照片；再往后看，一个小塑料袋装着一小撮头发，是她第一次理发时剪下来的头发。让我惊喜的是还有一个中国人过年时送的红包，那是一位中国朋友送给她女儿的礼物——压岁钱。这是女儿的第一个中国朋友。

有一张照片让我注目许久：女儿和另外两个小姑娘、浑身涂着水彩，有红有蓝有绿，全裸着身子开怀大笑着。我问妈妈：她们这是在干什么？她很不以为然地回答：开心。她们喜欢尽情地做什么就让她们做。那天，她们几个小孩画画，玩着玩着就互相你往我脸上画，我往你脸上画，一来二去又弄脏了衣服。以后我就对她们说，你们再画画就不要穿衣服。她们不穿衣服画画，画来画去就你往我身上画，她往你身上画，越画越开心，我就给她们拍了这张照片。那是可爱的童真，我们大人是享受不到这份快乐的。人长大了就总被目标什么的限制着，再也无法这样开心了。

后边的照片开始记录孩子长大后一些有意识的活动，譬如有一组系列照片：一个小娃娃立在门口，女儿站起来迎接、和小娃娃拥抱、请小娃娃一起吃饭，等等。那是女儿自编自导的摄影故事，由母亲摄影，父亲撰写解说词，是集体创作。贯穿整个成长日记的有女儿的小脚丫和手掌印儿，有蓝色有红色，印在白纸上且用塑胶密封着，逐年积累一个比一个大。这是多么有爱心的母亲！从这本日记我领悟了哺育、养育和教育的具体内涵。再后面的就比较接近了，包括一张去各地旅游的剪辑，许多照片贴在一张大纸上，复印成一张，像一本书的封面，也蕴涵有一本书的内容。

只有一张照片让我心惊肉跳：两个女人带着五个孩子，所有的人都一丝不挂手牵着手爬山，坡很陡。这是一幅黑白照片，没有色彩反而显得非常美，尤其画面上所有的人都是裸体，更具某种回归自然，返璞归真的意味。据说美国好些地方都挂着 Cloth optional（穿不穿衣服都可以）的牌子，这种地方大多数人就不穿衣服。去这种地方放松的人很少，他们绝不会彼此打量，彼此琢磨，而只想享受与天地融为一体的快乐。

那些密密麻麻的文字，我一时来不及细看，只那些照片的创意就足够我欣赏和体会许久了。

每年的圣诞节、生日、感恩节、新年游行，这里均有记录。这真是一本很有价值的成长日记，相信每位母亲和中学生都会有阅读兴趣，出版社出了也不会赔钱。但我敢答应帮他们在中国找家出版社出版吗？这种书在中国能出版吗？

☆☆ 第一天去柏克莱高中遇见青年教师 Jesse

　　我在柏克莱市的公立中学遇见了一位青年教师，他今年 27 岁，是个黑人。他一头卷曲的短发，骑着自行车，在体育场上看不出他是老师还是学生，脸上飘拂着一抹淡淡的忧郁，那种凝固的愁云很少在美国人的表情上看到。他很热情地接受我的采访，并且协助我收集资料，帮助我制作采访计划。

　　柏克莱市是世界著名的柏克莱大学所在地，这所城市因这所大学而出名，然而这个城市的高中可太一般了。

　　在美国大凡中产阶级以上的子女都就读私立学校，而低收入家庭只有到这种公立学校。这里免学费、书费，还有免费午餐。公立中学里有 5％～10％ 的学生自己开车上学，平时有 30％ 左右的学生都做计时工，赚钱贴补自己的费用，减轻父母的负担。有 50％ 的学生生活在单亲家庭里。

　　我和这位青年教师坐在体育场的看台上，一边看着学生们玩一种球赛，一边聊天。看着那些中学生在运动场上那么开心，我问这位老师，他们每天用几个小时完成课外作业？他的回答使我吃惊，"他们没有课外作业。"他们每天都在课堂上完成作业。这位叫 Jesse 的老师说，他教 5 个班，每个班每天都有学生缺席，学生不愿上课就不来，学校不会因为学生缺席而惩处学生。因为这是公立学校，国家教育经费是按人头拨款，如果学校有硬性规定，如果缺席几次就开除，那么学校就领不到这笔费用。

美国是个机会均等的国家，穷就标志着懒和笨。这些出生在低收入家庭的孩子，都没有很好的家庭教育，许多女孩在中学时代怀孕。由于美国高中是学分制。学生必须修满学分才能拿到高中毕业证，这所学校的黑人和墨西哥裔的学生有50％不能如期毕业。他们要再花一年时间，重修学校所要求的学分。有70％的学生毕业成绩常是 D 或 F（不及格）。

这所公立学校有一个大体育场，周围有看台，能容纳数千人，有四条800米跑道。室内体育馆有硬木地板够段位的篮球场地。我去的那天，正有两个城市的篮球队在那里比赛。一个大剧场也可容纳上千人，墨绿色的地毯，墨绿色的活动靠椅，墨绿色的舞台垂地大幕。比之这种豪华，教师却没有办公室，只有系主任有办公室。教师不坐班，教完课就回家。

Jesse 每月工资 1800 美元，他是大学本科毕业。如果他能通过州政府的 CBEST（Califonia Bisic Educational Skill Test，加州教师资格考试），他的工资会升上去；如果是硕士毕业，起薪会是 32000 美元（年薪）。

Jesse 很忧郁，好像有什么沉重的负担。他很坦率地说，公立学校的学生很难教，他们的家长大都不努力工作，很多是单亲家庭，靠政府救济。他随时可能失去工作。美国是竞争的社会，这个学期有课教，但不知下学期学校是否留用。他现在住在他姑妈的家里，但自己起伙，每月要按期交房费。他每天骑自行车上班。

☆☆ 一分零用钱也不花的男孩尼克

　　中午下课的铃响了，学生们一个个走出教室。我随着人流去学校餐厅，肚子实在饿了。那个名叫尼克的男孩叫住我。前几天我听过他们的舞蹈课，在那儿和他相识。他说："你为什么不采访我们校报？"他指着旁边那个十分英俊的小伙子说："他就是我们校报主编。"美国中学生身体发育都非学好，十六七岁的男孩就已健壮得像一个成年人。那位校报主编的英俊气概，像我在电影里看到的明星，不容我把他当个孩子轻视。我看过他们的校报，那实在称得起是一份报纸，和《北京晚报》模样相似，并且有自己的印刷厂和发行系统。不过我想，我应该定好采访计划再和他谈，这样随便聊，问不出问题，他们会轻看我，也浪费我的时间。时间每分每秒对于我都是那么宝贵。我和他初步约了一下，可尼克却兴致勃勃非要我采访他自己。美国孩子的大方、爽朗、明快的个性真是清澈见底。我不愿扫他的兴："那好吧，我们谈谈。"我俩走进他们的校报编辑室，他一屁股坐到桌子上，好像我不是生人，更不是一个外国记者。而是相识许久的老朋友，在校园重逢。接着他就哇啦哇啦问起中国中学生的事。我要打断他：应该我问他答。我在他刚有一个句号的时候，就问，尼克，你有 girl friend（女朋友）吗？我想对他来说，这是一个容易打破尴尬而又轻松有趣的话题。他说，我没有。我现在上高二，还有一年毕业，我不想高中有女朋友。我想读最好的大学。尼克是这个学校的高才生，他已修完了高中的大部分学分，还选修了大学的物理科阶梯课，这是这所学校专门为那些好学生设计的课程。他告诉我，他大部分时间都在电脑上。他的父亲是这所学校的计算机老师，母亲也搞计算机。这是我迄今采访过的中学生中唯一双亲完备的家庭。生活在和谐婚姻家庭里的男孩和那些单亲家庭里的男孩精神面貌显然不一样。尼克生龙活虎没有半点忧伤。尼克的家庭很像中国老式家庭。尼克从来不在学校餐厅买饭，天天带三明治；他的父母亲也很少带他去餐馆吃饭。除了暑假，尼克平日不打工，而且一分零用钱也不花。他唯一的爱好是跳舞，他喜欢跳 Swing。每周五晚上，他爸爸开车送他去舞厅，过后再去接他。

我问尼克，你喜欢你爸爸什么地方？他说我喜欢爸爸幽默，他和我们

讲话从来都像朋友一样，十分开心。我又问你最不喜欢你妈妈什么地方？他说唠叨，我妈妈只要看见我，就说你要好好读书，有时我正在很用心地读书，她也这样说。她说这句话已经不代表叮嘱、鼓励和鞭策，而好像一种条件反射。她见我不这样说不行，她已经控制不住了。

我问，你们中学里有同学不和父母在一起，自己租房子去外边住的吗？他说，没听说。有好多同学都是和妈妈住一起，因为父母离婚，常是爸爸搬走。

尼克听说我不明白什么是 Swing，非要找来一个同学跳给我看。因为是中午，他找了好几个教室，全都空的，没人，就又把我带到他父亲的计算机房，查出他常去跳舞的舞厅地址和本周的时间表。他告诉我在那儿就能看到 Swing 怎么跳。

尼克把他的网址、电话都告诉了我，他说如果中国中学生愿意交笔友可以通过互联网和他联络。

我说尼克，你是不是要结交漂亮的女孩，还是男孩也可以？他太单纯，不懂我的中国式幽默，也不知道我这是开玩笑，一本正经地回答，只要会英文就可以。

尼克的爸爸开车来接他回家。尼克比他爸爸高出一个头顶，爸爸搂着他肩膀。沐浴着父爱的尼克，虽然大块头，却满脸天真、顽皮和稚气。他向他爸爸介绍了我，他爸爸伸出手来很幽默地说，我们好像在哪见过。难怪尼克说他爸爸幽默，这怎么可能呢？

尼克的爸爸和尼克都邀请我去他们家做客。

☆ ☆ 驮着鹦鹉上课的舞蹈老师

　　这天下午，我从物理教室出来，赶快按着课表时间赶到体育馆的舞蹈教室。这是很专业的舞蹈训练场地，一面墙全镶着大镜子，对面是明亮的窗户，木制地板打着蜡，光滑、平整、坚硬，映着姑娘们青春的倩影。一进这舞蹈教室，不会跳舞也想跳；尤其那通向棚底的镜子，把人的心"哗"的一下照个通亮。那些金发碧眼的女孩，修长的腿，模特般的俏丽。青春是多么可爱，即使不漂亮，不标致，不秀美，也能让人忍不住多看两眼。

　　这节课是墨西哥舞，学生们上课都要换上墨西哥舞蹈服装，像演出似的。看见她们叽叽喳喳换服装时，我心里别有一番感慨。上舞蹈课换服装和不换服装是不一样的。进入一个扮演的角色，她们每个人都有一种刷新自己、焕然一新的感觉。只有在生活中不断转换角色，才能不断注入生命的浆汁，生命才充满了活力。那舞裙是蓝色的，有三层褶，镶着粉色的花边，稍一动，就让人想起海浪涌向脚边，海风吹拂着面庞。踏着音乐节拍的一强一弱，强弱弱，弱强强，奔放而又飘逸的美感染着我。那是音乐的美，舞蹈的美，生命的美，青春的美。

　　作为一个陌生人，没有人介绍我。那些女同学（这门舞蹈课全是女生）并不多看我一眼，即使我是个外国记者，黑眼睛黑头发，胸前还赫然挂着一个学校发给我的采访牌。我仔细打量她们每个人。这时有一个男士，身上挂着一个徽章，穿着工作服，推着一架轮椅走过来，轮椅上坐着一个残疾学生。他手里拿着一个单子，很正规的铅印的表格，递给助理教师。他请助理教师签字，意思是舞蹈课收到这个学生出席，然后就走了。助理老师告诉我，这个残疾学生不能走路，但他心里喜欢跳舞，所以学校允许他选这门课；他可以观察、描述这门课，仍然可以得到学分。那个送他来的男人，是专门负责接送残疾学生上下课的，因为每门课都有专门教室，并不在一座楼里，需要跑来跑去。按照美国法律，残疾学生乘轮椅出入每一个教室都必须有主任签字。美国有关保护残疾学生权益的法律十分严格，残疾学生的停车位有特殊标志。健康学生占残疾学生的车位，警察会罚他们 500 美元。中学必须设有残疾人轮椅能通过的门，通道、厕所也一样，厕所还要加设特殊体位的便池。人行道和马路中间也必须有轮椅能下来的斜坡。

舞蹈老师来了。她提着一个塑料盒子，里面有切碎的苹果；盒子上有一个树杈，上面站着一只骄傲的鹦鹉，红头顶，绿身子。她那轻巧的身材，一举手一抬足都是舞姿。即便没人告诉我她是舞蹈老师，在路上我也会一眼认定她是。她打开录音机，随着音乐，学生们翩翩起舞，那个鹦鹉也跟着学生唱。

舞蹈老师穿着一身黑舞蹈服。舞曲停了，她站在前边示范。鹦鹉跳在她的左肩头，她倾斜着脸，紧贴着鹦鹉，是慰哄和亲爱、亲近、亲昵的表情，好像在谈恋爱。鹦鹉随着她肩膀的倾斜而倾斜，还有各种表示。开始觉得有点怪：老师怎么把鹦鹉带进课堂？一边上课一边喂鹦鹉，校长不管她吗？但有鹦鹉伴唱，真的好逗乐。快要下课时，看着老师驮着鹦鹉在前边和学生一起跳，又浪漫，又柔美，舒展的生命，舒展的艺术，舒展的教育……老师看出我的心被引逗出生命真谛的快活和跃跃欲试，转头问我，你要不要也来和学生一起跳？我迫不及待地说快给我也找一件跳舞的衣服。助理教师给我翻出一件适合我身材尺寸的舞蹈服，我穿上以后，说，快！先给我照一张照片，和你，和学生，和鹦鹉。大家一起来，在这自由的土地上留个影。

☆ ☆ 去尼克家做客

在美国，不管多大岁数的人，脑子全是一根筋，都有一种孩童般的可爱。如果你答应他什么，他们就非常当真地等着兑现。那天尼克的父亲来接他时，父子俩说请我去他家玩，我当时顺口答应，没想他们信以为真，周末打来电话要确定具体时间。当然，有机会采访美国中学生的家庭也是被我列入采访计划的。

尼克家距离学校约 20 分钟的车程。这是美国中产阶级家庭居住区，整个社区被平整翠绿的草坪覆盖着，看不见一块土地。尼克的母亲站在敦实的白墙红顶小洋房前，热情地迎接了我。美国职业妇女都非常关注体重，身上没有一块多余的肉，不只单纯是为了形体美，同时也是为了健康。她是那种既有体型美，又有健康美的女人。

我先赞美尼克热情、聪明，他在我的校园采访中给了我那么多协助和支持。我说一句，他的爸爸妈妈就跟着肯定一句。我们中国人在别人赞美自己的孩子时是不会这样跟着讲的。我刚一说尼克待人热情，他妈妈就眉开眼笑地说，对，尼克就是这样乐于助人，他送残疾同学回家……他帮助社区收集罐头食品给教会里的穷人……圣诞节我要给他买一双名牌鞋子，他说妈妈，你不要买名牌，我买两双一般牌子的，我送一双给我们班的另一个同学，他妈妈得了癌症，他父亲又从不回家……尼克爸爸又接着补充：邻居那个单身女人做了手术，伤口不结痂，尼克就每周两次去她家，帮她倒垃圾倒了好几个月。尼克的弟弟小他两岁，也过来补充尼克的事迹。美国人真是喜欢赞美。尼克在旁边很开心地听着，因为他们从小到大听惯了赞美，没有不好意思的感觉。我问尼克的妈妈，尼克在家有没有和母亲顶嘴和弟弟争吵的情况？他妈妈很坦率地说，每周七天，母子肯定有一次冲突，但不是敌对状态。母子冲突就是不同意见的交流。孩子大了必然有个性，有个性的人才有创造力。家庭和谐肯定要包含着不同意见的论争和各持己见。

尼克从 12 岁起就在暑期打工。学校放暑假时会帮孩子们找工作。他把赚来的钱全交给母亲。尼克在家唯一的家务劳动是吃饭前摆桌子，把自己的衣服送去洗衣房。尼克的家境不错，可他还没学开车。他说父母要供我上最好的大学，会花很多钱；我每天乘公共汽车去上学，不但节省买车的钱，还节省汽车保险、停车费、汽油钱，好大一笔呢。

我对尼克的妈妈说，这孩子这么心细，又为母亲着想，多可爱。尼克妈妈说，美国孩子和中国孩子不一样，家长时时刻刻要和他们平等相处；给美国中学生当父母，比当一个部门经理难多了。我们不时要在母亲学校进修，拿证书。美国有婴儿学校，也有每两岁一个阶段的课程设计，还有暑假母亲学校，学习暑假里怎么和自己的子女相处，让子女轻松、有收获地过完暑假。美国孩子再不听话，家长也不可以打他；如果打他，他会挂911 电话，警察会来保护他，因为婴儿落地就受到人权保护。家长受监禁，子女会被送到专门机构监护，其间不可见面。整个社会大环境以及学校的教育，使得美国小孩非常有个性，不会因为你是父母就必须尊重你、服从你。你眼里的尼克温顺听话，可我们得伴着他一起成长。要不断建设自己，不然的话，孩子最瞧不起的就是自己的父母。

每次我们争吵不快乐，他背书包出去，就在饭桌上留下一张大大的字条，用大字写着，妈妈你知道，我是多么爱你！一看这几个字，我的气就全消了。

他过14岁生日时给我们写了一封信：

亲爱的爸爸妈妈：

明天是我14岁的生日。我想这个生日你们给我的最好礼物是取消把我当小孩对待的那些规则，把我当成大人来尊重。

（1）取消晚上10点后不可以打电话的规定。当我打电话时，你们要回避，不要在旁边，以为小孩子就没有秘密。

（2）取消晚上10点钟上床睡觉的规定。有时我晚上看书，精神特别专注，效果也特别好。相信我的身体会告诉我什么时候必须上床。疲劳是一种身体信号，我有了这个信号就会上床休息。

（3）取消我放学后必须直接回家的规定，允许我放学后去图书馆、书店或同学家玩一会儿。

（4）取消家里来客人一起吃饭时，我也必须上场的规定。有时我真的和你们大人谈不来，好浪费时间；取消过生日、节日时，必须和你们一块花一整天时间玩的规定。我可以去一会儿，说一声 Hi。

尼克的妈妈拿出好几封他过生日给妈妈、爸爸的信。我心里服了给美国男孩子当母亲的辛苦，当然也更加敬佩美国男孩尼克那鲜花般的生命：他活得多么有滋味！他的生命是这样滋润！写到这里我想起我的一位女友嫁给了一个美国人，她快快不乐地对我说，我绝对不能在美国生孩子，美国小孩太难管了，一个个全是小牲口！这么有思想、肯思考、求进取，时时伸张自己的生命权益的孩子是多么可爱，为什么要管他们呢？如果他们自己坚信能和大人一样，在可靠的观念统帅下，事事作出可靠的决定，就把他当大人，让他自己管自己不更好吗？恰恰是那些处处要大人操心，时时都需要大人管，每件事都要大人来决定，多大也不肯自立的孩子才不可爱，那才像小牲口。

尼克的房间是我要求去看的。在美国，家里来了客人通常就请在 Living Room 入座，不邀去别的房间看的。因为我是记者，要观察他的生活，所以破例。尼克的卧室很简单也不大，一张床，一台电脑，墙上挂着一幅别致的摄影剪影，是尼克给弟弟拍的各个器官的特写镜头：眼球，眼睑、眉毛、鼻梁、手指甲、手关节、膝关节、乳头、腋窝……这些镜头被剪贴到父亲的头像剪影上，母亲的红唇贴在正中。这幅剪贴的下边乍一看好像装饰着花边，其实是尼克撅着屁股从胯下往里瞧连成一片的剪贴。这奇特的构想是我这个见过许多世面，参观过无数美展的中国记者没有见过的，真可谓突发奇想。美国中学生的想象力太丰富，丰富得没有参照，没有边际，任何一掠而过的念头都可以通过独特的物质形式留在人间。

尼克的爸爸妈妈今天买来一大堆食品和中国调料，说好吃饭时每人做一个菜。美国人真直爽、率性，我们中国人是无论如何不会请一个外国记者来家吃饭，而又让人家下厨房的。尼克妈妈烤的苹果饼，尼克爸爸烤的牛排，尼克拌的沙拉，他的弟弟做了一个胡萝卜饼；轮到我下厨房，我做了两个菜，一个春卷，一个炒面。这是美国大多数中餐馆的名菜。

☆☆ 抱小狗上班的校长

路过校长办公室，下意识地往里瞥了一眼，校长汤姆森正坐在转椅上，一边在电脑上工作，一边接听电话，腿上趴着一只可爱的小狗。美国人大多有这种本事，同时做两件事，包括家庭主妇，打电话时肯定手里做着家务。

美国自由，真的自由到了让校长抱着小狗办公？这实在让我感到惊奇。

故事就从这里开始。

一个中国留学生的孩子，英文名字叫米勒，随母亲来美国陪读。像所有留学生及其家属一样，他们遇到了各种各样的挑战。他们住在公寓里，当然不会是高级地区的高级公寓，尽管如此，公寓管理仍然很严，也就是说，米勒不可以在屋里大声说话，随便蹦跳。他们没有车，不能随便出去闲逛。米勒应该有朋友，这是爸爸妈妈都知道的事实；然而上哪给他找朋友呢？美国学生住得十分分散，就算人家愿意和你交朋友，没有车接送也很不方便。

一次校园里举行庆祝活动，一位法国留学生的妻子，带着一个漂亮的

金发碧眼的女孩，母女俩的英文都不好，米勒的妈妈就和女孩的妈妈连比划带猜地交上了朋友，从此两家常来常往。那女孩叫莎莎，莎莎的妈妈每天接送他俩上学；两个人很快也成了朋友。小孩子英文学得快，不到半年他俩成了各自母亲的翻译，两个家庭交往得更深了。米勒时常会冒出几句法语，莎莎时常会冒出几句中文。

莎莎的父亲毕业回国，临走时米勒难过极了。因为这么长一段时间里，莎莎是他唯一的朋友；而且中国留学生叔叔阿姨也逗他，米勒你好棒呀，有个法国 girl friend（女朋友）。莎莎实在是个美丽可爱的小姑娘，连邻居们都问，那个法国小姑娘什么时候来？每逢这时米勒的脸上就会有一种流动的少年英气美。莎莎临走时，送给米勒一条小狗，米勒上哪都带这条小狗，而且再也不肯上学，任爸爸妈妈软硬兼施用尽了招数也说服不了他，心理医生也找过，全不起作用。校长汤姆森知道这个情况后，主动和心理医生、米勒的父母、任课教师商议探讨，推断出米勒不上学的原因在于学校有规定，上学不可以带宠物；如果让他带小狗上学，他肯定就能去上学。

校长对米勒说，你可以带小狗上学，但不可以带进教室，因为带进教室会影响其他同学上课。到了学校就放在我的办公室，课间你可以来看。米勒大喜过望，马上表示同意。从此每天早晨校车一到，校长就站在门口把小狗接过来。下课后米勒到校长办公室去逗小狗，每次校长都会非常耐心、和蔼地对米勒说："它很好，不要担心。"米勒的父母看见米勒上学了，感动得热泪横流，只是非常不过意让人家工作那么紧张的校长天天看小狗。

　　我追踪这个抱小狗办公的校长采访。不到一周，米勒就主动找校长，对校长说：真不好意思让您天天帮我看小狗。你那么忙，还是把它放在家里吧！米勒决定把小狗放在家里那天，校长拿出相机让米勒给他和小狗拍照片，还开车带米勒去宠物商店给小狗买了一条三角巾系在狗脖子上。最后校长表示米勒什么时候再想让他帮忙看小狗，他还愿意尽力。米勒听了，不好意思地低下了头。

　　后来我找到这个叫米勒的男孩，问他为什么开始那么坚决地要带小狗上学，过后又那么快决定不带了？他的回答很简单：其实我当时只不过念头一闪，想带小狗上学，我爸妈就像拔河一样站在我的对面，和我较劲。他们越不让我带，我就越坚决要带，因为我知道他们最怕我不上学，所以我就不上学。我爸板着脸说，谁像你，上学带个狗？你也不怕别人笑话！可校长就不是这样硬邦邦地对我说话，他说米勒呀，这只小狗这么可爱，一带进教室，大家都看小狗了，谁还会听老师讲课？上学校主要是来学知识的，你同不同意我的意见？我爸妈从来不问我同意不同意，我听校长的话舒服，所以我就不带小狗上学了。

☆☆ 多拉的抱怨

　　午夜 11 点多，电话铃突然响了，这么晚打电话一定是有急事！我拿起电话，是多拉。她的嗓子沙哑，告诉我她此刻正在复印中心，给学生复印教材。为什么这么晚还在工作？明天做不行吗？

　　现在已经快 12 点了，快回家吧，太晚了不安全……

　　我明天还要上班，明天早点打电话再说好吗？你嗓子哑了，不能说这么多话，等好一点再说好吗？

　　多拉在那边不肯放下电话。她要发泄。她此刻需要倾听。我被她没有逗号，一口气往下讲的情绪搅扰，只好坐起来穿上衣服听她讲下去。看样子她好像要憋疯了。我拿起笔来记录，这也是一次不期而遇的采访。

　　多拉是我要好的女友中最温和、最平易近人的一位。她喜欢爬山。因为这个原因，每周日我俩都一同出去玩。她原来是卡车司机，前几年又回到大学读选修课，现在获得心理学学士学位。她刚申请到一份工作，在中学教世界历史。在美国教中学必须有教师执照，在没有拿到执照之前只能做代课教师。初次被录用时，大都会把你指派到穷人区经常发生暴力的学校。多拉就是在这样的坏区、坏学校任教，这就是她在电话里不能遏制

地抱怨，近乎发疯的原因。

"你能相信吗？我任课的班级学生出勤率常常是一半。学生常缺席，老师上课的进度就很难把握。"多拉这样对我说时，我问她，学校为什么没有严格的学籍管理制度。

美国公立学校系政府按人头拨款，学校如果开除学生，就得不到这份拨款；学生犯错误，顶多反省三天。这种坏区的学生家长大多不工作，吃救济，学校无法与家长沟通。家长本身就吊儿郎当，强抢、吸毒、不务正业。

"我第一天上课，把讲义发给学生，其中有两个学生根本不认识几个字，就跟着混到初中二年级。大部分学生书包里没有笔和书，却装着运动鞋和球拍，在课堂里跑来跑去。有一个学生下课时'嗖'地从我身边掠过，还拍了我肩膀一下，这使我十分生气。我给学校保安人员打了电话，要把这个学生驱逐出课堂，处理结果还没有告诉我。"

说到这里，我提醒她绝对不要和学生有正面冲突。昨天（2000 年 5

月 26 日）本地报纸披露，佛州一个 13 岁的男孩枪杀了他的老师。那位男教师 35 岁，已婚，有三个孩子。就是因为那男孩扬水泡，老师勒令他停课，他就回家取枪杀了老师。

多拉听着我的话，一点也不惊讶。她倒是很豁达，说，我早就不怕死了，如果我怕死，就不到这个地区来了。就是我不勒令学生停课，在这个地区也随时有可能被抢、被杀，而且是无缘无故的。谁都不愿在这个地区工作，但这是我的第一份工作，哪都不要，只好如此；熬过两年，有了经验再申请一份好工作。在这个地区工作年薪 3 万美元，如果去了别的地区，年薪可以在 4 万美元以上。

这个地区的学生家长许多不工作，没收入，政府发食品券养活他们。这些家长常在月初将食品券卖了买毒品，所以学生到了月末常没有早餐吃，饿着肚子上学，全指望学校给他们提供的免费午餐。饿肚子的学生很难好好上课，有的老师为了能维持好课堂秩序，将自己的教学计划进行下去，不得不自己掏钱给学生买一点零食当早餐，让他们安宁地度过上午。多拉每天买一大包香蕉带到学校给学生吃。美国香蕉最便宜，每磅 29 美分。她还要自己买地图、粉笔、各种教学挂图。美国公立学校的财政一部分源自政府拨款，另一部分是家长募捐。许多好区的学校无论是建筑，还是校内体育设备，都是历届的学生家长捐献的。但这种坏区的学生家长自己没有收入，不务正业，哪有钱捐给学校？离柏克莱高中只有不到一小时车程的中学竟然有如此大的区别！多拉接手这个班，学生已经三个月没有老师了。他们本来就是些"野孩子"，又三个月没有老师，在课堂上就喊多拉为 Bitch（母狗）。

听到这儿我真有点气不平：为什么校长不管？"校长不是不管，是管不了。"多拉非常同情校长的无能为力。

我对多拉说，我很想采访这所中学；多拉回答，这种太坏的学校，是否会得到允许，要先打电话再说。

校名是迈迪逊中学，我准备明天打电话联络一下。

☆☆ 没有志愿的高三学生

在柏克莱中学采访时，我最关心的就是高三学生的学习和生活。美国高中毕业没有统考，考生通常在毕业前半年申请大学。大学录取主要根据平时的学习成绩。一般来说平时学习成绩及格就能被录取，但有些名牌大学即便有SAT成绩也很难被录取。

美国大学分公立、私立和社区大学三类。在公立大学就读的大都是中等收入以下家庭的子女，学生可以得到政府无息教育贷款。有的学校还会有一些名目的奖学金、助学金，用作每月的饭费和零用钱足够。一般的美国大学不会强求学生住学生宿舍。由于美国人的住宅大都比较宽敞，所以，大学生们，尤其是来自外国的学生不难找到机会住在美国人家里，以帮助锄草、做一些家务来交换。

临近毕业的高中生，大多不会为自己到底选择什么志愿而费心，因为美国大学里实行学分制，各系之间的基础课差不多，所以改系、改专业容易。许多学生学了三年也不知道自己到底要学什么专业。每个大学都设计、提供上百门课供学生选择，康奈尔大学甚至有4 000多门课。美国大学本科注重培养通才，本科生可以从事文理科相关的工作，而且文科生想考理工科硕士，稍补几个学分就可以。社会学、心理学专业的本科生，一毕业就直接从事电脑专业工作的并不在少数；很多管理专业的毕业生，也会毫不困难地被专业性很强的自动控制电子部门录用。由于大学开放，任何年龄、背景的人随时都可以回大学选学分、拿学位，所以美国青年有着人生可以随时重新开头的幸运。许多美国青年不是一口气读完大学，而是当一个学期 full-time student（全职学生，指每学期选 12 个学分以上），下一个学期就当 part-time student（选学不足 10 个学分的学生），以腾出时间来通过情报检索做工赚钱养活自己。

有一位高中教师对我讲，他认为一个高中生从他懂得确立志愿那天起，到高中毕业进入大学，这段时间至少要改变 15 次志愿。他举例说，

一个学生初中时酷爱恐龙，收集恐龙的故事片、录像带，墙上贴的是恐龙，笔记本上画的是恐龙，T恤衫上印着恐龙，爸爸过生日，他送的贺卡上也是恐龙。父母亲都拉着架子等着儿子将来上大学报考生物系，因为生物学是前沿学科，是个很有挑战性的专业。可这个学生半年后却突然对恐龙完全失去了兴趣，转向了航空模型，到快高中毕业时又转向了医学，他如愿进入医学院学习，然而等到毕业前一年，他又放弃了学医，转而从事摄影去了。

美国文化太崇尚自由，所以青年学生也就太随心所欲。他们在专业选择上改来改去，并非都是根据自己意识到的才华，有时不过是出于一时兴趣和好奇而已。而且美国家长也不像中国家长对子女那么耳提面命地叮嘱，对子女的志愿，常常一耸肩：It's up to you.（随你。）

似乎给我一种这样的直觉：美国高中生都没有志愿。我虽说只是在几所中学采访，直接接触的高中生有限，但他们确实都是这样，而他们的老师、家长都一致同意我的看法。

美国是金钱社会，社会的互动主要靠钱运作，人们的身价也是用钱标志的。但也有相当多的人不买那个账。在美国，大学生毕业后第一份工作年薪至少三万美元，专业好的年薪七八万美元，可是相当多的大学生上了一年学就不上了。用我们中国人的思维，这孩子是不是不着调？明明一使劲儿、一咬牙就读下来了，可他们就是不咬牙，不使那一股劲儿。一个地球物理系的学生差一年毕业，却不念了，转去工程队盖房子。我和他攀谈，他非常自信地告诉我他在露天里干体力活太开心了：天空、阳光、过往的人流，不用去体育俱乐部，又省时间又省钱。我问，那前途呢？社会地位、身价呢？他铿锵有力地回答说：Who's care!（谁在乎呀！）或许他此刻确实不在乎，但是他之所以敢这么做，是因为学院终身保留学生学籍，他随时可以回学校继续上课，完成他的学业。人生对于他们不是单行道，他们可以走来走去，喜爱的景点可以驻留，不喜爱的就重新出发。

高三的学生不费心考虑自己上大学选什么专业，并不等于他们没有下一步的打算。他们也谈自己的人生目标，长期的或近期的；有时在我听来近乎疯话、梦话，但是他们却十分自信：

我要研究巴西地区的古文明；

我要研究中国长江的污染；

我要爬上土耳其的阿拉瑞特山；

我要爬上中国的长城；

我要去航空母舰上起飞和降落；

我要骑美洲野马、泰国大象；

我要拥有一只大象；

我要学会骑摩托，开汽车、飞机、轮船；

我要生 7 个小孩；

我要和 100 个残疾人拥抱并给他们一个甜蜜的吻；

我要拼命赚大钱，收养盲童学生……

这些都是中国读者听起来比较能接受的，还有一些很难接受的，如，我要养一条蛇，我要养一个黑猩猩等等。他们说这些话不是疯话；在这个 nothing is impossible（没有什么是不可能的）的国家里什么愿望都可能实现。我亲眼看见一个美国女孩养蛇，不是一条而是几条。她是我原来房东的外孙女，很文雅、很端庄的女孩，但每天出入都抱着蛇。有时她让蛇绕着她的脖子，有时她用嘴舔蛇的肌肤，有时那条蛇吐着信子——在此我实在不想用那俩字——"亲吻"她的脸颊。

☆☆ 残疾学生迈特

　　我想采访残疾学生，这很难。他们大都拒绝接受采访。即使有的愿意，谈话稍稍问深了，他们就会说：You hurt my feelings.（你伤了我的感情。）再多问一句，他们就会说：That is private.（这是我的隐私。）弄得我很难给自己下台。合上采访本，站起来立刻告辞，当然我不能，可是这么绕来绕去地询问，真的挺难为自己。

　　但是了解残疾学生的学习、生活和成长的心路历程很重要。美国中学的残疾学生教育有一个专用名称，叫特殊需要学生教育。这样命名是对残疾学生自尊心的尊重，就像在中国，瞎子不叫瞎子，叫盲人；聋子不叫聋子，叫失聪一样。特殊学生教育是一个专业，教育这类学生要有专业文凭，受过这方面的特殊训练，而且政府从纳税人的税收里明文扣出支持残疾人事业的资金。

　　美国残疾人的教育、健康保健和生活护理极为方便。残疾人的公共设施均是配套的，凡是健康人能出入的地方，他们也能出入。这和美国太富、科技太发达有关。残疾人乘坐的轮椅，有着各种不同的操作功能。有的残疾人没有腿，可以使用那种专门用手指拨动开关的轮椅，自己上街逛商店、看医生，甚至旅游；没有手的残疾人可以使那种用脚趾头开动的轮椅；四肢都残疾的残疾人就选用舌头舔开关的那种；如果舌头也不灵便，可选用头上戴一个箍，支出一根弹性金属棍

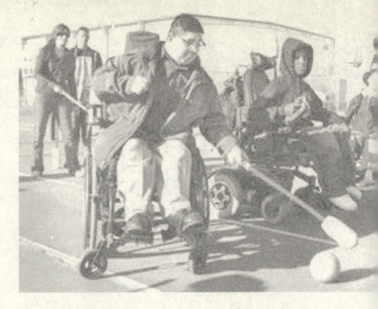

去触开关的那种。残疾人的轮椅都是电动的，不用别人陪同；公共汽车的门有升降功能。因为美国差不多人人有车，凡乘坐公共汽车的人大都是老人、残疾人，所以每每有残疾人乘车，司机都会十分耐心地把门降到与地面平行，令其十分方便。人行道与马路衔接的路面是坡道，专供轮椅使用；公厕也提供轮椅可以进去的走廊，还有专为残疾人设计的厕所。停车场有残疾人专用的泊位，如果没有残疾证明而占了残疾人的停车位，会罚款 500 美元。

我很想深入了解美国残疾中学生的生活。正巧，报上有一则招聘生活护理的广告。我当然没有那么多时间去做这份工作，但我可以扮演一个应聘者去面试，这样我就有机会走进患者的家，和他攀谈。下面就是我作为一个应聘者所获得的资料。

这个叫迈特的男孩今年 17 岁，四肢瘫痪，但头脑异常清醒，思维也很敏捷，是一个成绩十分优秀的高二学生。他母亲是一位中学老师，父亲是一般职员。他不在自己家附近的中学上学，更不选择他母亲任教的学校上学。他和四个残疾学生合租一座房子，远离他的家，开车要一个小时左右。这座房子提供设施保证残疾学生的生活方便，如开门不用手，用遥控器；门前的台阶有缓坡，通向他的卧室。

一个四肢瘫痪的学生选择独立生活，除了美国文化崇尚自立的精神文明外，健全的社会福利也是一种有力的支撑。他每个月从社安局可以领到 600 美元社安费，来维持他的房租和食物；他需要护理费，这部分钱社安

局也会在一个项目下帮他支付；他的学费可以享受国家教育经费无息贷款，也就是说，他的家长并不会因为有了个残疾孩子而比其他家庭增加额外负担。

迈特雇了4个人，分别帮他起床、上床、打扫卫生洗衣服，都是计时工，打工者都是学生。

迈特四肢瘫痪，手指可以触摸和敲击，电脑用得很溜。

那天早晨我去时他还没有起床，头上戴着一个像宇航员那样的大帽子，鼻子上插着氧气管。因为他平日不能活动，所以氧气不足，需夜里输氧。美国人非常强调有氧运动，正常人觉得疲倦，会立刻去做带氧的激烈运动，给心脏、血液增加氧气，而不是去休息。迈特的护理员把一个三角形尼龙网架垫在他身下，上边有三个铁环，然后把一个铁架子推过来，就成了一辆小吊车。迈特被从床上吊起来，放到一个轮椅上坐好，然后推到浴室去洗澡。他用的便袋是绑在腿上的，平日里有同学负责为他排空。为他服务的同学非常专业、细心、充满感情。这个为他做护理的男生已经干了3年。当他最后把迈特的袜子摆好，书包放在轮椅上后，迈特就自己用遥控器开门。他那有些拳缩的手指轻轻一触，轮椅就发动起来，他就这么自由自在地上路了，用不着人陪，也用不着人送。

我问迈特，妈妈常来看你吗？他告诉我每个月会来接他回家一次。由于各种情况，照顾迈特的人常换，有人干几天就不干了，但会再找人来帮他。打广告，面试，他都自己料理。有时妈妈问他，要不要我来帮你？他说不用。

他的室友也是个残疾男孩，正为人口普查做义工，参与社区服务，满地摆着资料，准备输入电脑。

从迈特那里出来，我的感动、感慨不是一两句话就可以表达的。足有好几个小时，我脑海里总是浮动着那些特殊的残疾人专用设备。我想，如果能把它们引进我们的国家，那么许多四肢瘫痪的孩子也可以起来上学了。

☆ ☆ 交 换 学 生

采访中每到一所新学校，我总会问，你们这儿有中国来的小留学生吗？

回答总是：有啊，台湾、香港来的。尽管我理智上知道台湾是中国领土的一部分，然而直觉上总不能把台湾当成中国的一个省来认同。香港早已回归中国，但我还是把它当成香港。我太想寻找的是从中国大陆来美的小留学生。美国虽说是移民国家，但对第三世界来的留学生审查十分严格。其实也不必抱怨美国移民局。中国改革开放以来有约 30 万留学生在美国定居未归，故一般留学生这几年签证越来越难，更不用说小留学生了。

其实，在美国中学里，另有一个堂堂正正的名目——交换学生，指的是世界各国在美国短期学习的中学生。他们来去自由，自由得就像我们中国人从一个城市到另一个城市。他们办护照、办签证，只不过是证明一下身份而已。还有一个重要原因：欧洲许多国家的中学和美国一样是学分制，他们在美国学习半年的学分，回到自己的国家后也能得到承认；而由于他们英语教学注重听、说，所以来美国也不会有语言方面的障碍。从经

济角度说，一般有正当职业的父母亲，无论是白领阶层还是蓝领阶层，都能支付得起孩子的这笔费用。

美国本土的中学生更是经常作为交换学生出国半年、一年，不当回事。暑假去国外考察、参加演出也是许多孩子都有的经历。有一对中国移民夫妇，他们的孩子才 12 岁，就自己联系去非洲做交换学生。这位身为人父的中国男人两手一伸，耸着肩膀对我说："没办法，这是美国，谁让你把他带来美国！"

有一位从北京来的单身母亲，在人家家里当保姆维持最低水平的生活。她的女儿暑假去维也纳参加中学生音乐比赛，报名申请、办签证买机票，所有手续全都自己去办理。我惊奇地问她妈妈：那钱哪来的？她妈妈告诉我，那是女儿每天下午看小孩做 Baby Sitter，或是星期天挨家挨户送广告赚的钱。美国孩子的独立性表现在诸方面，只要自己能做的事，绝对不求助家长。女儿上初中后打工，给她零花钱都不要。

在一所私立高中，我采访了一位从德国来的女孩。她今年 17 岁，准备在这里做交换学生一年，明年暑假就回去。她来美国的主要目的是为了提高自己的英语水平，她需要有一个语言环境，实践自己的听说能力。她的父母都是小学教师。她来美的费用除了机票是父母给的，其他全都是自己打工赚的钱。她没来美国之前就在美国当地报纸打广告，寻找美籍德裔的家庭，教他们的小孩学德文，有20多个家庭回应她的广告；经过筛选，最后她选中了一家，这家的三个孩子都在学德文。这样她既有了薪水，又有了住处。

这位德国女孩很活泼，会跳芭蕾舞，在学校里许多人喜欢她，一有机会就让她跳一场。她那训练有素的舞姿使她更加魅力四射。这个交换学生不用呵护，不用关照，她的到来给学校、老师、同学带来的是一片欣喜。她喜欢化妆，每天眼皮都涂得蓝蓝的，睫毛卷得弯弯的，更有趣的是她的眼角两边总是贴着两个小星星。她还会烤各种小点心，常常带到班上分给老师和同学，有时在自己寄宿的家庭大显身手。她对我说，其实她临行前才学的这门手艺，妈妈叮嘱她，在新的环境里必须有吸引人的特长和本领，这样才能被别人重视和喜欢，和你交朋友。

我问她德国中学生活和美国中学生活有什么不同，她说美国中学生活很散漫，没有太多约束；同学很容易接近，但很难真的走进彼此心中，所有的人都像是擦肩而过，一放学，"呼"一下全散了。美国太富了，中学的图书馆书很多，作业极少。我问她想不想家，她说，这是她第三次在国外做访问学生，她初中二年级就去非洲、日本闯荡过。

另一位交换学生碰巧是中国小留学生，在华人基督教学校。那天中午他们五个人围坐一起吃午饭，三个香港来的女孩儿，一个台湾男孩子，还有一个中国广东来的女孩。这五个中国孩子不用问，就很容易从气质、着装辨认出他们来自何方。我一点也没猜错：那个和善、儒雅、没有一点进攻性的男孩是从台湾来的；那个戴着耳环、眼睛闪烁着光芒，并且会不时用表情帮助自己表达的女孩是从香港来的；不说话，一说话就捂嘴的女孩是从大陆来的。

香港女孩说刚来美国时非常后悔，但是爸爸妈妈希望她在美国读完高中再接着上大学，大学毕业镀上金再去中国大陆做生意，一说美国毕业的肯定比香港毕业的值钱多了。现在竞争那么厉害，要想比别人强，得比别人有本领，才能过上人上人的生活。后悔也不能回去！在香港，放学可以找同学玩；这里美国同学却从不和她玩，在这里长大的中国小孩也和她没话说，总之就是没朋友。再说美国不开车哪也不能去，放学后唯一可做的事就是看电视。电视节目不光是看不懂，也没我喜爱的节目；但是开电视总有个动静，有个声。妈一打来电话，我就把鼻子按紧，强忍着装出快乐的声音，生怕她听出来我哭了。在香港，女孩有很多漂亮的衣服，可美国女孩光穿 T 恤衫，鞋也就是运动鞋，她们太随便了。在这里读书，数学太简单，英语太难；太多的 Paper（论文）对美国学生来说很简单，对她则是难上加难。在香港，每班有 60 多名学生，而美国每班只有 20 多名学生；香港的同班同学都是住在附近，同学之间你去我家，我去你家，串来串去；而美国的同班同学住得很分散，离得非常远，谁也不可以随便敲别人家的门，要约好了才能去，好没意思。她说她真的觉得在美国很没意思。香港小吃特别多，夜生活也丰富，晚上可以到处走，而美国哪都不能去，别说晚上，白天大街上一眼望到头也没有几个人影。可她再不情愿在美国高中读书也得挺着，因为父母为她留学花了太多的钱。她来美国也开始打工，现在每周打 10 个小时，赚的钱很少，但从不乱花一分钱，全存上，准备将来上大学时再用。她说她刚来时天天晚上哭，现在知道哭也没用，为了爸爸妈妈的期望，一定要在这里把书读好。

那个一讲话就捂嘴的广东女孩说，我很自立，我来了以后很开心。原因就是我来之前，美国究竟什么样，我全一清二楚，我的内心准备太充分了。有从美国回来探亲的小留学生告诉我，来美国最重要的是能耐得住寂寞。我来美国后非常喜欢这里的老师，每位老师对学生都那么和气，无论什么问题都会认真解答，直到你明白为止。校长和学生像平等的朋友，驾校车接送同学，这在中国太不可能了。我在国内上学，平时很少有机会看到校长，除了全校运动会、学期结束总结大会，那时他坐在主席台正中，我坐在下边，遥遥地从左往右查，正中间的那个就是校长；而我们现在这所学校的校长常在课间和学生一起打球、做游戏。这里的学生顾问会解答学生的所有问题，直到满意为止；而在国内，教务处学生是不敢随便去的，也没有谁敢奢望去问点什么。我现在降了一级，这样我学习不那么吃力。这里高二的数学相当于国内的初二水平，有的甚至相当于高小，但这里的生物课很深，听起来十分困难，历史学起来也很吃力，主要是英文词汇量不够用。英文课对于我是最头疼的，不仅是词汇量跟不上，还有一个理解的问题。我们对美国式的幽默不太理解，对语言背后的文化知道得不够，对作者的用意就更不清楚了。总之有很多文化冲突。尽管学习上有很大困难，但我很有信心克服。我太喜欢美国的新鲜空气，这是在国内花多少钱也买不来的，尤其是到处一眼望到底的舒服，到处是整齐的大草坪……这位女孩讲话全是正面肯定自己来美的意义，她的话我不全信，因为在国内长大的孩子喜欢说那种像是报纸上年终总结的话，报喜不报忧。但不管怎样，我看出这个孩子身上有着"中华儿女多奇志"的风采，这是从她妈妈的妈妈那儿一代一代传下来的，躺着也说站着的话。中国有这样一类的女人。她是女强人的种子。

但真往深问这女孩儿时，她却什么都支支吾吾。你问她爸爸妈妈在中国做什么工作，她支支吾吾地说"做生意"；问"什么生意"，她又打岔；问"谁给你担保？""我的担保人。"我是一个记者，不是警察，更不是法官，没有必要和她叫真。"你一年生活费多少？""不是很多。""中国大陆来美国签证很难，你怎么签出来的？""我签了两次。"

后来校方和同学均和我讲到这个女孩挺神秘。她妈陪读，她和陪读的妈妈住在高级区高级公寓，母女俩来了就买新家具、新车，非常有派头，具体地址谁也不知道。她们自称是从广东省来的，然而全不会讲广东话。校长对我说，中国大陆中学生来美国签证十分难，多少学生申请均未获准，这个女孩从什么渠道来的是个谜。

从台湾来的男孩是见过很多世面的，去过20多个国家，并以交换学生的身份在奥地利待过。关于他的故事很多很长，单独有另一篇收入本书——《温文尔雅的台湾男孩毛克勤》。

☆☆ 爱吃中药的女孩阿莉莎

阿莉莎病了，喉咙痛，并且有微热。她对妈妈说，我想吃胖大海。她吐字那么清晰，我没听错，肯定是中药胖大海；一个美国女孩能这么痛快地叫出中药的名字，并且对症下药，真让我大吃一惊！

"我要采访你，你为什么喜欢吃中药?"我新奇又惊喜地对她说。她摇着嘴巴，不肯让我看到她的口唇。我俯下身问她："你为什么捂着嘴?" "Nothing Wrong."（没有什么。）然而又把头转过去，跑回她的卧室。阿莉莎的妈妈是在家办公的上班族，每天早晨起来，和外出上班的女人一样忙碌、紧张，一分一秒都不浪费，准时定点坐到计算机前开始工作。今天阿莉莎没上学，可她妈妈依旧故我。美国很多人在家上班，没有老板盯着，可他们非常自觉，因为工作定量在约束着他们。阿莉莎的妈妈很神秘地对我笑了笑，用眼神暗示我跟踪阿莉莎。

我蹑手蹑脚地进了阿莉莎的卧室。阿莉莎躺在床上，嘴里叼着婴儿的奶嘴，床头还有一个奶瓶。我摸着她那胖乎乎带坑的小手，亲切地问她："你为什么喜欢嚼奶嘴？你都读八年级了，快和你妈妈一般高了。"她不语。这时她妈妈进来了，慈善、柔和地抚摸着她的头发和肩膀，又吻她的额头，那是美国人常说的夏威夷式的吻，面颊对面颊地滚来滚去，并对我解释，她一有病，就希望得到更多的爱；我们做父母的又疲于赚钱养家，免不了忽视她的要求，所以她就渴望婴儿期父母分分秒秒都在呵护她的快乐时光。美国女人温柔、细腻起来较之中国女人更甚。中国女人若看见自己上初中的女儿有病叼奶嘴，大多不会这样细心体会理解，并给予如此细腻的温存。

阿莉莎执意要她妈妈带她去唐人街看中医。她每次有病都喜欢喝汤药。

阿莉莎9个月时，家里曾住过一位中国女留学生帮他们做家务换吃住。这位女留学生常和阿莉莎说中文。那时阿莉莎还不会说话，但有语感，能以自己的方式听懂中文的指令。女留学生抱着她洗澡时会说"臭臭，赶快洗澡"，阿莉莎就以为"臭臭"在中文里是洗澡的意思；女留学生抱她出去玩，一边给她穿鞋一边说"大大脚丫子"，她就以为"大大"是出去玩。后来她长大了会说话，就总把洗澡说成"臭臭"，把出去玩说

成"大大"，直到现在还喜欢这么说。女留学生有病都吃中药，因为美国看病太贵，中药又安全又便宜，更主要的是看中医就是把脉，不用做各种检查，所以阿莉莎全家都接受中医，相信针灸和推拿。阿莉莎的母亲肩膀痛也去看中医。阿莉莎家中成药很全：牛黄解毒片、金匮肾气丸、安神补心丸，全是中国产的。就连阿莉莎的外婆也相信中医。她告诉我，她失眠多年怎么治也治不好，但自从买了五味子煮水喝，现在她已能稳稳地睡一宿了。使我惊喜的是阿莉莎家的邻居也钟情于中药。芭波是一位心理医生，又尊贵又高雅，她谦虚又礼貌地求我说：你能不能帮我找到一种药？我的猫甲状腺亢进很久了，吃得很多，却不愿动，越来越瘦，看了多少宠物医生也没治好，真急死我了。如果中药不能治，你能不能帮我找一个针灸师，只要能治好，要多少钱给多少钱！这真难住我了：我认识那么多名中医，然而真不知道哪位中医能挺身而出，用针灸给猫治甲状腺病。但凡别人求我办事，我不能办的都立刻说不行，从来不含糊；可是这次，我真的不忍心。她的期待是那样殷切，期待我救救她最爱、最爱的猫咪。美国人视猫咪如爱人、同志、儿子、老闺女、命根子，如果我不严肃地和她一样认真地探讨这个问题，那才是亵渎了她对中医的崇敬。

我肯定地说："我一定帮你！"

阿莉莎说我们先给猫咪拍一张照片，上网让中医们知道这么可爱的猫咪病了，他们一定和我一样着急。

"胖大海，胖大海"，阿莉莎摇着我的胳膊，催我带她去唐人街买胖大海。她告诉我，她想现在好好学中文，高中毕业后，去中国学针灸，专门给猫治病。我当时大气都没敢喘，因为我实在不知道中国有没有这个给猫针灸的专业。猫身上的穴位怎么找呀？再说猫能老老实实躺着让针灸吗？但是美国朋友真诚地期待着，这也是一个急待开发的领域。写到这里，想到这真是一个信息，挺有前途的信息。美国几乎家家养猫养狗，宠物中医学太有前途了。

☆ ☆ 多拉面临双重起诉

　　深夜电话铃响，又是多拉打来的。

　　"你现在在哪?"我问。

　　"在我自己的家。"她答。

　　多拉很少住在自己新搬的家里，因为那实在算不上自己的家，是和一个黑人老头合租一个单元，上厕所要经过他的卧室。她常常在外东借一宿，西借一宿。多拉不是瞎混的人，我相信她和那个黑人老头肯定是单纯的室友关系。因为她自己没有规律的作息时间，所以她半夜三更打电话是常事。

　　她这通电话打了整整三个小时。倾听也是给予，此刻她需要我的倾听，无论我怎么困，我都得坐起来，和她一块梳理思绪，帮她出主意，给她打气，按摩她的神经。

　　她被学生起诉了，原因是教室里两个学生动手打架，她去拉架，用力过大，学生家长起诉她 Touching Student（碰撞学生）。美国中学都有保安人员。在犯罪率高的地区，学生一下课疯（蜂）拥出来，保安人员立刻站在教室走廊两端，有时一条走廊可多达四五个，那种场面，不亲临其境

简直难以想象。他们严阵以待，机警地环视四周的眼神，使外来人毛骨悚然，好像这里正在发生暴乱，不赶快离开现场随时有可能被误伤，被溅上血腥味。多拉被学生起诉属于"罪有应得"，因为按照美国有关法规，学生打架，老师没有权力拉架，应该报警，由学校保安人员处理。美国有美国那一套，无论是文化和法律，不信那一套肯定倒霉。

那么处理后果会怎样？我听她声音沮丧，一迭声追问：会不会罚你钱？会罚多少钱？会不会有坏记录？

她的案子正在审理，还没有传她上法庭，当然现在无法知道处理意见。根据以往的经验，学生起诉老师 Touching Student，老师肯定会被开除，其社安号下肯定会有一个坏记录；但如果三年内不再犯同一错误，这个坏记录会被抹掉；赔偿则由校方支付。所以美国校方雇用教师是十分谨慎的，打起官司来很麻烦。

在美国，学生不好好学习，老师大多睁一只眼闭一只眼。学生批评不得，惩罚不得，学校里的条条款款都是保护学生权益的。在美国，吃中学教师这碗饭很难，所以一直缺人，有的学教育的，干几年就改行了。

在美国，商业把客户当上帝，医院把病人当上帝，学校里学生也是上帝。这是一个金钱社会，一切用钱衡量。商业运作丢了客户就是丢了来钱之道；医院丢了病人就无法支付医生的高额工资，医院无法生存；学校每失去一个转学的学生，就意味着失去一份上边按人头分配的拨款。钱把一切人支配得团团转。钱！钱！钱！

多拉是我在加州最铁的朋友，大学毕业两年了，一直没有找到正式工作。在美国，大学毕业只能证明你学过什么，并不能证明你能干什么，要想干什么必须去考这份职业的执照，无论是倒垃圾还是看小孩，当老师就更不用说了。通过执照考试才有资格去申请工作，而不是通过执照考试就有工作。多拉没有能通过执照考试，所以还不具备申请的资格。她准备今年9月再参加教师执照考试，已交了考试费300美元。

她的精神几乎支持不下去了。房钱、罚单……因为她把猫放在卡车后座被邻居告发，她的猫被宠物监护中心收管，她被罚款500美元，每天还要交20美元的收养费，直到她有了适合猫生活的环境，宠物收容所才能把猫还给她。她找不到工作，就租不起合格的公寓；租不起合格的公寓，就无法把猫领回来，不把猫领回来就得没完没了往外掏钱，整个儿一个恶性循环。

宠物警察局还要起诉她虐待猫。美国法律上的虐待罪相当宽泛。父亲给孩子洗澡，孩子不小心在澡盆里摔伤了，去医院看医生，医生却去报警，起诉父亲虐待孩子，结果孩子被监护起来，父亲被收审。多拉被起诉虐待也同理。这只猫差点儿把她折磨死，她为了它真不知流了多少眼泪。如果这不是只猫，而是她的儿子，哪怕是傻儿子，瘫痪，吃在床上，尿在床上，拉在床上，我也能搭一把手把她接到我这来，过渡一下。可是我怕猫，毛茸茸地上蹿下跳，害得我一惊一乍，那我还活不活？白天还好说，晚上跳到我床上怎么办？睡不好觉，第二天怎么上班？

可怜的、面临着双重起诉的多拉，我能为你做点什么呢？什么都做不了的时候，只有祈祷上帝保佑，保佑她有一个稳定的工作、稳定的收入、稳定的住处、稳定的心，保佑她别再半夜打电话，我和她有一个稳定的关系，阿门！

☆☆ 托马拉使我失望

两周前我从电脑网络上查到奥克兰市少年父母学习班的电话、地址，并与该项目负责人托马拉女士电话约会采访，时间定在 3 月 21 日下午 2 点。

我按时来到她的办公室。其实此前我已在走廊上等了 1 个小时，因为我是下班直接来这里；但我不能敲门，因为很多贵妇人脾气很大，来早了也不行。整 2 点我站在她面前，自我介绍说，我是××；她没有半点对客人或者采访者的谦和，第一句话就说两天前我已让我的秘书取消了这个约会，因为我太忙，而后就没有下文地用眼睛逐客。两天前我确实曾在留言机上收到一个留言，由于秘书把我名字拼读错了，我以为这个留言是银行打错了电话。不容我说第二句话，托马拉一副要走的架势。我问她我们可不可以重新安排时间，她两手一摊："我很忙。"这种情况下继续和她说话好像是在纠缠她，可不找她谁又能帮我提供美国青少年怀孕的资料呢？她是这个项目的负责人。遇到这种人，必须用智慧支配她，用谦卑让她为我服务。我极尽和蔼压低声音说，那么我们再约会吧！其实她此刻完全可以告诉我什么时候再来，美国这种职位的人肯定有时间表；可她偏不方便我，

让我下个星期再给她打电话约会。一周后她总算还给我面子，时间约定在5月22日下午2时。

我在美国和方方面面的人打交道有一个体会，就是凡属政府机构人员，服务水平都较差。这是因为工会保障他们，不可以轻易解雇，他们的工作是铁饭碗。尤其是那些在黑人区、犯罪高的地方常年工作的人，说话通常没好气，因为他们瞧不起服务对象，或服务对象使他们心情不好，时间一长就变成了职业病。奥克兰是全美犯罪率最高的城市，奥克兰教育局主管的学校也是问题学生居多。

我之所以要采访托马拉，是因为她主持一个负责教养青少年父母（18岁以下的中学生）的项目。这是一个特殊的教育项目。即把怀孕的和已经生出孩子的中学生集中起来学习，同时指导她们怎样喂养孩子。我想到这所学校听课，必须得到她的允许。美国教育部统计资料显示，全国有10.6％的女青少年（指18岁以下）未婚先孕，这个惊人的数字让我必须采访这一群体。

美国太富了，太自由了，社会问题也太五花八门。女中学生怀孕不但不被指责不严加管教，相反还提供种种方便；政府还有支持组织，给她们的孩子免费提供奶粉、纸尿片和一些必需生活用品，用中国话说就像有了理似的。这些不说，学校还提供托儿所免费带小孩。

无论是在学校图书馆，还是在公共图书馆和书店，书架上到处可见指导青少年性生活的书刊，还有少年父母的心理辅导书。

每到翻挂历时，都溜一眼 5 月 22 日下午 2 点与托马拉的约会，就怕紧张得忘了或一忙错过。好不容易盼到那天，我一阵梳洗打扮，还特意去了理发馆，把头发吹得高高的，露出发际，这样会显得人瘦，个头儿高，更精神。

我提前 10 分钟来到教室门口，左顾右盼，可直到 2 点过 10 分，仍不见托马拉的身影。青少年怀孕教育中心附设在奥克兰中学操场后边的平房里，是一个四合院。这是一个小社区，怀孕的少年有的看出大肚子，有的看不出来；十几个女生配有三位专职老师，一位有护士执照的医务人员，每天指导她们的自身保健；还有一个教育顾问，负责解答她们所有的问题，并协助她们和家长沟通。有些 14 岁以下怀孕的女孩并不知道她们肚子里的孩子的父亲是谁，因为"性"对她们是一种游戏；而且按照美国人的观念，孩子应该由她们自己处理，不必去找令其怀孕的男同学，包括美国成年女子也是如此。

教室里满墙挂着妊娠分娩的生理解剖图。书架上印刷精美的文宣品指导这些女孩子，怀孕期间该怎么吃药，怎么锻炼身体，还有怎么过性生活。旁边的一间住着少年妈妈的孩子，政府免费提供托儿服务，她们在里边教室上课，外边就是她们的孩子。3 个又胖又黑的黑女人看着 6 个小黑孩子。

没有托马拉的允许，这间教室是不可以入内，更不可以多看的。我等不及了，就直接给托马拉挂电话。接电话是她的秘书，说她正在教委开会，不能接听电话。我当然生气：这不是成心逗我吗？美国通信这么发达，她为什么不通知我？我的脾气上来也是有理不让人的，我告诉她，必须让托马拉立刻接听我的电话，这是她的分内工作。足足 10 分钟后才听到托马拉的声音，开头第一句就说，我和她约会地点不是在学校，是在我的办公室。她真敢撒谎：我明明是要采访学校，亲眼看看这些少年妈妈的学习与生活，也就是亲眼目睹美国这个世界上最富的国家垮掉一代的风采，干什么要上你的办公室呢？如果不需要亲临现场，我干脆电话采访不是既省时间，又省汽油吗？我意识到她想拒绝采访，就机智地说，那我现在到你办公室去，因为我要一些资料和数字。她没有想到我这样盯着她不放，便十分粗暴地说我马上要离开；我说我开车10分钟就到了，她还是说她要立刻离开。她要离开去干什么我没有权力过问，但如果按照她的说法，我们约会的地点不是在学校，而是在教委，现在才2点10分，为什么立刻就要走呢？而且她说话的口气表明，她就是要惹我火，和我搞僵，希望我能摔电话，就此不再找她。想到这一点，我强压着火让她再约个时间。她还是那副德性：我现在太忙，下个星期再打电话。

当天晚上我接到一个又一个中国留学生的电话："你发现没有，最近因为中美军机相撞事件，美国各部门对中国人的态度都极不友好？"

"我今天在高速公路上开车，警察抓住我，说我开得太慢，非要我重考驾照。"

"我昨天给医生打电话，说我心脏不好，想看病，医生说得约在两个月后……"

"我最近换工作，明明事先安排好了面试的时间，可老板就是不在，一连去了九次……"

难道托马拉这样逗我，真和最近中美撞机事件引起的纠纷有关？应该说美国人，尤其是白人，内心深处一直存在某种程度的种族歧视，尤其中国一天天强大起来，就像踩了他们的鸡眼。中国在世界上的地位就是海外华人在世界上的地位。

托马拉不给我提供青少年怀孕的资料，我会从其他渠道搞到，这难不倒我。

☆☆ 多拉被赶出学校

　　又是夜里，多拉打来电话，声音闷闷的，好像蒙着棉被子，在电话里和我讲话时不停地哭泣。她告诉我今天她被校长赶出了学校，明天就又没有工作了。

　　这次她被校长赶出学校，是因为上课时，学生用脏话污辱她的人格，而被激怒了的她同样用脏话回敬了学生，被校长知道了，于是立刻让身为代课教师的她回家。这所学校的校长、教师都是黑人，学生除了个别是墨西哥裔移民，也全是黑人；黑人对白人这样，白人没话可说。如果校长是白人，所有老师也都是白人，是一个黑人教师去这所学校代课，和白人学生有了冲突，白人校长是绝对不敢轻易让他回家的。黑人社团会打出反对种族歧视的旗帜，闹起来没完。美国白人最怕别人说他们种族歧视。

　　多拉这样喋喋不休地向我倾诉，要的就是宣泄和倾听。我既不能帮她出气，也不能帮她出智慧。我们中国人讲"忍"，可这样劝一个美国人她能接受吗？再说，"忍"译成英文，意思和味道全都不对，分量也上不去。

　　其实我心里非常理解她有多么难过。两个月前她住的公寓改建，给她一个通知，一个月之内搬走。这是美国的法律，房主可以随时收回房子，

只要他提前一个月通知房客。但一个月之内她无法找到合适的住所，因为加州房价年内暴涨，一室一厅的房子月租高达 1 500～2 000 美元，而且要预交两个月。美国人都是提前消费，大多数人不存钱而使用信用卡，一次拿出 3 000 美元对她来说挺难的。但一个月内不搬走，房东到时候就会叫警察把她赶走，一点也不会含糊。由于没有固定工作就没有固定收入，没有固定收入，一般房主就不肯租给她房子，所以她不得不把所有东西都送到 Store Room（储藏室）。美国所有城市都有这种服务，一间住房大小的仓库，租给那些生活大起大落的人。美国所有的人每天都生活在挑战竞争中，公司倒闭裁员，或被老板开除、解聘是常事，一旦遇上立刻成为流浪汉，需要有这种应急手段。这是中国人无法想象无法相信的。多拉把所有家什存进 Store Room 后，就和心爱的猫住在她的车里。美国人遇到多大的困难也不求父母、姐妹，事实上她的父亲住在海边的豪华公寓，那里有空房她随时可以去住；她的妹妹是护士，也有一套不小的 house，有花园、网球场，可她连想都不想求他们帮助。我也多次和她说随时欢迎来我家暂住，等工作安定了再说，她就更加不会考虑了。

加利福尼亚的冬天也够冷。她戴着帽子手套，穿着毛袜子，去体育俱乐部洗澡、化妆，然后去打工，似乎并不像我想象的那么悲哀和低迷，因为她这大半辈子都是这么折腾过来的，练出来了。然而她最心焦的是她的猫咪，怕它冷，怕它没处溜达，没处玩。为了这个猫，她到处打广告，为它找领养家庭。这只猫是只老猫，凡是带"老"字的生命，无论植物动物都没有价值。老猫、老狗没人爱；老猪肉、老牛肉没法吃，咬不动，没味。人类对带"老"字的尊敬有别于动物，老干部、老教授、老奶奶、老爷爷，会受到格外的尊重和关爱，这是一种文明。由于猫咪没有好的地方住，多拉就像一个母亲愧对自己的孩子，给猫买维他命吃，一有空就带猫咪去湖边散步，一边散步一边和它聊天，那份爱心是母爱般的。事实上在美国这个人人紧张工作的地方，除了猫咪可以随叫随到，谁会有时间陪你呢？

多拉什么时候才能找到正式工作呢？这种漂荡的生活什么时候才能结束？我的忧思是多余的。美国人大都有过几次所有东西都不要了，住在汽车里，或开车到另一个州找工作的经历。要不，为什么到处都是 Store Room？

尽管如此，我还是一有工夫就为她祝福，为她祈祷。

☆☆ 那个女孩的微笑让我难忘

　　不是笑容可掬的笑，不是嫣然一笑，也不是苦笑，当然更不是假笑。她的嘴角向不同的方向横着咧一下，不是轻轻地，自然地，而是重重地，有意地使大劲地咧一下。表情肌既没有收缩也谈不上舒张，眼睛也不看着我。

　　她9岁从中国大陆移民来美国，今年16岁，在一个穷人区的中学上学。穷人区的学校教学质量肯定好不了，学校肮脏混乱，暴力事件时有发生。

　　从中国来美国的新移民生活在语言文化、社会制度完全不同的环境里，会遇到种种挑战，会经历种种难以言喻的苦楚，其中最刺心的是和子女的沟通。

　　这个中国女孩叫黎丽，英文名字谐音就叫丽。

　　我按事前约好的时间去她家采访。她的双亲很热情，看见我来了，就去叫女儿。她母亲走近她的卧室，轻轻地、客气地敲了一下门，她在里面应答了，却不开；过了一会儿，门开一个小缝，只能看见她的鼻子和嘴，轻声说了一句"对不起，稍等！"然后门就又关上了。如果这是一个电视

剧镜头，定格，让 100 个中国人猜，管保 99 个猜不出这两个人是母女，是住在一套房子里的一家人。

我多次听说过美国家庭的家长，进孩子的房间一定要敲门，但这次是亲眼看见的，心里很不舒服。她的妈妈无奈地摇着头，做了一个鬼脸。她是那种爽快、不遮不掩的女人。她能怪谁？埋怨谁？是她自己把 9 岁的女儿带向这条不归路的。

丽摇摇晃晃从卧室走出来，满头染着金发，左耳朵扎着三个耳孔，挂着三个大小不等的耳环，眉毛只见一条线，其余的都拔了。有的女孩打扮得怪怪的会显出几分天真、滑稽，格外引逗大人开心，可她绝对不是。我有一种直觉：她的心灵空空荡荡，觉得自己既不是中国人，也不是美国人。事实上也是如此：一方面学校里的美国同学和她无法交朋友，另一方面她又不认识中国字，当然也看不了中国电影或中文报纸。

她妈妈对我说，她每天下午放学后就自己躲在屋里，门扣得紧紧的，只有吃饭时出来，却又端进自己的屋里去吃。她平时最大的兴趣就是给自己梳小辫，或试验各种发式，要不就是染指甲，再在指甲上贴上星星。她很少和父母讲话，因为没什么可讲的，也没有时间来讲。她的父亲在工地打工，三天有活，两天没活，家里收入主要靠母亲；她妈妈打三份工；早晨7点到下午3点在一个大旅馆打扫卫生，5点钟又在另一个旅馆打工，晚上11点才下班，只有这样才能供得起房屋的分期付款。回家累得要死，根本没时间教育她。她来美国已7年多，虽说和美国同学一块上课，却始终融入不了学校的教学环境。她对学习不感兴趣，只求上课不缺席，成绩单能及格。这类学校的老师也不管学生，因为穷人区大多数是黑人，许多黑人学生的家长常年吸毒，游手好闲；有的家长有枪，孩子也玩枪。这几年校园暴力盛行，杀老师、杀同学的太多了，老师被迫睁一只眼闭一只眼。这个女孩无疑是属于"混"的那一种。

她还小，还说不明白自己。她心里有多苦！她虽然生活在校园里，却是另一类。这里新移民的孩子大多是广东人，只会讲广东话，不会讲普通话，尤其广东台山来的孩子，对外省人也是蛮欺生的。作为一个中国北方出生的女孩，她太难找到自己的同伴，没有朋友。那么她有没有自己的爱好呢？也没有。他们这样的家庭没有多余的钱来发展孩子的爱好。且不说学钢琴先要买琴，只学费每小时就相当于她妈妈打工4小时的工资，再说谁来开车接送？再说穷人区邻居挨得那么近，弹琴的声音太响会招来麻烦。学画画，学小提琴，学舞蹈……无论学什么，她都会碰到诸如此类的问题。

一个没有朋友又没有爱好的独生女孩，心灵的空白是无法填补的。她不得不封闭自己，不得不以把玩头发、换各种颜色的指甲油来安慰、娱乐自己。我接触过不止一个这类新移民的孩子，他们再小一点来也好，那就没有这么多痛苦；要不就再大一点，比如等到高中毕业，接受过较完整的中国文化教育，那样心理上有某种归属感。一个没有文化归属感的人，其精神、道德、伦理肯定是漂泊的，这比一个人的躯体流浪痛苦得多，因为他的心不知朝向什么。

那个女孩的微笑让我难忘；那副表情，那副举止让我的心很堵，很堵。她和她的父母属于新移民中最苦的一群。

☆☆ 少年企业家卡墨龙·约翰森

　　14 岁的少年企业家卡墨龙·约翰森创业成功的事实，是时代创造的奇迹之一。卡墨龙是自己创立的"欢乐与泪水设计公司"（Cheers & Tears Custom Designs）的执行长，也是该公司的唯一全职员工。他还成功地发布了一个独有特色的电子邮件免费网站 www.myezmail.com，并出任 MYEZmail 公司的执行长。这一消息传出后，各媒体争相报道，令互联网界感到震惊。

　　这位少年企业家是个普通的中学生，暑假后升九年级（相当于中国初三）。许多与他同龄的少年们还很幼稚，只知道玩耍，事事要依赖大人，充满了不实际的幻想，不知道该做什么有益的事情，更不要说创业了。但是卡墨龙人小志气大，他在学习、事业与社交之间取得了一个平衡点。他知道自己要做什么，更知道怎样去做。

　　卡墨龙与其他同学一样，每天下午两点从学校回家后先做完老师指定的功课（约一至一个半小时），然后出门和朋友打打篮球，再回家搞事业。

　　卡墨龙早在 10 岁时就开始了他的创业生涯。10 岁的卡墨龙为了不让家中的打印机"大材小用"，想了一个主意，要让那台打印机发挥最大的功能。他请爸爸妈妈当他的"合伙人",申办了 Cheers&Tears Custom Designs 公司,开始接案子帮人印精美的卡片。

使用互联网已有 4 年时间的卡墨龙于 1996 年将公司搬上网路。两年后,眼见可爱的 Beanie Baby 玩偶在美国掀起的旋风久久不散,他又有了新的创业点子;于是结束了印卡片的业务,开始在网上销售"超人气"玩偶 Beanie Baby。这个点子给他带来相当不错的收入。

卡墨龙从小就养成了独立生活、不过分依赖大人的习惯。他创业的所有费用,包括电话费、上网费、请同学帮忙做事的薪资,都是由这位执行长自己承担。

卡墨龙也承认,因为自己不是成年人,因此还需靠父母的支持来申请登记公司名称;但事实上,从事非电脑职业的父母对他的事业从不干预,完全任他自己发挥所长。

卡墨龙每天约花 5 个小时在事业上,晚上直到十一点半才睡觉,而次日六点半就起床。对一个少年来说,7 个小时的睡眠时间或许太少,但他

已经习惯了。

14 岁时卡墨龙依靠自己研究电脑语言的成果，设计出一套可自动转寄电子邮件的软件，命名为 MYEZmail。现他已成功地推出了他自己的免费网站。这个网站性能独特，可以保护使用者的隐私权。因为 MYEZmail 可以自动侦测来信是否为垃圾邮件，若是，MYEZmail 就不会将其转寄到使用者的信箱里，如此可避免信箱被垃圾邮件"爆满"的可能，也节省使用者清除垃圾邮件的时间。此外，对外使用 MYEZmail 的邮件地址，还可以防止有心人从电子邮件地址中查到使用者的个人资料，进一步确保使用者的权益。

卡墨龙的 MYEZmail 目前有上千名使用者，约一半来自国内，另一半来自国外。网站的收入靠广告商的支持，目前正积极寻找赞助商及合作伙伴。

小小的卡墨龙并不因此而满足，正着手策划第四项事业 MYEZshop. com。MYEZshop. com 是一个电子商务网站，共有 15 种不同的购物项目，每一项目约有 10 家不同的厂商，提供一个类似"邮购商场"的服务。

卡墨龙为人谦虚，不愿意招摇。虽然他已有公司执行长的头衔，但很多同学都不知道。人家不问，他也从不宣传。直到他的免费网站出世后，他所居住的维吉尼亚州 Roanoke 市的报纸 Roanoke Times 以他的故事为条头新闻，他才名扬全美。

卡墨龙告诉记者说，他自己有一个崇拜偶像，那就是戴尔电脑创办人麦可·戴尔 (Michael Dell)。卡墨龙最近读了有关戴尔的书，认为他很有"思想"和才华，而他将成为"下一位 Michae Dell"，跟戴尔一样成功。因为他喜爱戴尔，所以他家中的电脑也是"戴尔"牌。

卡墨龙表示，他要比照微软公司的盖茨和戴尔公司的戴尔，以事业为重。如果要他现在选择，虽然身为一位"全 A 学生"，他也不会上大学，而会专心事业。卡墨龙说，幸好他年纪小，不用现在就选择。他相信到了高中毕业时，他的事业已经稳定下来，那时候应该能上大学。

☆☆ 玛丽亚转学历时五个月

　　洛杉矶联合学区一位九年级的女学生，一天放学后发现身后有个男人在跟着她。这个男人后来邀她上他的豪华车，但这个女孩非常谨慎，没有上当，于是她安全返回家中。不过，从此她便不敢再到贝尔蒙特高中去上学了。她的母亲当时认为，帮女儿转个学校就可以解决问题。

　　但是，这位墨西哥移民妇女没有想到，转学手续居然一办就是5个月。其间那个名叫玛丽亚的女孩一直没有学上，原因不是因为转学手续过于烦琐，而是人为的干涉以及非常官僚的办事方法。

　　每一次玛丽亚的母亲到贝尔蒙特高中去要转学证明，学校都满口答应，保证会尽快给她；但是，每一次，那个可怜的母亲都是空手而归。玛丽亚的遭遇并不是一个孤立的例子，在洛杉矶，移民家庭的孩子上学并非易事。尽管许多移民家庭来美国就是想让孩子接受更好的教育。

　　那个男子已经盯了玛丽亚好长时间，但是直到那一次之前，从来没有与她讲过话。玛丽亚说，她曾经在学校看到过这个男人，但警方对此没有予以证实。根据洛杉矶市教育部门的规定，学生有合理的原因要求转学，3天之内就应办妥，但是，玛丽亚等了5个月还没有等到。

　　玛丽亚的母亲在这 5 个月里至少去了学校 10 次，打了 8 次电话，每次学校都向她保证一定会把转学证明寄到她家，但每次又都言而无信。后来，当地社区的一个西班牙裔记者知道了这件事，便在西班牙文报纸上登了出来。于是，一星期之后，学校终于给她寄去了转学证明，但同时又质问她："为什么要把这件事讲给记者听？"学校的校长还说，他一直不知道这件事，并说主要原因是玛丽亚的母亲不会说英语，造成了误会。但是，要知道，洛杉矶联合学区是一个西班牙裔学生占了将近 70％的学区，家长不会讲英语难道就应该导致一个学生 5 个月不能上学吗？

　　更加令人费解的是，当玛丽亚提出转学时，学校马上便派人到她家把她的课本没收了，而学生的课本本来是免费的。《洛杉矶时报》的记者得知这一消息后，曾打电话给贝尔蒙特高中的校长，校长却既不肯接电话，也不肯回电话。

☆☆ 美国人眼里的中国妈妈

"中国妈妈"在美国已经成为被调侃、被讽刺的文化现象。

"中国妈妈又来了"，一说这句话，中国留学生都会相互挤眉弄眼，互相做鬼脸。世界各国的留学生的母亲来美探望儿女，大多的表达方式是住在宾馆里，她们都事先在自己出发前，把自己的行程安排得井井有条。以不打扰孩子的正常秩序为准则。她们或者请孩子和自己一同在周末旅游。或者请他们在自己宾馆下榻的地方同孩子共进晚餐。然后在市区里转转，她们很少大包小包带来生活用品，因为她们知道美国要啥有啥，旧货店里有很多八九成新的东西，甚至崭新的。因为美国人非常的注重表达，无论圣诞节还是生日都会送礼物。不喜欢的就捐出去。所以熟悉美国文化的家长，不会花精力带来并非孩子需要的生活用品强加给孩子。他们和孩子分手的时候互相祝福：祝你快乐，祝你幸福，祝你顺利，妈妈爱你。

中国妈妈就不同，她们来探望孩子一定带来很多东西，一定住在孩子的宿舍里，无论她们有钱与否，一定和孩子住一起。其实沿海的城市商人们都是富有的，她们有钱有经济实力住高级宾馆。这是她们的生活方式。她们愿意和孩子一起住，那样才亲近。然后她们就帮孩子洗衣服，给孩子做饭，不管孩子喜不喜欢，她们做满一冰箱。包子，饺子，红烧肉……其实这些留学生，他们学习很紧张，中午没有时间回来吃饭，中国妈妈就眼巴巴地看着孩子，"那你就不回来了？"那表情就是，你就不能腾出时间多和你妈妈待一会儿？孩子当然不忍心，妈妈远隔重洋来看他，自己就不能早点回来吃午饭吗？这样一个月天天回来吃午饭。下午自习又回去晚了。有时晚饭回家吃，聊到兴头，又不愿意回去上晚自习。中国妈妈在旁边又搓脚，又拍背，又按摩脖子，弄得孩子陷入软绵绵的状态中，就不想去上晚自习了。一个月下来三门功课全不及格。

中国妈妈大多不了解美国的法律。有的知道也不理会，根本就不遵守。有位中国妈妈是上海知名大学的英语教授，来探望她儿子。儿子在一所高中上学。我告诉她，美国法律规定父母不可以和 5 岁以上的异性儿女同居，别说同睡一张床。她笑吟吟的，温柔典雅地说，没有关系，我是他老妈，也不是别人。我有一次郑重地告诉她，美国邻居的公民意识很强的，邻居会举报。她拒绝听我的话，说我就住一个月。她和儿子同室同床。后被室友举报，被法院判决性虐待，被驱逐出境。

中国妈妈在和儿子分别时大都会哭，并且千叮咛万嘱咐：小心点、小心点，好像周围全是骗子，生活全是陷阱。孩子上学时也总是说，小心点，书包里电脑放好；而美国妈妈则常说 Have a fun.（好好玩乐。）中国妈妈好像大多有被骗妄想，总怕别人坏他、骗他。来留学的大都是有钱人，没有钱谁会送孩子出国留学呢？中国妈妈由于有钱，就很想往脸上贴金，她们穿的用的都是名牌。但是在美国生活久了的人就会笑她们"土包子开花"了。她们土在哪里呢？美国人什么场合穿什么衣服，用什么生活用品，分类很细。即使无家可归的人，她们捡破烂也捡这一类的东西，派在这类的用途上。就拿手提包来说，有钱人晚上出去吃饭和参加活动，通常都用小的手提包，穿深色亮的衣服，闪光的衣服不能白天穿，去旅游不能用 LV 包，要用 outdoor 包，户外活动的包。中国妈妈提着 LV 包上街买菜、游泳；中国妈妈喜欢穿睡衣走来走去，把睡衣当休闲装；几个学生合租房子共用厨房，共用卫生间，中国妈妈穿着睡衣睡裤出出进进。当有人劝阻，告诉她们睡衣应该在卧室里穿时，她们不以为然，说这些孩子都跟我儿子似的，我老太太没有关系。结果被本地留学生起诉性骚扰，后被房东以不受欢迎的房客驱赶出去。美国是个法治国家，一切都在法律之下控制。房东驱赶房客，并不是像中国人想象的那样，就是房东想当然的不让你住，让你下月搬走，而是要上法院申请驱赶令，一旦有这驱赶令，限定时间让你搬走，你就有个非常坏的记录，以后找房子，找工作都非常的难，甚至影响移民办绿卡。

来自海南的中国妈妈，也是大学的教授，喜欢做饭。在美国大多数人早餐喝牛奶咖啡，午餐吃三明治，水果蔬菜。开放式厨房不煎炒，人人关注健康体重，不乱吃东西，甚至不吃油炸的食品。中国海南妈妈早餐要煎鸡蛋饼，煮粥，煮2个小时，还要蒸鱼，她很早起床做饭。不知道她在中国是不是如此这样的生活，还是为展示母爱。美国住房都有烟敏感警报器，她一做饭警报器就响，为了不让警报器响，她竟然搭梯子用塑料袋子把敏感警报器给遮挡住了。她被室友起诉谋害室友和破坏设施罪。因为作为公寓的设施，烟敏感警报器是为了防止着火，无论主人不在家还是睡觉报警器连接着消防局。她的室友因眼睛手术不能看清楚，所以她又被加了一条罪，侵犯残障人生存的权利。

中国妈妈对孩子从高中毕业到上大学选专业，常常是她们最揪心的时候，其实她们不理解，美国人的人生是随时可以重新选择的，孩子们上了大学是可以随时改专业的，一般美国大学生在大学期间都会改来改去的。中国妈妈的孩子选择专业首先看重时髦，社会上好找工作，很少考虑孩子的爱好潜能，她们常把自己没有实现的人生遗憾让孩子来实现。

从大连来的男孩，母亲从生下他就离婚，自己一个人工作赚钱，外出讲课省吃俭用，得了多种慢性病。他选学了自己喜爱的专业，母亲就气得犯了心脏病，然后姑姑、奶奶、爸爸排成一个列队说服他改专业，这个孩子每天接数个电话，来听驯服。这对美国家长、教育工作者是不可思议的事。后来这位中国妈妈患心脏病了，经抢救无效死亡。这个孩子听了妈妈的死讯，自杀了。这是轰动社区学校的中国妈妈的故事。

中国妈妈共同的说词是孩子是我的。我生的，我养的，我要为他的一生负责，我要为他的一生奉献。其实他们实在不懂，每个人都是别人一段生活的一小部分，中国妈妈对孩子的缠绵是美国妈妈无法理解的。在美国儿童生下来就有法律保护的权利，如果打小孩立刻被剥夺父母的监护权，孩子被隔离。中国妈妈把孩子送美国留学前，实在需要知道怎么样做一个留学生的妈妈。

☆☆ 再领养一个中国小孩

　　领养孩子对中国人来说肯定是没有孩子的人。可是对于有信仰的美国人来说可大不一样，很多美国家庭是个国际化的大家庭。有经济实力的美国人，她们结婚后有一个美满的家庭，有一个孩子，小孩过着幸福快乐的生活。她们就想到贫困国家的孤儿和自己的孩子生活相差太远了，她们会领养外国小孩，完全是为了爱心，不是看做私有。在旧金山附近有两千个中国儿童在改革开放以后被美国富裕家庭领养，如今这些孩子长大了，大多在中学里读书。她们很多有智障，我真是由衷地敬佩这些以基督文明信仰的大爱精神。除了爱心还是爱心。有个地产商，她那金发碧眼的女儿就和三个残障中国女孩在同一个屋檐下成长。她总是不离口地说耶稣爱我们，她们穿的用的都是同样的，比亲姐妹还亲。

　　被领养的中国孩子经常聚会，中学里有为她们专门设计的中国文化课，并且让她们学中文，告诉她们是从中国领养的。这位叫玛丽的地产商如今在中国，专为中国孤儿开免费英语课，她的机构全是募捐的。中国孤儿院的远程教学，就是这些被领养的中国孤儿组成的教师团，这些小老师在视屏前一口流利的英语，向远隔重洋的祖国送去爱心。

　　这些被领养的中国小孩，在美国的中学到处可见。由于她们是被富裕家庭领养的，她们的生活水平显然比普通新移民家庭的生活水平高许多。她们由于是被爱心带到美国的，所以她们过着充满爱的生活，这种大爱也在她们的心里开花了，她们个个都是非常有爱心的。美国家庭从来不回避她们是从中国来的事实，常有机构组织她们回中国参观访问，访问她们被领养前的孤儿院，她们很快乐地认同她们的身世，并且愿意做中美文化交流的使者，她们有自己的网站。当一个人被爱，他会爱下一个人，爱是一种传承。

☆ ☆ 在教会里长大的中国孩子（上帝管教）

　　大多数去过美国的人都知道，美国的基督教会三步五步就有一个，美国是靠基督教文明治国的。总统上台，手握圣经宣誓；医院里手术前医生祷告；手术后在病房里醒来睁开眼睛，就有牧师送来圣经并为你祷告，同室病友也会过来为你祷告。周日大多数人都去教堂做礼拜。

　　许多华人家庭移民来美国，在种种压力的挑战中，最艰难的挑战是和青少年子女的相处。当她们处在孤立无助的情况下，就会把孩子送到教会，在教会里长大的孩子，得到了耶稣的爱。大多数小孩到了教会唱赞美诗，会感动得流泪。阿丽从辽宁移民来美国，她刚来就离婚了。因为先生是早来美国的，耐不住寂寞就和一个上海女人同居了，生了一个小孩。如今小孩已经 2 岁了，阿丽受不了这一切，就离婚了。她的女儿正在上中学，这个孩子不希望父母离婚，就患了忧郁症，不愿意上学，天天关门，自己坐在屋里。教会里的牧师和传道士到她家为她祷告，后来她变了，爱讲话了，人也高兴起来了，她们每周日接她到教会，她祷告时哭得泪人似的。她和妈妈许久没有交流了，她对妈妈说，圣经教导我们："爱是永恒的忍耐。"在教会里她和中学生主动清洗厨房，主动锄草，她热爱这个充满爱的群体，她理解父母，也说服妈妈同意她去看看爸爸和同父异母的妹妹。如今她自己决定信仰基督，接受洗礼，而且还向妈妈传教。在圣诞节期间，这个女孩挨家挨户地去收集旧玩具给贫穷家庭的孩子。她完全变成了另外一个人。

阿丽看到自己孩子的变化，她知道自己的力量是不够的，是信仰改变了她。她转告所有她认识的人把孩子带到教会。在教会里的孩子，都规规矩矩的，无论是哪一个族裔。

从广东来的黎明，是单亲爸爸，有两个女孩。孩子不听话，染金黄色的头发，每个耳朵扎两个洞，戴耳环；舌头底下也扎个洞；肚脐眼扎个洞。来美国全是为了孩子能在美国读书，可是孩子不上学不白来吗？他工作辞了，房子也卖了，回国也回不去了。他精神崩溃了。在美国又不可以打小孩，就是打，女孩怎么打？走投无路时，他把孩子带到教会。他在祷告中说："万能的主，我把她们交给你了。求你管教她们吧。"当圣乐奏起，两个女孩像乖乖的小绵羊，跪在十字架前认罪悔过，神的大能慑服了两个迷途的羔羊。她们奇迹般地改变了，她们参加伺奉，自己的零花钱也节省用，捐给教会，学习成绩也飞快地好转，尤其是数学成绩在班里名列前茅。这两个孩子在上帝的管教下，竟然成了数学辅导员，每小时25美元课后辅导费，经济自立了，本来是爸爸的烦恼，竟然成了爸爸的骄傲。

☆ ☆ 设计避孕套包装大奖赛

　　这是美国中学生的一次课外活动。中国家长对孩子的性教育一直很困惑，他们常怕孩子知道性的知识，等到他们成熟，好像就无师自通了。

　　美国中学系列讲座，从男孩到男人，从女孩到女人，就是讲生理课知识。其实中学生的性萌动是很早的，在美国中学生周末出去，父母常提醒他们带避孕套，学校也有免费取避孕套的地方。上生理课有塑胶的假阴茎，教学生怎样带避孕套，如何检查避孕套是否漏气。

　　当然也有老师辅导她们不要过早地有性生活，要有稳定的性伴侣，强调有多个性伴侣，是对自己健康的不负责任，也有患各种性病的危险。

　　校园里健康日，就大讲特讲避孕套的用法，这是疏导和防范。美国教育带给人选择，他们不说不可以怎么样，而是说应该怎么样。其实青年人有逆反心理，你越说不可以怎样，他就越要试试这样到底怎样；你说中学生不可以有性生活，他们就越要试试。所以要推广一旦他们要试试的后果，就是避孕套的用途，防患于未然。

　　让他们设计避孕套，他们很开心，再次宣传避孕套的用途。避孕套应该有什么样的包装盒子？什么样的图案？让中学生设计是引导他们如何正

确地对待性生活。性生活对健康人是一种生理需求，就如同口渴要喝水，饿了要吃饭一样，不能杜绝、阻碍的生理需求。不吃饭不喝水会死，会没有生命；但没有性生活不会死，所以大多数人认为这是可有可无的。成长中的青春期的少年，一旦有了一次性生活体验，就无法停止，所以引导他们安全的性生活是多么的重要。避孕套的包装盒的设计是展现想象力的，有一张的图案是男孩抓蝴蝶。我想设计的男孩一定富有诗意；另一幅是四个男生同一个女生去钓鱼，设计者是不是想起他的初次在一起的女生呢？为什么男生多而女生少呢？当我问他为什么时，他说，他的女朋友是和四个男生争来的，他很骄傲打败了三个对手；另一个包装盒设计是一排男生戴太阳镜，女生光鲜亮丽，我问他为什么男生戴太阳镜而女生不戴。他调皮地告诉我，男生戴太阳镜盯着自己喜爱的女生不容易被发现，如果女生发现自己被盯着会不高兴，还有喜欢一个女生时，会很疯狂的，眼前一片黑。

避孕套设计者倡导的就是通过设计避孕套来帮助他们反思自己的恋爱和性生活。

美国教育工作者经常避开"你不要这样，你应该怎样"，他们要做的是更重要的，一旦你不做"你应该怎样的"时候，发生的漏洞怎么补？避孕套功能就是提前补洞。美国是基督教国家，反对堕胎，少女一旦怀孕都会让她生下孩子来，并且社会没有责怪，完全是非常的呵护态度。她们已经犯错了，为什么还让她们更难过呢？学校有专门的少年妈妈教育课。社会对她们的孩子有格外的福利，奶粉、尿片全部免费，医疗也免费。因为这个婴儿受到人权保护，她是无辜的，她拥有和其他孩子一样的生存权利和生活质量，这是美国很多基督徒共同的认识。这个婴儿是无罪的，全社会都要关心她。我常问一些社会工作者，为什么不让流产，为什么还给孩子这么好的福利？她们解释全是共同的，上帝让我们爱每一个人。确实，少年妈妈中很多后来是很有出息的。

☆☆ 中学生睡前喜欢唱的一首歌

这是海，这是海浪，这是小船，我站在小船上，鱼儿在水里游啊游，你看它的尾巴，你看她们到一起了。哈哈我爱你。

许多孩子喜欢这首歌，许多孩子的妈妈也喜欢这首歌。她们常在办公室里唱，她们满脸喜气地描绘自己和孩子睡前唱的歌。我被歌曲创作者的智慧而折服，因为这首歌的歌词很普通，她的动作编排却很有创意：

这是海——用手臂向无限广阔的方向划动，让人感到大海的无边无际。

这是海浪——然后用胳膊肘煽动表示海浪的汹涌澎湃。很形象。

这是小船——然后五指并拢向左右移动表示小船在直行。

我站在小船上——跷起大拇指表示一个人站在船上。

鱼儿在水里游啊游——再用五个手指并拢表示一条条小鱼摇摆着尾巴游来游去。

妈妈和孩子各自用手指扮演鱼儿游来游去最后撞到一起。拥抱结束。

美国家庭成员之间，工作同事之间，身体的接触是亲密关系的表达方式之一。睡前和妈妈共唱一首歌说晚安。温文尔雅从这里产生。

附录 柏克莱高中课程设计

(1999—2000 年度)

A　历　史

非裔美国史

政府学

亚洲文化

政治与权力

美国历史

欧洲历史（1945 年以后）

世界历史与文化

B　英　语

非裔美国新闻学

非裔美国文学

美国文学

亚洲文学

圣经文学

英国文学

作　文

英文 1A，1B

ESL（English as Second Language，专为母语为非英语的学生设计的英文课程）

ESL 写作

文学的多样性

随笔写作

初级写作

文学流派

新闻学

美国当代文学

当代世界文学

多元文化文学

黑人文学

诗歌——学习与实践

公共讲演

20 世纪小说

妇女文学

世界文学 A、B

世界传媒

美国作家

写　作

短篇小说创作

以上课程最多可以选学一年

C　数　学

代数 A、B

代数（专为英语是第二语言的学生设计）

代数 1A，1B

算　术

几何 1、2

几何（专为英语是第二语言的学生设计）

interactive

数学分析

统　计

三　角

D　科　学

生　物

高级生物

化学 1D，2D

化学实验

生理与生理解剖

科学综述

物理（根据程度分班）

E　外　语

法语（根据不同程度分班）

德语（根据不同程度分班）

斯瓦希里语

拉丁语（根据不同程度分班）

拉丁语（专为拉丁语是母语的学生设计）

西班牙语

F　选修课

非裔美国史

墨西哥裔当代史

加利福尼亚文学

俚语和俗语

语词和想象

高等数学

三　角

实验室科学

理论物理

生物工艺学

微积分

社会学

非裔美国经济

亚裔美国史

黑人伦理学

比较宗教学

生态学

经济学

美国 20 世纪流行文化

人类学

伦理学

妇女学

视觉艺术与表演艺术

戏剧排演

高级舞蹈课

高级绘画

高级油画

剧场设计

交响乐

管弦音（室内音乐）

合　唱

舞蹈设计与创造

中、高级陶器制造

中、高级摄影

爵士乐合奏

字幕设计

　　注：美国每所学校都有自己不同的课程设计。柏克莱高中的课程设计根据自己学校学生的特点。该所高中有 39％的白人学生；35％的非裔；16％的亚裔；11％的墨西哥裔、拉丁裔；5％的土著；3％的混血。足有10％的学生母语不是英语。这个学区的学生家庭年收入大部分接近 80000美元，有 20％低收入家庭的孩子享受政府免费午餐，还有一部分享受减价午餐。

　　这所学校是公立学校，设置供优秀学生提前选修的大学课程。

跋

"《美国中学是这样的》是一本很有价值的书。"

"真的吗?"

......

这是我同编辑的对话。在大西洋彼岸的我,哭啦。

加利福尼亚夏天的阳光,像四季分明地方的春天的阳光。温暖和煦。慷慨地赠给每个人一份好心情。

宋舒白女士(本书责任编辑)非常直率地肯定我三年来的采访、写作,诚恳地肯定我对中国教育事业的贡献。

未曾谋面的编辑,真诚坦率,主动和作者索稿,沟通。我不敢相信这一切是真的。《美国中学是这样的》我所花的时间,付出的辛勤劳动和代价,天知,地知,我知,心知。

在我写作和采访的日子里,我做过太多的梦。白天和黑夜不分,真和假不分,现实和理想不分。

我梦见我的爱人胖胖 Quang 在高速公路上开车,突然视网膜脱落,帮忙搭救的人无论如何联络不上我。那几天我正专心地蹲在少年监狱采访;我梦见胖胖 Quang 11 次手术后离家出走;14 天后我找到他时,他已经向警察局申请了禁止令，我必须距离他150米以外，我不得以任何方式给他打电话、通信或通过他人与他联络。

我梦见我的爱人胖胖Quang这个联邦法院的大法官，挽着一个刚从广州精神病院出来的62岁女人的手，在唐人街走来走去。他们就在我工作的地方，我常出入的地方，向我熟悉的人宣布：他要这个疯子而不要我。我跪在地上向东磕头，向西磕头，向北磕头，向南磕头。但任我怎样，他都不答应我的呼求。

我醒啦。可那个梦缠着我不放。

我匆匆地去上班。路上我碰到和梦里一样扮相的女人，她在马路边，对着一个小镜子在描眉，她大声地嘲笑我：你看你那浓眉，全国找不出一个女人不修眉的。是的，我很服气，我实在不如一个疯女人。街头精神病康复疗养院的病人，安静自在地享受阳光，他们的午饭有汤有水；是的，我不如一个精神病人，我每天如果安静地躺下来，那除非困得不行了。我好久没有坐下来吃午饭，采访的日子天天在路上吃面包；是的，我的生活质量不如一个疯子，我的心思全部放在《美国中学是这样的》这本书里了。

这是我当时的心境……

亲爱的读者，《美国中学是这样的》是一本很有意义的书，作为作者在跋里不是正襟危坐地告诉你：**这本书是第一手材料揭开美国教育之谜，原汁原味的全景现场纪实……**却讲述一个又一个梦。可能你觉得怪怪的有点滑稽？

这不是潮流嘛。这叫意识流。但也真真切切地表达出了我对此书的投入——无论在时间上还是在情感上，对这本书就像对我的孩子一样，呵护备至，真的达到了走火入魔的程度。

为了这本书，我和编辑宋舒白一次又一次在QQ上对话，讨论关于此书的有关问题，有时从深夜到凌晨。我知道这绝对不是梦，这是实实在在的现实，未曾谋面竟然要为我出书，基督教的说法就是上帝派来的天使，佛教的说法就是我们是前世的姐妹。面对我的读者，我要说，这本书在我们的努力下，一定是最棒的！

在《跋》里我讲了一些也许与本书无关的题外话，关于本书的真正的价值，当然这还要请读者自己去发现，去品评。但无论如何这本倾注我三年心血的书，如果能对读者有启迪、能对中国的教育有益，那将是我最最高兴的事，也算是一位在海外生活20多年的华人为祖国做出的一点点贡献吧。

在这里，我还要感谢知心姐姐董凤芝，豁达的金荣，有学问的王力。她们是《妇女之友》的总编、副总编。是她们引领我走上写作的道路，开启我的另一种生活。

我特别想提到的还有 David Kadllecek 教授对本书的总体策划，细节把握，给予的帮助。他几乎是有求必应，随叫随到。让我在此说一声：Thank You David。

一本书的作者就像一个演员，没有导演、编剧、舞美、灯光、摄影，自己一个人能折腾出什么。这本书汇集太多人的劳动。

所以，你不可能不喜欢。

如果想了解我更多，请到我的博客：
http://blog.sina.com.cn/roseweijiaqi

你如果有话和我说，请登录：
rosejiaqi@yahoo.com

2011 年 7 月 8 日于美国加州